沖縄経済入門 第2版

沖縄国際大学経済学科編

宮城 和宏

浦本 寛史

比嘉 正茂

監修

 沖縄国際大学

目　次

はしがき

　日本の中で沖縄ほど独自の歴史、伝統・文化、言語（琉球諸語）、気候（日本唯一の亜熱帯海洋性気候）、地理的特徴（広大な海域に160の島々が点在）を有する個性豊かな地域が他にあるだろうか？

　第1に、そもそも沖縄は元々日本ではなかった。尚巴志が1429年に琉球を統一以降、琉球国は450年間に渡り「永続的住民、確定した領域、実効的政府、他国と外交関係を取り結ぶ能力」[1]という国家要件を有する独立した主体として存在していた。もちろん、それ以前についても日本国とは異なる歴史を歩んできた。1879年の「琉球処分」（日本による琉球国併合）により日本国の47都道府県の1県に組み込まれてから約140年が経過したとはいえ、その期間は未だ三山統一以降の琉球国時代の3分の1にも満たない。

　第2に、沖縄県誕生以降も、沖縄は政府による「旧慣温存策」、27年間に渡る米軍統治、日本復帰以降の過重な米軍基地負担と沖縄振興体制により日本「本土」とは異なる環境、制度下に置かれてきた。これらが現在の沖縄経済に影響を及ぼし続けている。沖縄の1人当たり所得の低さ、貧困問題等は今に始まった問題ではないのである。

　第3に、過去の遺産を反映した固有の文化、伝統は今も沖縄の中に息づいており、日本の中で異彩を放ち続けている。さらに「本土」とは異なる気候、多くの島々からなる地理的特徴、そしてこれらが生み出す独自の個性と多様性により沖縄は兄弟島の奄美と共に世界自然遺産候補地に選定されている。県観光産業の発展はこれら沖縄の個性と多様性に大きく依存している。

　沖縄国際大学経済学科では、2013年度に「沖縄経済入門」を1年次必修科目として設置した。開講および出版に至る理由の詳細は、『沖縄経済入門』（初版）「はしがき」に記しているが、端的にいえば大学入学以前の教育段階で地元・沖縄について学習する機会がほぼ欠落しているだけでなく、沖縄に関する限られた情報にさえ多くのフェイク・ニュースが含まれていることがある。一方、日本「本土」とは異なる独自の歴史、伝統・文化、言語、気候、地理的特徴を有する沖縄を単純に47都道府県の1県とみなし、全国一律の画一的な科目・教材の中で教育するには限界があると同時に適切ともいえない。今後の沖縄の発展を考える上で重要なことは、これまでの同化政策を大きく転換させ、沖縄の若者が自らの歴史、言語、伝統・文化、経済について学べる機会を増やしていくことである[2]。これは、沖縄の次世代リーダーの育成にもつながることになる。

　本学の使命は、沖縄の発展に貢献するために（1）アジアの十字路に位置する沖縄のポテン

1　阿部（2015）「人権の国際的保護が変える沖縄」島袋純・阿部浩己編『沖縄が問う日本の安全保障』岩波書店。

2　沖縄国際大学経済学部（経済学科・地域環境政策学科）は2021年度一般選抜入試から入試科目の一つとして「琉球・沖縄史」を導入することを決定している。

シャルを活かし、万国津梁の魁（さきがけ）[3]となる人材を育成すること、（2）沖縄の個性を発揮させる研究・地域連携にある。また教育目標の１つとして、「沖縄」を見つめ探求し、地域と協働する経験を蓄積させる教育を掲げている。本書はその趣旨に沿うものであり、この教科書がその一翼を担うことができれば嬉しく思う。

　なお、本書は初版同様、経済学科教員が執筆している。退職や他大学転出等により学科メンバーが大きく入れ替わったことより、今回改めて第２版を出版することにした。編集方針は前回同様である。沖縄経済を必ずしも体系的に扱っているわけではないが、沖縄経済を俯瞰的にみることができるよう第１章に沖縄経済の概況が理解できる章を設けた。また第２章では、沖縄県誕生から現在までの沖縄経済の軌跡を紹介している。一方、本書は入門書とはいうものの、大学１年生には少し難しい章があるかもしれない。これについては、講義を通じて補完される予定である。

　沖縄国際大学経済学科入学生の９割以上は地元高校出身者であり、就職先も多くが県内となっている。これらの学生の多くが『沖縄経済入門』をきっかけに地元経済への関心を深め、そこを入り口に経済学全般や沖縄経済の未来についても強い関心をもってもらえるようになれば、それに勝る喜びはない。またこれまで沖縄経済について学ぶ機会が少なかった社会人をはじめ多くの方々にも是非、本書をご一読いただければ幸いである。

　最後に、東洋企画印刷の嶺井清一郎氏には初版に続き本書の趣旨をご理解くださり、多大のご支援を頂いた。深く感謝申し上げたい。

編集委員

宮城和宏　浦本寛史　比嘉正茂

---

3 「万国津梁」とは「世界の架け橋」のこと。1458年に尚泰久王が鋳造させ、百浦添御殿（ももうらそえうどぅん、いわゆる首里城正殿のこと）に掲げていた釣鐘に刻まれた銘文の中にある。

第1章

沖縄経済の実情

比嘉　正茂

沖縄経済の実情

1. はじめに

　本章の目的は、種々の経済データを用いて沖縄経済の概要を学ぶとともに、次章以降の各論について、その理解の一助となるような資料を提供することである。一般的に、地域の経済力を把握する際には、県内総生産や1人当たり県民所得、失業率等の指標が用いられる。本章においても、これらの経済データを用いて本県経済と全国平均値、あるいは本県経済と他県とを比較、検討することで沖縄経済の「立ち位置」を明らかにしたい。具体的には、次節において県内総生産と1人当たり県民所得の時系列的な考察を行い、第2節以降では産業構造や雇用問題、財政構造等について全国平均や他県との比較検討を行う。

2. 県内総生産と県民所得

2-1　県内総生産の推移

　沖縄県の県内総生産は、1972年の日本復帰時には約4,600億円であったが、その後は日本経済の成長とともに規模が拡大し、80年代には1兆5,000億円に、そして90年代に入ると3兆円台まで拡大した。**図表1**には2006年以降の県内総生産の推移が示されているが、これをみると沖縄県の県内総生産は、2006 ～ 2010年頃までは3兆5,000 ～ 6,000億円で推移し、その後は2012年に約3兆7,350億円、翌年の2018年には約3兆8,000億円に到達した。観光産業の好調等の要因もあり、2015年には県内総生産が4兆円に達し、直近の2016年は4兆1,320億円となっている。

　次に2006年以降の沖縄県の経済成長率をみると、2008年と2014年にマイナス成長がみられたものの、2011年には2.1％、2013年には4.2％となっており、同年の日本全体の経済成長率（2011年0.5％、2013年2.6％）を上回る成長率を達成した。また、同図表で示されているように、2006年以降の経済成長率について沖縄県と国とを比較すると、多くの年において沖縄県の経済成長率が国のそれを上回っている。2016年は国が0.9％の経済成長率であるのに対して、沖縄県は3.2％となっており、したがって近年の沖縄県は、県内総生産の持続的な規模拡大がみられ、その増加率を示す経済成長率についても、日本全体のそれを上回る水準で推移している。

図表1　県内総生産（実質）と経済成長率の推移

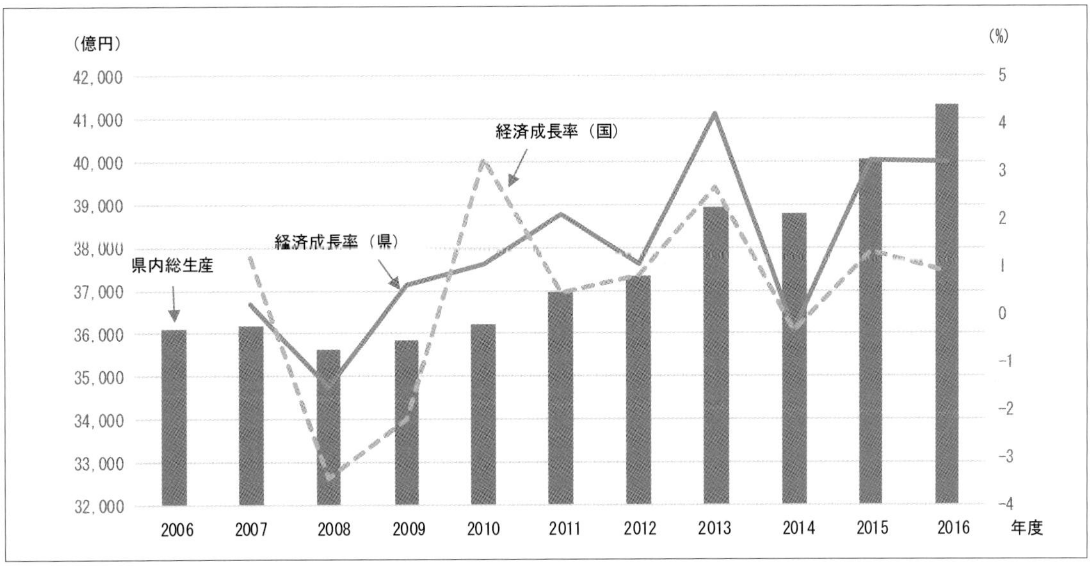

出所：『沖縄県平成28年度県民経済計算』
　　（URL：https://www.pref.okinawa.jp/toukeika/accounts/2016/acc_all.pdf）

2－2　1人当たり県民所得の推移

　図表2には、沖縄県の1人当たり県民所得（以下、1人当たり所得）ならびに全国平均を100とした場合の沖縄県の所得水準が示されている[1]。沖縄県の1人当たり所得は、1972年の本土復帰時には約41万円と極めて低水準であった。しかし、その後は人口増加の伸び以上に経済が成長したことで県民所得が大幅に増加し、1978年に103万円、1985年に150万円、そして1990年には200万円台に到達した。同図表からわかるように、沖縄県の1人当たり所得は、2008〜2012年までは200万円をわずかに下回る水準であったものの、2013年以降は好調な経済状況を背景に所得水準も持続的に改善されてきており、直近の2016年は227万円となっている。次に全国平均を100とした場合の1人当たり所得についてみると、2006年〜2008年には65〜67％の水準であったものの、2009年以降は概ね70％程度で推移しており、直近の2016年は73％となっている。1972年の本土復帰以降、沖縄県と全国との所得格差を是正することが沖縄振興の主要な目標であり、その目標を達成するために数次にわたって種々の振興策が実施されてきたところである[2]。**図表1**および**2**からもわかるように、近年は沖縄県経済が好調に推移し、全国を上回る経済成長を実現したことで1人当たり所得の持続的な改善がみられ、結果として全国との所得格差が縮小している。

1　1人当たり県民所得は、県民雇用者報酬、財産所得、企業所得を合計したものを、その年の人口で除した値である。したがって、企業利潤なども含んだ各県の経済全体の所得水準を表していることに留意が必要である。

2　本土復帰以降の沖縄振興計画の経緯については、比嘉（2016）を参照。

図表2　1人当たり県民所得の推移

出所：『沖縄県平成28年度県民経済計算』
　　　（URL：https://www.pref.okinawa.jp/toukeika/accounts/2016/acc_all.pdf）

2－3　県内総生産と1人当たり県民所得の類似県比較

　図表3には、総務省財政力指数をもとに分類された類似12県の県内総生産および1人当たり所得が示されている[3]。同図表より、類似12県における県内総生産の最高額は、鹿児島県の約5兆1,776億円であり、次いで岩手県（約4兆4,706億円）、青森県（約4兆4,673億円）と続いている。沖縄県は約4兆1,319億円で類似12県中6位、47都道府県中34位となっている。類似12県の県内総生産の平均額は、約3兆9,073億円であり、したがって沖縄県の県内総生産は類似県平均を上回っていることがわかる[4]。

　次に、1人当たり所得についてみると、類似県中最高額は、徳島県の約297万円、次いで和歌山県の約294万円、山形県の約275万円と続いており、類似県平均は約260万円となっている。沖縄県の1人当たり所得をみると約227万円となっているが、これは類似県平均よりも約33万円低く、また47都道府県で最も低い。前項において、沖縄県の1人当たり所得が全国平均の7割程度で推移していることを述べたが、類似県との比較においても、沖縄県の1人当たり所得の低さが際立っている。しかしその一方で、人口割りをしない総額ベースの県内総生産についてみた場合、沖縄県のそれは類似県平均を2,200億円ほど上回り、47都道府県のなかで

---

[3]　総務省が財政力指数に基づき47都道府県をA～Fに分類したものであり、沖縄県は財政力指数0.3～0.4未満のDグループに属している（平成29年度）。Dグループは、青森県、岩手県、秋田県、山形県、和歌山県、徳島県、佐賀県、長崎県、大分県、宮崎県、鹿児島県、沖縄県の12県である。

[4]　本章の分析手法は池宮城（2016）に拠っている。

図表3　県内総生産と1人当たり県民所得の類似県比較

	県内総生産	（順位）	1人当たり県民所得	（順位）
青森県	4,467,393	30	2,558	38
岩手県	4,470,633	29	2,737	31
秋田県	3,333,478	40	2,553	39
山形県	3,932,076	35	2,758	30
和歌山県	3,513,805	39	2,949	19
徳島県	2,998,432	43	2,973	17
佐賀県	2,764,767	44	2,509	43
長崎県	4,395,723	32	2,519	41
大分県	4,150,801	33	2,605	36
宮崎県	3,551,221	38	2,407	46
鹿児島県	5,177,677	26	2,414	44
沖縄県	4,131,979	34	2,273	47
類似県平均	3,907,332		2,605	

注1：順位は、全都道府県における各県の順位である。
　2：単位＝県内総生産は百万円、1人当たり県民所得は千円。
出所：県民経済計算（平成28年度版）

も34位に位置している。こうしたことから、沖縄県については、類似県と比較しても経済規模が小さいわけではなく、人口が他の類似県（徳島県や佐賀県、秋田県等）よりも多いことから、その結果1人当たり所得が低くなっている。

3．産業構造

3−1　沖縄県の産業構造

　図表4は、沖縄県と全国の産業別生産額とその構成比を示したものである。沖縄県の産業構造（構成比）をみると、第1次産業については全国との違いは見られないものの、第2次産業は全国が27.15％であるのに対して、沖縄県は15.25％と低くなっている。とりわけ、製造業については全国の21.42％に対して、沖縄県は4.5％となっており、製造業が極端に少ない産業構造となっている[5]。

　その一方で、サービス業が主となる第3次産業については、全国が71.33％であるのに対して沖縄県は83.48％となっており、沖縄県が全国に比してサービス産業に偏った産業構造であることがわかる。一般的に、一国あるいは一地域の経済が発展するにつれて、産業構造は第1次から第2次、第3次へとより高度化していくことが知られている。これはペティ・クラークの法則と呼ばれているが、沖縄県においては第2次産業の構成比が低いまま、第3次産業のシェ

5　本土復帰以降の沖縄県の産業構造の変容については、富川（1999）に詳しい。

アが拡大している状況が観察されている。したがって、沖縄県は経済発展の過程において、製造業の発展を経ることなく、サービス産業が肥大化する産業構造が形成されてきたところに、他県にはない特徴がある。

図表４　沖縄県の産業構造

（単位：百万円、％）

	第1次産業	第2次産業	（製造業）	（建設業）	第3次産業
沖縄県	75,694	653,066	192,575	457,258	3,574,712
全国	6,106,891	149,289,825	117,801,025	31,103,901	392,226,525
（構成比）					
沖縄県	1.77	15.25	4.5	10.68	83.48
全国	1.11	27.15	21.42	5.66	71.33

出所：100 の指標からみた沖縄県のすがた
　　　（URL https://www.pref.okinawa.jp/toukeika/100/2019/100(2019).html）

３－２　特化係数による分析

図表５は、沖縄県と沖縄県を除く類似11県の産業別構成比から特化係数を計算し、沖縄県の比較優位・劣位分野を対類似県と比べたものである。特化係数は、沖縄県の当該産業の構成比が類似県のそれと比較して高い場合は１を超え（比較優位）、逆に当該産業の構成比が類似

図表５　特化係数（対類似県）

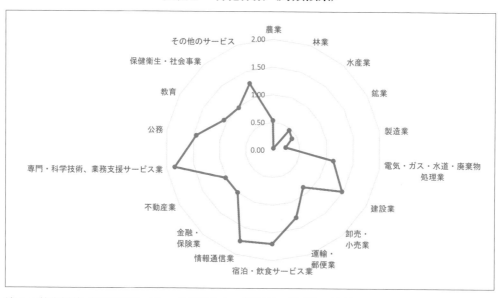

注１：特化係数（対類似県）が 1.0 を超えると、類似県の構成比と比較してその項目の全体に占めるウェイトが高いといえる。
　２：特化係数（対類似県）＝県内総生産の経済活動別構成比／類似県の県内総生産の経済活動別構成比（沖縄県を除く平均）
出所：内閣府『平成 28 年度県民経済計算』

県より低い場合は、1未満の値をとる（比較劣位）。同図表より、沖縄県の特化係数が1を超える比較優位産業についてみると、専門・科学技術、業務支援サービス業が1.85と最も高く、次いで情報通信業（1.75）、宿泊・飲食サービス業（1.69）、建設業（1.48）、公務（1.45）の順となっている。沖縄県の産業構造がサービス産業に偏っていることは既に述べたが、特化係数を用いた分析でも、沖縄県の産業構造がサービス産業偏重型となっていることがわかる。

次に、特化係数が1未満の比較劣位産業についてみると、林業（0.04）が最も低く、その後は製造業（0.24）、鉱業（0.4）、水産業（0.46）、農業（0.54）、卸売・小売業（0.87）と続いている。前項において全国との比較で製造業のウェイトの低さを指摘したところであるが、対類似県との比較においても、沖縄県の製造業の割合が極めて低い状況であることがわかる。

4．雇用問題

4－1　労働力人口と就業構造

沖縄県の労働力人口は、本土復帰直後は30万人台で推移していたが、その後県人口の増加とともに労働力人口も増加し、1985年には50万人、1997年には60万人を超え、2018年は約70万人となっている。**図表6**は2018年における産業別の就業者数を示したものである。

図表6　沖縄県の産業別就業者数

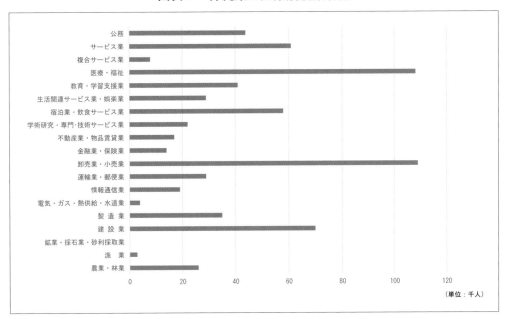

（単位：千人）

注1：「サービス業」は、他のサービス業に分類されていない部門の総計であり、主な業種として自動車整備業や一般廃棄物処理業等がある。
　　2：「公務」は、小中高等学校といった他に分類されている公務を除いた部門の総計であり、主な業種として立法機関や都道府県機関等がある。
出所：沖縄県『平成30年労働力調査年報』

同図表より、産業別の就業者数が最も多い部門は、卸売業・小売業の10万９千人となっており、次いで医療・福祉の10万８千人、建設業の７万人と続いている。前節において、沖縄県の産業構造がサービス産業に偏っていることを述べたが、そうした産業構造を背景に就業構造についても第３次産業の就業者数が多くなっている。また、建設業については、対類似県において特化係数が１を超えていたことからもわかるように、就業者数も県内産業のなかで３番目に多くなっている。その一方で、製造業の就業者数は３万５千人と建設業の約半数となっており、沖縄県内では製造業への就業機会が少ない状況がうかがえる。

４－２　完全失業率の推移

　図表7は沖縄県と全国の完全失業率の推移を示したものである。沖縄県の完全失業率は、全国平均に比して高く、2000年には全国平均が4.7％に対して沖縄県は7.9％、2005年には全国平均4.4％に対して7.9％、2010年は全国平均5.1％に対して7.6％となっていた。しかし、2012年以降は、好調な経済状況を背景に完全失業率は低下し、2012年には6.8％、その翌年の2013年から2015年にかけては５％台に低下した。直近の2018年でみると、全国の完全失業率2.4％に対して沖縄県は3.4％となっている。本土復帰以降、沖縄県の完全失業率は、常に全国平均の約２倍の水準で推移していたのであるが、所得格差と同様に近年は失業率についても全国との差が縮小傾向にある。

図表7　完全失業率の推移

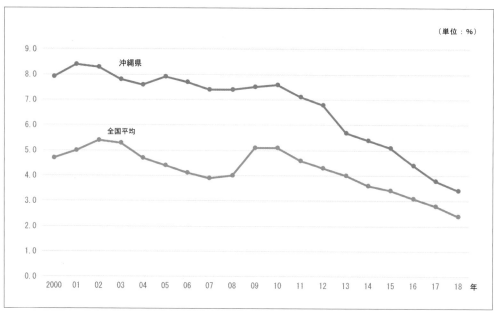

注１：注：2011年の全国数値は、岩手県、宮城県及び福島県を除いた値である。
出所：沖縄県長期時系列統計データ「労働力調査」（URL：http://www.pref.okinawa.jp/toukeika/long-term/longterm_index.html）

4－3 若年層の高失業と非正規雇用の問題

図表8は、2018年における沖縄県と全国の年齢階層別完全失業率を示したものである。同図表より、若年層（15〜29歳）の完全失業率について沖縄県と全国を比較すると、15〜19歳では全国が3.4％であるのに対して沖縄県は8.3％、20〜24歳では全国が3.6％に対して沖縄県は6％、25〜29歳では全国が3.8％に対して沖縄県は6.2％となっており、全国に比して若年層の失業率が高い状況にある。近年は完全失業率が改善し、全国との失業率格差も縮小傾向にある沖縄県であるが、若年層の雇用環境については、依然として課題を抱えている状況がうかがえる。

図表8 沖縄県と全国の年齢階層別失業率（2018年）

（単位：％）

	15〜19歳	20〜24歳	25〜29歳	30〜34歳	35〜39歳	40〜44歳	45〜49歳	50〜54歳	55〜59歳	60〜64歳	65歳以上
沖縄県	8.3	6.0	6.2	2.6	3.7	3.3	3.5	2.8	2.8	1.7	1.5
全国	3.4	3.6	3.8	3.0	2.4	2.1	2.1	1.9	2.0	2.6	1.5

出所：沖縄県『平成30年労働力調査年報』および総務省『平成30年労働力調査』

次に、**図表9**には沖縄県と全国および類似県の非正規雇用率と転職者比率を示した。2017年の非正規雇用率をみると、全国が38.2％に対して沖縄県は43.1％と約5ポイント高くなっている。

図表9 非正規雇用率と転職者比率

（単位：％）

	非正規雇用者率	転職者比率（過去1年間）
青森県	35.3	3.7
岩手県	35.7	4.7
秋田県	36.1	4
山形県	32.8	4.1
和歌山県	39.3	3.6
徳島県	32.6	4.2
佐賀県	35.9	4.8
長崎県	37.6	4.2
大分県	35.8	4.6
宮崎県	38	4.7
鹿児島県	40.3	5.2
沖縄県	43.1	6.7
全国	38.2	5.0

注1：非正規雇用率（会社などの役員を除く）＝ 非正規の職員・従業員数 ÷ 雇用者数（会社などの役員を除く）× 100
　2：転職者比率（過去1年間）＝ 転職者数（過去1年間）÷ 有業者数 × 100
出所：沖縄県『平成29年就業構造基本調査』

また、類似県と比較しても沖縄県の非正規雇用率は高く、沖縄県以外で非正規雇用率が40％を超えているのは鹿児島県（40.3％）のみとなっている。鹿児島県以外の類似県は、概ね全国と同水準であるが、徳島県（32.6％）や山形県（32.8％）については、全国を大きく下回っていることがわかる。過去１年間の転職者比率をみると、全国が５％であるのに対して、沖縄県は6.7％と1.7ポイント高くなっており、さらに類似県との比較でみても沖縄県（6.7％）の転職者比率が最も高く、次いで鹿児島県（5.2％）、佐賀県（4.8％）、宮崎県と岩手県（4.7％）の順となっている。このように、沖縄県は、全国や類似県と比較して非正規雇用率や転職者比率が高い状況にある。

5．歳入構造と公的依存度

5－1　歳入構造の類似県比較

　地方自治体は、地方税や地方交付税、国庫支出金などの収入をもとに、福祉や教育、地域振興策などの公共サービスを供給している。一般的に、公共サービスに必要な財源は、地方自治体がその地域の住民から徴収した地方税で賄うことが望ましいが、各地方自治体の経済力・財政力は一様ではなく、地域間で差異が存在する。そのため、わが国では各地方自治体が一定水準の公共サービスを供給できるよう、地方交付税等によって国から地方への財政移転を行うことで、地方自治体の財源保障や自治体間の財政力格差の是正を図っている[6]。こうした地方自治体の収入（歳入）の内訳を示したのが**図表10**である。同図表には類似12県の歳入構造が示されている。

　はじめに、歳入総額についてみると、沖縄県の平成30年度歳入額は、7,154億円となっており、類似県平均（6,404億円）を750億円程度上回っている。類似県のなかで歳入額が最も多いのは、岩手県（１兆325億円）であり、次いで鹿児島県（7,821億円）、沖縄県（7,154億円）と続いている。沖縄県の歳入額は類似県中３位となっており、他の類似県に比べて歳入規模が大きいことがわかる。次に、自主財源の根幹をなす地方税収入についてみると、鹿児島県が1,821億円で最も多く、次いで青森県（1,695億円）、岩手県（1,611億円）の順となっている。沖縄県の地方税収入は、1,567億円で類似県中４位となっており、類似県平均（1,366億円）を200億円程度上回っている。また、使途が特定されていない「一般補助金」である地方交付税についてみると、岩手県が2,862億円で最も多く、次いで鹿児島県（2,676億円）、長崎県（2,189億円）、青森県（2,166億円）と続いている。沖縄県の地方交付税額は、2,080億円で類似県中５位であり、類似県平均（1,982億円）よりも交付額が多くなっている。

　国庫支出金は、当該地域における国策の推進等を目的として、国（中央政府）が地方自治体に支出する補助金であり、使途が特定されている「特定補助金」である。沖縄県の国庫支出金は、

6　国と地方の財政関係については、池宮城（2016）を参照。

1,933億円で東日本大震災の被災地である岩手県を除くと類似県中最も多くなっている。類似県の平均が1,051億円で、かつ多くの類似県が500 ～ 1,000億円程度の国庫支出金であることを考えると、沖縄県に国庫支出金が重点的に配分されている状況がうかがえる。

図表10　類似県の歳入構造

(単位：百万円)

	地方税	地方交付税	地方譲与税	国庫支出金	地方債	その他の収入	歳入合計
青森県	169,524	216,643	23,418	103,062	62,347	89,109	664,102
岩手県	161,124	286,260	24,268	194,447	79,512	286,900	1,032,512
秋田県	116,440	193,349	19,244	89,588	88,599	99,867	607,087
山形県	134,228	175,703	21,302	67,491	84,251	93,360	576,333
和歌山県	110,091	172,716	17,171	75,927	72,012	91,977	539,895
徳島県	92,565	146,452	13,879	54,089	55,362	127,301	489,648
佐賀県	105,132	144,949	14,980	57,346	55,098	60,264	437,770
長崎県	147,115	218,927	23,816	112,423	93,656	85,259	681,196
大分県	138,048	167,449	21,382	95,692	70,083	99,598	592,252
宮崎県	126,451	180,711	20,020	83,581	64,715	91,323	566,802
鹿児島県	182,126	267,649	29,886	134,629	98,263	69,556	782,108
沖縄県	156,767	208,078	22,861	193,393	50,278	84,111	715,489
類似県平均	136,634	198,241	21,019	105,139	72,848	106,552	640,433

注1：その他の歳入は、「市町村たばこ税都道府県交付金」、「地方特例交付金」、「国有提供施設等 所在市町村助成交付金」、「交通安全 対策特別 交付金」、「財産収入」、「分担金・負担金」、「使用料」、「手数料」、「寄附金」、「繰入金」、「諸収入」、「繰越金」の合計額。
　　2：地方税に含まれる地方消費税は、都道府県間の清算を行った後の額である。したがって、地方消費税清算金は計上されない。
出所：総務省『都道府県決算状況調』平成30年度版

　次に、**図表11**では歳入に占める各項目の割合を示した。同図表より、沖縄県の歳入占める地方税の割合は、21.9％で類似県平均（21.3％）と同程度となっている。他の類似県についても、岩手県（15.6％）を除くと概ね20％前後の水準であり、歳入に占める地方税の割合は類似県間で大きな違いはみられない。また歳入に占める地方交付税の割合をみても、沖縄県は29.1％で類似県平均（31.0％）よりも低くなっているものの、他の類似県も30％前後の構成比となっていることから、地方交付税についても類似県間で顕著な違いはみられない。

　歳入構造について、沖縄県が他の類似県と大きく異なるのは国庫支出金である。類似県の国庫支出金の歳入に占める割合は概ね15％前後であるのに対して、沖縄県のそれは27％と突出して高くなっている。前述したように、国庫支出金の主な役割は国策の推進であるが、沖縄

県では1972年の本土復帰から現在に至るまで、国家的見地から沖縄振興策が実施されており、そうした種々の沖縄振興策を担保するための財源として、国庫支出金が重点的に配分されてきた状況がうかがえる。

　最後に地方債についてみると、沖縄県の歳入に占める地方債の割合は7％で類似県中最も低くなっている。類似県平均が11.4％であり、沖縄県と岩手県を除いた類似県の多くが10％～14％の水準であることを考えると、沖縄県の地方債の割合は極めて低い状況にある[7]。

図表11　類似県の歳入構造（構成比）

（単位：％）

	地方税	地方交付税	地方譲与税	国庫支出金	地方債	その他の収入	歳入合計
青森県	25.5	32.6	3.5	15.5	9.4	13.4	100.0
岩手県	15.6	27.7	2.4	18.8	7.7	27.8	100.0
秋田県	19.2	31.8	3.2	14.8	14.6	16.5	100.0
山形県	23.3	30.5	3.7	11.7	14.6	16.2	100.0
和歌山県	20.4	32.0	3.2	14.1	13.3	17.0	100.0
徳島県	18.9	29.9	2.8	11.0	11.3	26.0	100.0
佐賀県	24.0	33.1	3.4	13.1	12.6	13.8	100.0
長崎県	21.6	32.1	3.5	16.5	13.7	12.5	100.0
大分県	23.3	28.3	3.6	16.2	11.8	16.8	100.0
宮崎県	22.3	31.9	3.5	14.7	11.4	16.1	100.0
鹿児島県	23.3	34.2	3.8	17.2	12.6	8.9	100.0
沖縄県	21.9	29.1	3.2	27.0	7.0	11.8	100.0
類似県平均	21.3	31.0	3.3	16.4	11.4	16.6	100.0

注1：その他の歳入は、「市町村たばこ税都道府県交付金」、「地方特例交付金」、「国有提供施設等 所在市町村助成交付金」、「交通安全 対策特別 交付金」、「財産収入」、「分担金・負担金」、「使用料」、「手数料」、「寄附金」、「繰入金」、「諸収入」、「繰越金」の合計額。
　　2：地方税に含まれる地方消費税は、都道府県間の清算を行った後の額である。したがって、地方消費税清算金は計上されない。
出所：総務省『都道府県決算状況調』平成30年度版

7　沖縄県における地方債の現状と課題については、前村（2014）を参照。

5－2　公的依存度と基地負担

図表12には、類似県の経済活動における公的部門の大きさを「公的依存度」として示した。公的依存度は、公的支出額（政府最終消費支出＋政府固定資本形成）を県民総所得で除した値であり、これにより各県が経済活動のなかでどの程度公的部門に依存しているのかを知ることができる。

同図表より、類似県のなかで公的支出額が最も多いのは、岩手県（1兆9,754億円）であり、次いで鹿児島県（1兆9,355億円）、沖縄県（1兆7,360億円）と続いている。これを公的支出額の全国順位でみると、類似県中最上位の岩手県が全国19位、鹿児島県が21位、沖縄県が25位となっている。沖縄県の公的支出額は、類似県平均（1兆4,062億円）を上回っているものの、全国との比較でみれば47都道府県中25位であり、公的支出額が突出して高い状況にはない。他方で、沖縄県の公的依存度は、38.3％と類似県中2番目に高く、類似県平均（33.6％）を約5ポイント上回っている。類似県のなかで最も公的依存度が高いのは、岩手県（42.1％）であり、次いで沖縄県（38.3％）、青森県（36.1％）、秋田県（35.5％）と続いている。これを全国との比較でみると、岩手県が47都道府県中3位、沖縄県が6位、青森県が7位、秋田県が9位となっている。

図表12　公的依存度と米軍専用施設

（単位：100万円、千m2、％）

	公的支出額	全国順位	公的依存度	全国順位	一人当たり公的支出額（万円）	全国順位	米軍専用施設面積	全面積に占める割合
青森県	1,631,093	27	36.1	7	122	10	23743	9.02
岩手県	1,975,497	19	42.1	3	153	2	-	-
秋田県	1,244,631	34	35.5	9	119	14	-	-
山形県	1,330,652	31	32.1	14	118	17	-	-
和歌山県	1,173,809	38	30.4	16	118	16	-	-
徳島県	927,960	45	29.7	17	121	12	-	-
佐賀県	794,404	46	27.5	23	94	33	-	-
長崎県	1,646,337	26	35.3	11	117	18	4,686	1.78
大分県	1,286,825	32	28.9	19	109	21	-	-
宮崎県	1,191,585	35	31.7	15	106	24	-	-
鹿児島県	1,935,578	21	35.4	10	115	19	-	-
沖縄県	1,736,047	25	38.3	6	119	15	184,944	70.27
類似県平均	1,406,202		33.6		118			

注1：在日米軍施設・区域（専用施設）の面積は2020年1月1日現在のもの。
　2：米軍専用施設は日米地位協定第2条第1項（a）に基づき、米軍が使用している施設・区域の面積である。
　3：各県の人口については、平成28年1月1日のデータを用いた。
　4：公的支出額＝政府最終消費支出＋公的総固定資本形成
出所：内閣府「平成28年度県民経済計算」および総務省「2016年住民基本台帳に基づく人口、人口動態及び世帯数調査」、防衛省・自衛隊サイト（http://www.mod.go.jp）

また、１人当たり公的支出額をみると、岩手県が153万円で最も多く、次いで青森県（122万円）、徳島県（121万円）、秋田県（119万円）、沖縄県（119万円）の順となっている。沖縄県の１人当たり公的支出額は、類似県平均（118万円）と同水準であり、全国では15位となっている。前述したように、沖縄県は公的依存度が高い状況であることは明らかであるが、その一方で公的支出額や１人当たり公的支出額等の金額ベースでみた場合、沖縄県だけが突出して高い状況にあるわけではない。なお、同図表には米軍専用施設の面積が示されているが、類似12県のなかで同施設を有しているのは青森県（23743㎡）、長崎県（4686㎡）、沖縄県（184944㎡）の３県のみである。米軍専用施設の全面積に占める割合をみると、青森県と長崎県がそれぞれ9.02％と1.78％であるのに対して、沖縄県は70.27％と極めて高くなっている。

６．リーディング産業としての観光

　図表13は、沖縄県における入域観光客数と１人当たり観光消費額の推移を示したものである。近年沖縄経済が好調に推移している要因の一つが、こうした国内外からの入域観光客数の増加とそれに伴う観光収入の増大である。同図表より、沖縄県の入域観光客数は、2000年に450万人程度であったが、その後は年々増加し、2008年には600万人、2014年には700万人、2016年には800万人に到達した。直近（2018年）の入域観光客数は、985万人と20年前（2000

図表13　入域観光客数と１人当たり観光消費額の推移

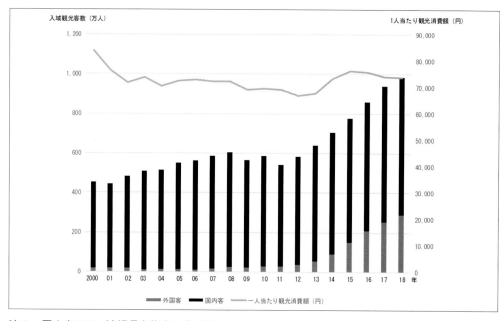

注１：国内客には、沖縄県在住者は含まない。
　　２：外国客には、国内経由の外国人は含まない。
出所：沖縄県『平成30年度観光要覧』

年）と比較して約２倍となっている。とりわけ、近年は外国人観光客の増加が目立っており、2000年に20万人程度であった外国人観光客は、2015年には150万人に達し、さらに2018年には290万人と急激に増加している。

　好調を続ける観光産業であるが、その一方で課題も山積している。**図表13**には、１人当たり観光消費額の推移が示されているが、2000年から現在に至るまで１人当たり観光消費額に大きな変化はなく、概ね７万円台で推移している。入域観光客数が年々増加する一方で、沖縄を訪れる観光客の消費額は一貫して横ばいの状況であり、観光客の県内消費を促す仕組み作りが喫緊の課題となっている。今後は観光客数の量的拡大だけでなく、観光消費額の増大やオーバーツーリズム対策等、観光の質的改善が求められている。

7．おわりに

　本章は、様々なデータを用いて沖縄県経済の実情を考察するとともに、類似県との比較検討を通して、わが国における沖縄県経済の相対的な立ち位置を明らかにした。本章でみたように、近年の沖縄県経済は好調に推移しており、１人当たり所得の持続的な改善がみられている。しかしながら一方で、サービス産業に偏った産業構造の問題や非正規雇用率の高さ、観光消費額の低迷等、未だ解決すべき課題も多い。現行の沖縄振興計画（沖縄振興21世紀ビジョン）が2021年度に終了することもあって、現在沖縄県では次期振興計画の策定へ向けた検証作業が行われているところである。今後は、過去の沖縄振興策の検証を踏まえたうで、残された課題を解決するためのより有効な制度設計を考えていく必要がある。

【参考文献】

池宮城秀正編（2016）『国と沖縄県の財政関係』清文社。

富川盛武・百瀬恵夫（1999）『沖縄経済・産業自立化への道』白桃書房。

比嘉正茂（2016）「沖縄振興予算の時系列的考察－国庫支出金の類似県比較を中心に－」『地方自治研究』Vol.31,No.2、日本地方自治研究学会。

前村昌健（2014）「沖縄県財政における地方債の一考察」『地域産業論叢第12集』沖縄国際大学大学院地域産業研究科。

【参考資料】

沖縄県「平成30年度観光要覧」

沖縄県「平成29年就業構造基本調査」

沖縄県「平成30年労働力調査年報」

沖縄県「100の指標からみた沖縄県のすがた」
　　　（URL https://www.pref.okinawa.jp/toukeika/100/2019/100(2019).html）

総務省「平成30年労働力調査」

総務省「平成30年度都道府県決算状況調」

総務省「2016年住民基本台帳に基づく人口、人口動態及び世帯数調査」

内閣府「平成28年度県民経済計算」

防衛省・自衛隊サイト（URL http://www.mod.go.jp）

第2章

沖縄経済の軌跡

宮城　和宏

沖縄経済の軌跡

◇◇◇◇◇◇◇◇◇◇◇◇◇◇◇◇◇◇◇◇◇◇◇◇

**「過去を研究するのは、過去を繰り返すためではなく、
過去から解放されるためなのだ」**

ユヴァル・ノア・ハラリ『ホモデウス』

1. はじめに

　1879年、日本が琉球国を強制的に併合、沖縄県が誕生（琉球国消滅）した。本章では、このいわゆる「琉球処分」から現在までの沖縄経済を中心にその軌跡を辿っていこう。現在、沖縄は全国最下位の1人当たり所得とそれに関連した最悪の貧困率などで知られているが、これらの原因は、沖縄経済の今を観察しただけでは十分説明できないだろうというのが理由である。

　沖縄経済の構造は、その自然的・地理的条件（亜熱帯気候・遠隔地・島嶼性）や市場規模等の基礎的諸条件以上に、各時代の「制度」に拘束され造られてきたと考えられる（歴史的経路依存性）。そうであれば、沖縄の諸課題の本質は、その歴史を調べることによってしか解明できない。ここで、「制度」とは、人々の行動を「自己拘束的」に制約する公式・非公式のルールあるいは均衡のことであり、人々はそこから一方的に逸脱するインセンティブ（誘因）をもたない[1]。制度には、自然発生的なものもあれば、統治者が政治的な意図の下に形成し、経済に深く影響を及ぼすものもある[2]。例えば、沖縄の1人当たり所得が低いのは生産性が低いことの反映であるが、それは経済を動かす「制度」がこれまで沖縄の人々に効率的な人的・物的投資や技術・知識の導入・拡散、生産性向上活動を行う幅広い機会とインセンティブを提供してこなかったことの結果である。

　「過去を繰り返すためではなく」、現在も続く「過去から解放されるため」には、まずは自らの過去を知り、現在と照らし合わせて深く考える機会が必要となる。以下では、各時代において統治主体がどのような政治目的で、どのような制度を形成し、それが沖縄経済にどのような影響を及ぼしてきたのかをみていこう。

1　これは経済学では「ナッシュ均衡」と呼ばれる。ナッシュ均衡では、どのプレイヤーも1人だけ行動を変更しても利得が上がらないため、誰も行動を変えるインセンティブをもたない。よって、ルールからの逸脱が通常の場合、そもそも均衡が成立していないか、ルールが「制度」として機能していないことになる。

2　アセモグル＆ロビンソン（2013）によれば、各国の政治制度の違いが、成長を促す「包括的な経済制度」や停滞・貧困につながる「収奪的な経済制度」をもたらす。

2．「琉球処分（琉球併合）」以前の経済（1609 ～ 1879年）

2－1　従属的な二重朝貢国家の経済

　1879年の軍事力を背景にした日本（明治政府）による強制的な琉球国の併合、いわゆる「琉球処分」以前の沖縄は、薩摩藩・島津氏による琉球侵略を経て「日清両属」にあった。ただし、「両属」とはいっても、中国との関係は琉球国の内政には干渉しない形式的なものであり、琉球国は中国を中心とする「冊封・朝貢体制」下で、国として認められ、中国（明・清）との進貢貿易を通じて多くの利益を得ていた[3]。

　一方、1609年の侵略以降、薩摩は、琉球の総石高（生産量を米で換算したもの）の30％に近い多額の貢祖（租税）を搾取するなど、琉球国からほぼ確実に、「掠奪的」に一定額の租税を徴収し、さらに「冊封・朝貢体制」下での中国との進貢貿易の利益が横取りされていた[4]。そのしわ寄で農民は、薩摩と王府からの２重の支配と搾取に苦しむことになる。一方、王府財政は逼迫し、17世紀中頃には薩摩に銀400貫の負債ができるほどになっていた[5]。

　負債返済のために、王府が考えたのが、当時貴重な砂糖を薩摩に送り、買上げてもらい、その利益で負債を返すという方策である。沖縄の砂糖は大阪市場で売買され、大きな利益を上げることができたからである。王府は1647年に砂糖専売制を設けて一手に砂糖の販売を握り、租税米の一部を砂糖で納めさせ（貢糖）、余った砂糖についても一定の値段で買い取り（買上糖）、それを薩摩で売払って多額の利益を得た（貢糖・買上糖制度）。農民は薩摩に送る砂糖をつくるために、米や麦などのかわりに甘蔗（サトウキビ）を栽培するようになり、主食は芋となった。甘藷（サツマイモ）以外の作物のほとんど全てを、農民は貢物として納めるため、それ以後、甘藷栽培が急速に広まることになる。

　1807年には、中国からの冊封使（国王承認のために来琉する使節）の接待費用のため王府は薩摩藩から銀800貫目の負債を負うことになる。王府の借銀の弱みにつけこみ、薩摩藩は琉球の砂糖に対する年来の欲望を、1831年には薩摩藩への「貢糖」制度として実現した。その結果、王府の砂糖専売政策は、薩摩藩への「貢糖」制度に組み込まれることになり、王府財政は慢性的な財政窮乏に陥っていった。そして、その補填は琉球国内の製糖農民への収奪という形で現われることになる。このようにして、「砂糖」をめぐる王府と薩摩との利益争奪戦は、基本的に薩摩優位のもとで、砂糖生産農民を極度にしめあげ、犠牲にしながら、「琉球処分」まで続けられた。

3　「冊封」とは中国皇帝から国王として承認されること、「朝貢」は貢物を納めて服従を誓うことである。

4　薩摩への貢納は、米額にしてその半分以上が「貢米」として薩摩へ送られ「自然条件の苛酷な、しかも土地生産力の低い孤島から、年々１万数千石にのぼる米が薩摩へ持去られたことが、琉球内の経済に大きな重圧となっていた」との指摘がある（金城、1972）。

5　国場（2019）。「王府に貢祖が多く蓄積されていたという確実な証拠はなく、むしろ王府の倉庫の貧弱さを語る史料が目につく」との指摘がある（田港,1972）。

2－2　土地・税制度

　当時の琉球国の全耕作地の約7割を占める百姓地で行われていた慣行に「地割制度」がある。農民は当時、厳しい貢祖負担や労役が課されており、生産活動、日常生活はきびしい取締りを受けた。農民は配分された耕地に緊縛され、離島や他村（村は現在の字）への移住は禁じられていた[6]。百姓地は、各村の共同管理とされ、一定の年限ごとに土地の割替＝地割が行われ、農民は地割によって配当された土地（地割地）に対して、一定の期間、保有権＝耕作権のみを認められ、その間きめられた租税を負担していた。

　納税の主体は、個人ではなく村落共同体にあり、村落共同体の各構成員は、納税において共同責任、連帯責任を負っていた。納税は現物納を原則としており、特定の地域に特定の現物納が義務づけられてた。例えば、八重山では米納が義務づけられたため、水田のない島々でも多くの時間と労力を割き、損得勘定を度外視して、米生産のため水田のある島へ耕作に行かなければならなかった。

　地割制度の意図は、貢祖負担を再配分することであり、地割替えは村を単位として行われた。百姓地は村共同体の保有地であり、地割により耕地を多く配分されることは貢祖負担の増加を意味する。よって、農民は自己と家族の生活を維持するため最低限度の土地配分を望んだ。また売買・質入れは禁じられ、私有権を認められていなかったため、耕作農民には生産性向上のための土地改良のインセンティブ（動機づけ）は弱かった。

　なお、島津氏による琉球侵略以後の地割替えは、「農民層の分化を阻止するためにもっぱら領主によって指令され、あるいは停止され、またはその周期が決定されたものであって、共同体的慣行としてのそれとは著しくその性格を異にしている」ことが指摘されている[7]。すなわち、薩摩の琉球支配以前に農村で行われてきた共同体的慣行（百姓地の割替えが村民の協議によってゆだねられていた状況）＝地割制度が、侵略以後は支配・収奪機構として再編・強化されたと考えられている。

3．明治政府による琉球国併合から沖縄戦までの収奪型経済（1879～1945年）

3－1　1人当たり所得、労働生産性の推移

　1879年、日本国による軍事・警察力を背景とした強制的な琉球国併合により、琉球国が消滅させられ、現在の沖縄県が誕生する（廃琉置県）[8]。これにより琉球国は、形式上は47都道府

6　農民の租税負担は収穫高のほぼ半分であったが、実際には様々な名目で税がかけられていた。また「先島」地方では地割制をほとんど採用せず、地代貢祖の徴収が人頭割に行われ、その労働に対する監督、貢物（織布など）の品質に対する検査の厳しさなどが貢祖負担者に重くのしかかる苛酷な制度となっていた（田港、1972）。

7　金城（1972）。

8　併合以前の琉球国は「従属的な二重朝貢国家」とはいえ、1854年には琉米修好条約、1855年には琉仏修好条約、1859年には琉欄修好条約を結ぶ国際条約の主体として存在しており、国際法的には「永続的住民、確定した領域、実効的政府、他国と外交関係を取り結ぶ能力という国家の要件を有する独立した主権的存在であった」（阿部、2015）。

県の1県として日本に組み込まれることになる。しかし、新たな統治者である明治政府＝県当局の国益優先主義、植民地主義により、その制度は他府県とは大きく異なっていた。これがその後の県経済の状況に深く影響をおよぼしていくことになる。

　図表1は1879年の「琉球処分＝琉球併合」から6年後の1885年から沖縄戦（1945年）より6年前の1940年までの沖縄の1人当たり所得と就業者1人当たり所得（労働生産性）の全国比の推移を示したものである。なお、1879年の「琉球処分」以降、明治政府＝沖縄県当局による「旧慣温存策」（1879～1899年）と平行した勧業政策・教育（同化政策・皇民化教育）[9]、租税・行政体系の再編成・近代化を意図した「土地整理事業」（1899～1903年）、政府によるはじめての振興策「沖縄県振興十五か年計画」（1933～1947年度の計画）が実施されてきた。また、その間には日清戦争（1894～1895年）、日露戦争（1904年）、第1次世界大戦（1914～18）、満州事変（1931～32年）、世界大恐慌（1929～1933）、日中戦争（1937年～）、太平洋戦争（1941年～）があり、沖縄は大正末期から昭和初期にかけておこった恐慌により「ソテツ地獄」を経験している。

図表1　沖縄の1人当たり所得、労働生産性の全国比（％）

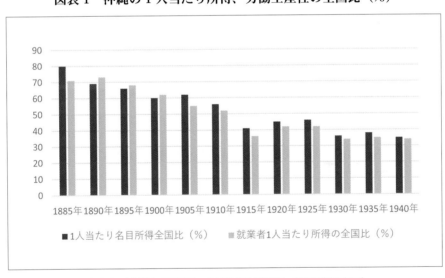

注：全国は国内純生産（市場価格表示）、沖縄は県民所得（要素費用表示）
出所：富永（1995）による推計値。10表、表10，表12より作成

　1人当たり所得、労働生産性の全国比の推移を概観すると、「琉球処分」から間もない「旧慣温存政策」下の1885年の所得は全国比80％、労働生産性は全国比71％となっており、近年の沖縄県の水準以上であったことがわかる。しかし、その後は、租税・行政体系の近代化を

9　明治政府の教育政策の中心は同化政策であった。同化政策とは「支配民族が植民地原住民を、自分たちの生活様式や考え方になじませ、一体化しようとする政策」などのこと、一言でいえば琉球人の日本人化政策をいう（波平、2011）。

意図した「土地整理事業」（1899～1902年）が行われたにもかかわらず、この間、所得、労働生産性には大きな低下傾向がみられる（1905年の所得全国比は62％、労働生産性は55％に大きく低下）。政府によるはじめての振興策「沖縄県振興十五か年計画」（1933～1947年度の計画）期間の1935年の所得と労働生産性の全国比はさらに低下し、それぞれ38％と35％に、1940年はそれぞれ35％、34％になっている。つまり、「琉球処分」以降の沖縄経済は、1885年の所得全国比が80％から1940年の35％へ（45％減）、労働生産性の全国比が71％から34％へ（37％減）と全国比で確実に大きく低下し、貧困化が進んでいたことがわかる。

　いかにして、このような状態になったのか。以下では、この間の期間を、大きく旧慣温存策期間（1879年～1899年）と土地整理事業から世界恐慌を経て沖縄戦まで（1899年～1945年）に分けてみていこう。

3－2　旧慣温存策下（1879年～1899年）の財政

　1879年の明治政府による琉球国の強制的な併合の背景には、日本の安全保障のための軍事的・国防的見地はもちろん、それ以外にも沖縄を財源（国庫収入）獲得地として重視していたことが知られている[10]。例えば、沖縄県の第二代県令（県知事）・上杉茂憲（1881～83年）のもとで書記官を務めた池田政章は「意見書」の中で、明治政府が東北の辺境・北海道に対しては年間100万円を投じながら、西南の辺境・沖縄からは逆に年間20万円を搾取していることを指摘している。

　図表2は、「琉球処分」から3年後の1882年～1895年の旧慣温存策期間内の沖縄県に対する明治政府の国税徴収額、国庫支出の県費、そして両者の差額の推移を示している。この図表

図表2　国税額と国庫支出（県費）の推移

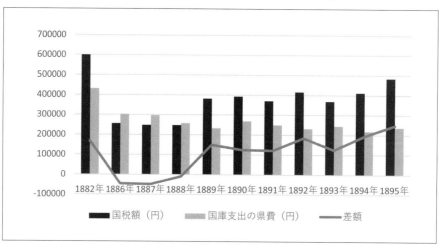

注：県費のなかには、政府が負担すべき国家機関の維持費も含まれている。
出所：西里（1972）p.151 より作成。

10　以下については西里（1972）参照。

より明らかなように、1886年〜1888年の３年間を除き、国税徴収額は国庫支出の県費を常に上回っており、国税徴収額の増加傾向と国庫支出の県費の減少傾向により、その差額（＝収奪額）は増加傾向にあることがわかる。しかも、国庫支出の「県費」のなかには、政府が当然負担すべき国家機関の維持費も含まれていることから、本来の沖縄県地方費だけでみれば、1886年〜1888年の３年間についても国税徴収額が国庫支出の県費を常に毎年大きく上回っていたと考えられている。

　明治政府は琉球国時代の薩摩藩−「王府」による封建的・領主的な経済を継承して莫大な国庫収入を得たが、これは沖縄支配に費やされる県庁費、旧支配階級（華族・士族）への金禄処分金、旧支配層中の上級役人への家禄（金禄支給）、地方役人への給与などの国庫支出をはるかに上回る収入であった。しかも、旧慣温存政策下で得た莫大な国庫収入は、県産業経済の近代化のために費やされることはほとんどなかった。

　なお、日本「本土」では明治維新による1869年の版籍奉還、1871年の廃藩置県、1875年の地租改正を経て、「琉球処分」以前の1878年には、既に地方制度の一定の改革が行われ、財政一般に対する議決権等、自治権の一定の確立がはかられていた。一方、沖縄県は明治政府による旧慣温存政策のなかで、県民の意思を代表する自治機関は全く存在せず、自治体にとって最も重要な予算編成権が奪われていた。当時、沖縄県令は中央政府から派遣され、県庁職員のほとんどは県外出身者で占められていた[11]。明治政府は、沖縄県を直接の管轄下におき、県庁は明治政府の対沖縄政策を忠実に代行する「植民地総督府」として機能していたのである。**図表2**の実態は、その結果を反映している。沖縄県予算は「国庫予算と運命を共にするもの」とされ、「常に「国益」優先の前に「県益」を無視されるしくみ」となっていた。明治政府＝沖縄県当局からの収奪は常態化していたのである。

3−3　明治政府＝県当局の旧慣温存策と勧業政策

　ここまで「旧慣温存策」という用語を説明なく使用してきたが、「旧慣温存策」とは、琉球国時代の薩摩藩−「王府」による領主的・封建的な収奪体系としての土地・租税・地方制度などの旧慣諸制度を、明治政府＝県当局がほとんど改めることなくそのまま継承・温存し、利用した政策のことである。具体的には、①琉球国時代の支配階級である旧地頭層（有禄士族）の「家禄」が置県後も保障され、1909年まで「金禄」で支給された[12]。②農村統治の末端の地位にあった地方役人層の地位と特権が据え置かれた。③旧慣の土地・租税制度（地割制度など）、地方制度がそのまま存続された。旧慣温存策は、明治政府が沖縄の土地と農民を直接領有し、琉球国時代の搾取・収奪の権限を薩摩−王府からそのまま引き継ぐことにより沖縄における「唯一

11　1879〜82年の沖縄県庁の人員構成は、行政部門は首脳部から末端に至るまで長崎出身が多数を占め、沖縄人は4分の1に満たなかった。また警察部門は鹿児島出身が主流を占め沖縄人はいなかった（菊山、1992）。

12　琉球国時代の地頭には間切（現在の市町村）の領主に任命された両総地頭（按司地頭・総地頭）と村（現在の字）の領主に任命された脇地頭がおり、王府から指定された知行高にみあう年貢を受取っていた。また領地の農民による耕作からのほぼ3分の1が収入となり、残りが貢祖と農民の取り分となった。

最大の封建領主」になったことを意味する。

　なお日清戦争（1894〜1895年）以前、沖縄の頭越しに琉球分割条約の交渉が日清両国の間で行われ緊張が続いていた。また、1879年の琉球国併合以降も続く琉球人士族層・地方役人による不服従・非協力運動や救国運動に対して明治政府＝県当局は、警察権力を用いて逮捕・拷問を行っており、琉球人の抵抗は日清戦争で日本が勝利するまで続いていた。旧支配層（士族・地方役人等）の利害を無視した旧慣改革断行は、県当局による統治に支障をきたし、琉球救国運動に拍車をかける危険性から、明治政府は旧慣温存＝旧支配階級の既得権保障で旧支配層を政府の側にひきつける必要があったのである[13]。

　明治政府が農民からの収奪の手段としてもっとも巧妙に利用したのが、「旧慣」税制の根幹をなす貢糖・買上糖制度であった。明治政府は、甘蔗（サトウキビ）の作付制限撤廃（1888年）、一部貢祖の代金納制採用による現物納から代金納への移行（1889年）などを行ったが、黒糖の現物形態は変わらず、黒糖の自由販売を許さない買上糖の制度もそのまま引き継がれた。明治政府は沖縄の砂糖を、市場相場を無視した安い価格で独占的に買い占める一種の専売制度を用いて、それを大阪市場の高い相場で売払い、ばく大な中間搾取を行っていた。薩摩—王府に代わり、明治政府自体が商業資本家的な中間搾取者の役割を果していたのである。

　一方、明治政府の勧業政策は国庫収入の観点からほとんど砂糖産業の奨励に偏った勧業政策であった。農民にとっても糖業は貨幣獲得の手段として重視されていたことより、明治政府の勧業政策は、糖業中心のモノカルチュア的な構造を形成させる遠因となった。このことは、他方では食料の自給自足を不可能にし、重要な食料問題を引きおこしただけでなく、他の産業を前近代的なまま取り残すことになる。

　旧慣諸制度のもとで、国税としての地租額は、代金納の併用により年々増加し、旧来の公費・村費に加えて、新たな税目として地租額をほとんど上回るほどの学校費・衛生費・勧業費などを含む民費（地方税に相当）の負担が課された。これにより、間切（現在の市町村）・村（現在の字）の負債額は返済のあてもなく累積されるばかりであった。

3−4　土地整理事業から「ソテツ地獄」、沖縄戦まで（1899〜1945年）

　旧慣温存策による国税は、農民の負担力を超える重税であったが、日清戦争（1894〜95）後の物価上昇傾向におされて年々その額を騰貴させてきており、農民は増大する滞納税に対応できなくなっていた。明治政府＝県当局は、安定した税収の確保と合理的な沖縄統治等のために1899年に土地整理法を制定して土地・税制の改革を行うことになる（1899〜1903年）。

　これにより、①地割制度下で農民に所有権がなく、地割によって配当されていた土地（地割地＝百姓地）が、そのまま個々の農民の私有地として認められるようになった（私有財産制の確立）。②「旧慣」租税制度が廃止され、租税は全て黒糖や織布等の物納から金納へ改められ、

---

[13]　当時、地方役人は県当局による沖縄の実効支配を地方農村まで及ぼす媒介者の地位にあった。

県産業の商品経済化が促進された。

　土地整理事業により、新たな地租額は約21万円と算定され、旧租税額の約46万円より大幅に減少したものの、地方税を加算すれば県民の実質的負担額は旧租税額とほとんど変わらなかった。一方、日露戦争（1904 ～ 1905年）の戦費をまかなうために1904年と1905年には非常特別税法が施行、改正され、日露戦争後も継続されることになる[14]。この大増税は、全国最低の生産力しかもたず、改革間もない沖縄にも適用されることにより、県の産業・経済は深刻な事態に陥ることになる。

　図表3・図表4は、土地整理事業後の沖縄県の産業・移輸出構造を示している。**図表3**より、産業構成の割合は、農業（54％）と工業（38％）で全体の９割以上を占めており、農業の中身は甘藷（サツマイモ）と甘蔗（サトウキビ）のみで約７割以上、工業の中身は砂糖のみで６割以上となっていた。また**図表4**からは移輸出品の74％が砂糖であることがわかる。

　以上より、土地整理後の沖縄県経済は、それ以前の「芋を作って食べ更に砂糖を売って米その他を買う」という甘蔗作・製糖業を中心とする糖業（黒砂糖製造業）モノカルチュア的な経済構造に変化はなかったことになる。しかも、当時、沖縄糖業の７割は零細な手工業的製造法による含密糖（黒糖）の生産で占められており、近代化の牽引役となる多額の資本（生産設備）を必要とする分蜜糖業（白砂糖等の精製された砂糖）は政府の政策的保護を得られず、糖業生産全体の３割を超えることはなかった。

図表3　沖縄県の産業構造（1912 年）

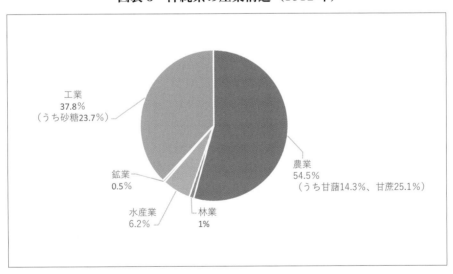

出所：向井（1988）表Ⅰ－１より作成。

14　土地整理事業以降、徴兵制の沖縄への完全施行（1902年）から特別県政の施行（1909年）に至るまで行政全般を全国並に改変し帝国体制に統合するための基礎的条件が形成された。1912年には他府県から遅れること23年目にして選挙法が施行され、国政参加の権利をはじめて行使できるようになる。1919年には選挙法の対象から除外されていた宮古・八重山にも衆議院議員選挙法が適用されるようになった。

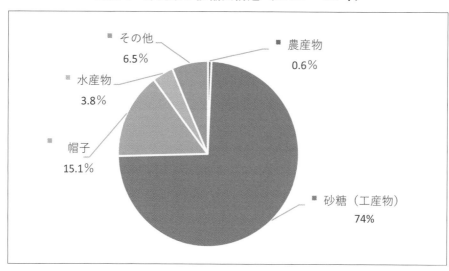

図表 4　沖縄県の移輸出構造（1912 ～ 16 年）

その他
6.5%

農産物
0.6%

水産物
3.8%

帽子
15.1%

砂糖（工産物）
74%

出所：向井（1988）表 I―３より作成。

　なお、当時、糖業の中心は、日本が日清戦争（1894－95年）により中国より獲得した台湾にあった。台湾領有後、植民地・台湾は、国防だけでなく糖業をはじめとする産業振興の観点からも重視される一方、沖縄振興については放置され、沖縄切り捨てとも言うべき状態が続いていた。その結果、台湾は糖業だけでなく、他の産業や交通機関・衛生施設・市区整備でも近代化が進み、沖縄にとっての先進地域となっていったのである[15]。

　時代は明治から大正に移り、1914年から18年にかけて第１次世界大戦が始まる。大戦は、日本経済に未曾有の好況をもたらし、この景気のあおりは県経済にも表れた。外需の急増により、沖縄からの移出額は1914年を100とした場合、1918年には289に急騰、移入額も３倍を超え、1915 ～ 1922年には、1919 ～ 20年の２か年を除き、100万～ 200万円の移出超過を生み出した。さらに、第１次大戦による好況は、生産物価格の上昇をもたらし、県産業の主要部分である糖業および製糖業にいわゆる「黄金のアラシ」をもたらし県経済は活況を呈した。

　しかし、大戦終了により日本は戦後恐慌に陥り、これにともない砂糖の価格も急落し、沖縄にも不況の波が押し寄せてきた。さらに、関東大震災（1923年）に起因する金融恐慌（1927年）、1929年以後の世界大恐慌は日本を昭和恐慌（1930 ～ 31年）による慢性的な恐慌に陥れた。

　明治政府＝県当局により実施されてきた、旧慣温存策、土地整理事業等で形成されてきた糖業中心のモノカルチュア的な産業構造や苛酷な税を強要する政府の財政政策が災いし、沖縄は恐慌のあおりを直接受けることになる。沖縄の移輸出額の８割を占めていた砂糖価格の国際的

<hr />

15　このような状況を反映するものとして、台湾総督府による台湾植民地下への沖縄「合併論」から「南洋道新設」の議論が1908年11月の『琉球新報』で取り上げられ話題となった。両者とも政府が持て余している沖縄県を台湾総督府の管轄に移すという、台湾による沖縄の合併（併合）が前提となっていた（又吉、2018）。

な暴落は県経済に深刻な影響を与え、移輸出超過から移輸入超過への転換、国税の滞納、金融機関３行の破綻危機による合併、零細企業の倒産がつぎつぎに起き、一般民衆は野生のソテツの実や幹のデンプンを食べて飢えをしのぐ日々が続いた。大正から昭和にかけての1920年代から30年代初頭までのこれらの経済不況は「ソテツ地獄」と呼ばれている[16]。先にみた**図表1**における1935年の沖縄県の１人当たり所得、労働生産性の全国比それぞれ38％、35％はこのような状況を反映したものと考えられる。

　県当局は「ソテツ地獄」から脱却するために1931年「沖縄振興十五年計画案」を作成、政府は1933年度から予算化する方針を閣議決定した。1933〜47年度の予算総額は年平均436万円であり、これは過去10年間の国庫収入（県民負担の国税）から国庫支出を差し引いた超過分（年平均450万円）を沖縄県に還元することを想定していた。

　振興計画は、琉球国併合以後、はじめての長期的国家プロジェクトであり、県産業・経済の全般的振興をねらうものだと喧伝されていた。それにもかかわらず、すでに植民地的農業としてその欠点が指摘されていた糖業を、相変わらず育成の重点のひとつとしてあげていた。また戦時経済体制が強化されるなかで、実際に予算化された割合や目標達成率は極めて低く、実施率は目標の20％程度にすぎなかった。

　日本は、満州事変（1931〜32年）を契機に1937年には日中戦争に突入する。1941年太平洋戦争が開始され、「沖縄振興十五年計画」は有名無実化し、戦争に役立つことだけが強調されるようになった。1944年には米機動部隊が沖縄に大空襲を敢行（10.10空襲）、1945年４月１日に米軍が沖縄島中部西海岸に無血上陸、激戦の末、1945年９月７日に残存日本軍首脳が降伏文書に署名し沖縄戦は公式に終結した。その間、「本土」防衛・国体（天皇制）護持のための「捨石作戦」であった沖縄戦の全戦死者は20万人超、そのうち沖縄住民の戦争犠牲者は約15万人に達し４人に１人が犠牲となった。

４．沖縄戦後の米軍基地依存型輸入経済（1945〜72年）

４−１　戦後日本経済の復興と沖縄の米軍統治

　沖縄に上陸した米軍は、1945年４月に軍政を樹立、日本政府の行政権を停止し、1946年１月に沖縄は米軍統治下におかれた。その結果、旧慣温存策により沖縄が日本の改革から取り残されたように、戦後日本の復興をもたらした農地改革、労働改革などの改革や傾斜生産方式、産業保護政策、為替レートの通貨安等により輸出主導の高度経済成長をもたらした経済政策が沖縄に適用されることはなかった。

　米国は東西冷戦を背景に1949年５月には沖縄の長期保有と基地の拡充を決定し、1952年４月28日に発効したサンフランシスコ講和条約により、日本の主権回復（独立）と平行して日

16　「ソテツ地獄」の時期以降、失業状態にあった沖縄人は一攫千金のチャンスを求めて海外へ移民。国内では、主に大阪や神奈川に出稼労働者として県外流出していった。

本政府の同意により沖縄を公式に米国の単独・排他的統治下に切り離すことになる。東西間の冷戦により、米国は対日占領政策を当初の日本の「改革」から「経済復興」、「安全保障」へと一大転換させ、両者を一挙に解決するための手段として沖縄を日本から分離統治することを決定し、日本は国益優先主義によりそれを歓迎したのである。このことは、日本と沖縄の命運を大きく分けることになった。日本は1947年5月3日施行の日本国憲法による平和を享受する一方、沖縄はサンフランシスコ講和条約で日本から公式に切り離され、そのまま米軍統治下に置かれた上、同日発効された（旧）日米安保条約において日本の安全保障と経済復興を助ける役割を担わされることになる。その結果、日本は経済復興に専念できるようになった。

　同時期、米国は沖縄において「米軍基地の建設」と「沖縄経済の復興」を進めることになるが、米国のプライオリティ（優先順位）は、常に「基地の安全保持」という至上命題の確保にあり、「沖縄経済の復興」はそれに従属する手段としての位置づけにすぎなかった。よって、そのための「制度」形成は当然、統治者である米軍の政治的な利益を反映したものとなった。

4－2　米軍基地依存型輸入経済の構築と児童福祉「空白の27年間」

　米国が「米軍基地の建設」と「沖縄経済の復興」の両立図るために用いたのが、その後の沖縄経済の初期条件を形成した極端な通貨高（B円高）である[17]。この制度は、琉球処分以降、軽視され続けていた域内生産力の強化を目指すものではなく、基地建設・維持に労働者、建設業者、商業およびサービス業者などを動員してドルを稼がせ、このドルで戦後復興に必要な様々な物資を日本から大量の輸入によりまかなうことにより、沖縄経済の復興のみならず日本の輸出産業育成による経済の復興、外貨蓄積も同時に助けるというものであった[18]。沖縄の貿易収支は当然、輸入超過により慢性的に大幅赤字となるが、基地建設に沖縄人を動員することにより得られた大量のドル外貨で赤字補填し、それでも赤字が解消されない場合にガリオア資金を援助するという計画であった。

　制度として用いられたのが、1950年4月の米軍による布令「琉球列島における軍のB円交換率」および「琉球人の雇用、職種および賃金」である。前者に関しては、基地建設に投下される未曾有の建設資金に対応して、インフレをもたらさないよう大量の物資をいかに安価に輸入するかが重視された。そのために用いられたのが「1ドル＝120B円」という極端なまでにB円高の為替レート設定であった。一方、1949年4月に日本円には「1ドル＝360円」という円安為替レートが設定され、日本円とB円の交換比率は1対1の等価扱いであった。沖縄B円と日本円の間の1対3（1ドル＝120B円＝360円）の交換比率は極端なB円高を反映している。

　両者の為替レートの設定の違い＝インセンティブ（誘因）の違いは、双方に全く異なる貿易・産業構造をもたらすことになる。まず日本の円安は、周知のように製造業を中心とした輸出主導の工業化をもたらした。しかし、沖縄の極端なB円高では、輸入品が安価になる一方、輸出

17　以下については琉球銀行調査部（1982）、牧野（1990）参照。
18　1950年代末における日本の外貨準備の3割近くが沖縄向け輸出によって蓄積された。

品の高価格から国際競争力を保てず輸出産業の育成が不可能となる。これは、第3次産業が異常に肥大化した輸入依存経済をもたらし、輸出産業としての製造業育成は進まず、貿易収支の赤字が常態化するなど生産性向上とは無縁の極めて脆弱な経済構造を造りだした[19]。

　一方、布令「琉球人の雇用、職種および賃金」は基地建設に必要な労働力を確保するための制度であり、これにより基地従業員の賃金は一挙に約3倍に引上げられた。賃金の大幅引上げにより、軍雇用への応募は急増し、基地労働は花形職業に、基地建設工事は花形産業となり基地依存型経済が形成された。

　米軍基地依存型輸入経済の構築は、同時に沖縄に児童福祉の「空白の27年間」をもたらすことになる[20]。日本「本土」では1947年と早い時期に「児童福祉法」が制定され、その後、児童相談所や母子寮、保育所、児童館等が次々と設置されたのに対し、沖縄でこの児童福祉法が制定されたのは「本土」に遅れること6年、1953年のことであった。「本土」では1947年に44館あった児童館は、1963年の国庫補助制度創設により1965年には544館と10倍以上になったのに対し、米軍統治下の沖縄では沖縄戦から27年間、児童館は1つもなかった。沖縄に初めての児童館が設置されたのは日本復帰後6年を経た1978年である。つまり「空白の27年間」、沖縄の子どもたちは貧困のまま放置されていたことになる。

4−3　自由化体制への移行

　1945年4月の米軍の沖縄島上陸以降、米軍は多くの沖縄の土地を軍用地として接収していたが、1952年の対日講話条約発効後も引き続き軍用地を使用し続けるには軍用地代を支払う必要があった。しかし、借地料の安さから軍用地主の反対にあった米国民政府は1952年末から1953年末にかけて次々と布告を発し、強制収用を進めたものの、地主の同意を得られずに1954年3月には軍用地を買上げるという「一括払い」を明らかにする[21]。1956年6月にはプライス勧告により一括払いが再確認されたことに対し、沖縄側は①一括払い反対、②適正地代の支払い、③損害補償、④新規接収反対の「四原則」を柱とする「島ぐるみ闘争」を展開した。最終的に、米国民政府は1958年11月には一括払いの撤廃、毎年払い、適正地代で譲歩し、1959年9月から軍用地の契約が開始されることになる。

　この間の軍用地問題の激震を契機に、米国は「基地の安全保持」の観点から従来の経済政策を大編成し、沖縄住民の黙認を得るために経済的諸条件の改善を図ることになる。背景には、貿易収支の赤字を基地収入で補填する基地依存型輸入経済の効力が限界に達していたこともあった。最大の政策転換は、1958年9月に布令第14号「通貨」により琉球列島の法定通貨をB型軍票（B円）からドルに切り替え、沖縄をドル通貨制に立脚する自由化体制に移行させた

19　産業構造の変化をみると1934〜36年平均の第1次産業51.9%、第2次産業18%、第3次産業30.1%から1958年にはそれぞれ20.4%、13.1%、66.5%（第3次産業の肥大化）に変化している（牧野、1990）。

20　以下については山内（2017）参照。

21　1952年11月の布令は、1坪の年間賃料が「コーラ1本の代金にもならない」安さなどから9割以上の地主が契約拒否。53年4月には「土地収用法」公布、武装兵を出動させ「鉄剣とブルドーザー」で暴力的に土地接収した。

ことである。その目的は、経済開発の手段として外資を導入することであり、それを保障するために貿易・為替および資本取引の大幅な自由化を行った。しかし、ドル通貨制に立脚する自由化体制への移行は、外資の進出を促すインセンティブとしては機能せず、逆に貿易・為替取引の自由化が輸入販売を主とする第3次産業を肥大化させ、域内生産を抑制することになる。

図表5　沖縄の対外収支、産業構造と県民純生産の変化

		1958年	1971年
対外収支 （100万ドル）	貿易収支	△72	△382.4
	日米政府援助 米軍関係受取	77	101.62 294.9
産業構造 （%）	第1次産業	20.4	7.6
	第2次産業	13.1	18.1
	第3次産業	66.5	74.3
県民純生産（100万ドル）		144.6	862.4

注：1958年の日米政府援助と米軍関係受取の7700万ドルには「その他貿易外受取」が含まれている。
出所：牧野（1990）の第5表、第7表より作成。

　図表5は、自由化体制に移行した1958年と日本復帰直前の1971年の沖縄の対外収支、産業構造、県民純生産を示している。経済規模を表す県民純生産は、1958年の1億4460万ドルから1971年には8億6240万ドルへと約6倍拡大、その間の年平均成長率は14.1％であった。沖縄経済は量的には大きな成長を遂げたことがわかる。一方、その中身をみると、貿易赤字は1958年から1971年に約5倍拡大、それを補填する援助と米軍関係受取も約5倍増加している。産業構造では、第2次産業に若干の上昇がみられるものの18.1％に留まり、第3次産業が74.3％に肥大化している。以上より、自由化体制以降の量的な成長は、質的な変化を伴うものではなく、基地依存型輸入経済で構築された脆弱な経済構造を更に強化するものであり、今日の沖縄経済の構造的特徴である輸入依存経済と第3次産業偏重の原型をもたらしたにすぎなかった。

5．日本「復帰」以降の補償型政治経済（1972～現在）

5−1　沖縄振興開発体制の始まり

　1972年5月15日に沖縄の施政権が米国から日本国へ返還される。その背景には、「基地の安全保持」の手段として沖縄経済の開発を行う米軍の統治手法が限界を迎えたことや「人権・自治・平和」を願い米軍基地の撤去、日本国憲法の沖縄への適用を求める県民の復帰運動があった。しかし、施政権返還に対する日米双方の主たる狙いは、沖縄の基地問題を解消することではなく、返還により日米協調体制の強化維持をはかり、日米安保条約に基づき沖縄の米軍基地を確保・維持することにあった。そのため、その後の経済振興策と基地政策は、前者が後者に従属する形で表裏一体化し、制度は次第に基地と経済をリンクさせる方向へ歪められていく。

政府はまず復帰直前の1971年12月末、全国で沖縄のみに適用される「公用地法」を制定。その後、同法の延長により10年間、米軍統治下で軍用地として使用されていた土地を強制的に使用できるようにした。その間、公用地法違憲訴訟の提起などもあり再延長は不可能となったが、日本政府は1960年に改定されて以降、「本土」で適用例がなかった駐留軍用地特措法を1982年から沖縄のみに適用し現在に至っている。さらに復帰と同時に軍用地使用料を一夜にして平均6倍に引上げ、以後も基地周辺地の地代とは乖離した形で使用料を引上げ続けることにより多くの軍用地主を基地維持政策の支柱に変質させることに成功している[22]。

　現在、軍用地の使用契約に応じる地主には、上昇し続ける軍用地料が毎年支払われ、その不動産価値を高める一方、契約を拒否した地主にはペナルティ（土地の強制収用、軍用地よりも安価な基地周辺標準地ベースの借地料算定、中間利息を控除した一括支払等）が与えられる。このような制度下で、個々の地主は契約から一方的に逸脱（拒否）するインセンティブをもたない。つまり、軍用地契約の制度は、頑健な「ナッシュ均衡」を生み出している。

　振興策では、日米協調体制の結節点である在沖米軍基地問題を「非争点化」するための経済的な制度として沖縄振興特別措置法を根拠とする沖縄振興開発計画に基づく「沖縄振興体制」と呼ばれる統治の仕組みが現在まで続いている[23]。1972年にスタートした第1次沖縄振興開発計画は、その後10年ごとに改定され現在、第5次計画が進行中である（2021年度終了）。その特徴は、予算編成の権限が沖縄県ではなく日本政府にあること、内閣府沖縄担当部局が予算を一括計上した上で財務省に概算要求すること、実施の中心も政府が沖縄に設置した沖縄総合事務局が担うこと、そして公共事業における高率補助制度にある。

　高率補助制度は、道路、港湾、空港、漁港、教育施設等の特定の社会資本整備やハコモノの補助事業（公共事業）に対して他府県よりも高い補助率（例えば、他府県が10分の5や6に対し、10分の8や9）を設定して、特定分野へ県・市町村の予算支出を誘導する仕組みである。高率補助制度がインセンティブとなり、今日、沖縄の社会資本・ハコモノは鉄軌道等を除き整備され、この点における「本土」との格差は解消されている。一方、公共事業偏重による資源配分の歪みは一時期、建設業の肥大化をもたらす等、経済効率を悪化させてきただけでなく、教育・福祉分野における人への過小投資をもたらし、貧困問題の温床につながってきた可能性が否定できない[24]。

　1972年施行の沖縄振興開発特別措置法・附則に規定され、現在の沖縄振興特別措置法にそのまま引き継がれた高率補助メニューは、その役割を終えたにも関わらず未だに生きながらえ、教育・福祉のソフト分野にマイナスの影響を及ぼし続けている。それでもやめられないのは、少ない自主財源で公共事業が行える県・市町村には、その制度利用から一方的に離脱するイン

22　新崎（2005）。

23　島袋（2017）。

24　この点については、宮城和宏「沖縄一括交付金の課題」『琉球新報』2020年1月4日、沖縄自治構想会議（2018）『沖縄エンパワーメント－沖縄振興と自治の新たな構想－』をみてほしい。

センティブがないからである。県全体の発展につながる長期的利益よりも県・各市町村それぞれの短期的利益が優先される「囚人のジレンマ」がそこには存在する。

5−2 補償型政治の制度化

　沖縄振興（開発）体制のもう一つの特徴は、基地の撤去や整理縮小の具体的な仕組みが導入されていないことである。第1次沖縄振興開発計画の県案（1972年10月）に頻繁に登場する「軍事基地の撤去を推進する」という文言は、直後の1972年12月の国の公式計画では全て「米軍施設・区域の整理縮小」に書き換えられ、しかも「整理縮小」の具体的な方法と期限については第1次計画とそれ以降の計画でも全く触れられていない。それどころか、1990年代後半以降は基地維持の仕組みである「補償型政治」の制度化が一層、強化されていく[25]。

　1995年9月の3人の米兵による少女暴行事件を契機に一気に高まる県内反基地世論に大きな懸念を抱いた政府は、基地反対の世論を懐柔するため、県の頭越しに国と県内基地所在市町村、北部12市町村が直接振興策を協議する制度を構築する。1996年8月には「沖縄米軍基地所在市町村に関する懇談会」設置、1999年には「普天間飛行場の移設に係る政府方針」に基づき北部振興協議会が設置され、基地負担や辺野古新基地建設受入の見返りとして多くの国費が投入されてきた。一方、辺野古新基地建設が進展しないことに苛立った政府は、2007年には基地建設の協力姿勢や進捗状況に応じて補助金を支給する再編交付金制度により名実ともに基地と補助金をリンクさせることになる。

　2012年度には、民主党政権下で、使途の自由度が高く、使い勝手が良いといわれた一括交付金制度が導入され、市町村の大きな期待を集めることになる。1,575億円でスタートした一括交付金は、その後、辺野古新基地建設を容認しない翁長雄志知事（当時）が2014年12月に誕生して以降、現在の玉城デニー知事に至るまで自民党政権下で減額が続いている。2020年度の一括交付金は同制度創設当初の約4割減、1,014億に留まる一方、沖縄振興予算における国直轄事業費（国が決定し実行する事業）の割合が次第に増加し、その存在感を高めている。

　政府は、辺野古新基地建設を容認しない県に対しては一括交付金減額で報復して県と市町村の間の分断を図る一方、国が直接、市町村に分配できる北部振興事業費に加えて、2017年度には沖縄離島活性化事業費を、2019年度には「一括交付金（ソフト交付金）を補完」する補助金として、地域を特定せず企業にも使用できる沖縄特定事業推進費を新設し、県を通さずに国と県内離島（島嶼地域）、国と県内全市町村・企業との間の関係強化を図っている。このような制度下で各市町村は一方的に補助金利用を拒否する（逸脱する）インセンティブをもたない。ここでも沖縄は、県全体の利益と個々の市町村の利益に乖離が生じる「囚人のジレンマ」から抜け出せない状態に陥っているようにみえる。

25　「補償型政治」とは、米軍基地受入の「要求を聞き入れる者と支持者」である市町村・各種利益団体・企業等に政府が何らかの利益供与を行い懐柔し、安定的な基地維持を図る政策のことである（カルダー, 2008）。

6. おわりに

　沖縄経済の軌跡は、各時代の統治主体（日本政府、米国・米軍、日米協調体制下の日本政府）が形成した様々な制度の上に構築されてきた。

　1879年の琉球国併合以降、日本政府の旧慣温存策、過酷な税を強要する財政政策、戦時経済体制下の収奪的制度や度重なる恐慌、「そてつ地獄」などにより、沖縄の1人当たり所得の全国比は1885年の80％から1940年には35％まで激減、最後は1945年の沖縄戦による壊滅的な打撃で幕を閉じた。明治政府による「琉球処分」は「奴隷解放」どころか、沖縄経済に更なる混乱と悲劇、そして貧困をもたらしたことになる[26]。

　1945年からの27年間の米軍統治下では、米国・米軍の利益を最優先する米軍基地依存型輸入経済が構築され、現在の輸入依存経済と第3次産業肥大化の原型が作られた。量的な成長は遂げたものの、生産性向上とは無縁の脆弱な経済構造であった。一方、米軍統治下での児童福祉法等の遅れが、今の子どもの貧困につながる「空白の27年間」を沖縄にもたらした。

　1972年の復帰以降の日米協調体制下では、沖縄への米軍基地の維持・固定化を最重視する日本政府による補償型政治の制度化が強化され、沖縄の自立型経済の構築を妨げてきた。一方、高率補助制度による社会資本、ハコモノ投資偏重が、教育・福祉分野における人への過少投資をもたらし、貧困問題の温床を強化した。

　以上よりわかることは、沖縄経済は常に統治主体の政治目的に従属し、生産性向上や教育・福祉を促す制度は統治主体の政治利益により歪められてきたということである。結果として、人的投資やイノベーション、生産性向上活動を促す機会やインセンティブ、そして教育・福祉は重視されず、それが制度に十分組み込まれることはなかった。これが、今につながる全国最低の所得、最悪の貧困率につながる経済構造を生み出してきた重要な原因の一つと考えられる。低所得と貧困は歴史的・制度的に造り出されてきたのである。

　沖縄振興の制度は、今も沖縄の経済的自立を促すことなく、沖縄の人々を「囚人のジレンマ」に拘束し続けている[27]。我々は、約140年間の「沖縄経済の軌跡」から何を学び、どのような教訓を得ることができるだろうか。そしてそれを次の時代にどう活かすことができるだろうか。

26　伊波普猷が喜舎場朝賢（1914）『琉球見聞録』に寄せた「序に代へて－琉球処分は一種の奴隷解放なり」参照。沖縄学の父・伊波普猷が、「日琉同祖論」により「琉球処分」を正当化したことが未だに沖縄で続く「同化政策」に強い影響を及ぼし続けており、アイデンティティ形成を通じた精神的自立（脱依存）、そして自立型経済構築の妨げになっているように思われる。

27　2020年初頭の新型コロナウィルス感染拡大により経済が大きなダメージを受ける以前、沖縄経済は入域観光客数増加による失業率低下、有効求人倍率上昇など未曽有の好景気を記録していた。ただし、これは県外・海外観光客の消費（外需）増が県内外の投資及び県内雇用の増加を誘発する外需主導の脆弱なものであった。既存の「制度」はそのままであり、沖縄経済の構造が生産性向上を促すように変化したわけではないことに注意が必要である。

参考文献

阿部浩己（2015）「人権の国際的保護が変える沖縄」島袋純・阿部浩己編『沖縄が問う日本の安全保障』岩波書店

アセモグル，ダロン＆ジェイムズ A. ロビンソン（2013）『国家はなぜ衰退するか』早川書房

新崎盛暉（2005）『沖縄現代史　新版』岩波書店

新城俊昭（2014）『教養講座　琉球・沖縄史』東洋企画

安里進ほか（2004）『沖縄県の歴史』山川出版社

グァラ，フランチェスコ（2018）『制度とは何か』慶応義塾大学出版会

カルダー，ケント・E（2008）『米軍再編の政治学』日本経済新聞社

菊山正明（1992）「沖縄統治機構の創設」『新琉球史　近代・現代編』琉球新報社

金城正篤（1972）「近世沖縄の経済構造」『沖縄県史 3　経済』

国場幸多郎（2019）『沖縄の歩み』岩波書店

牧野浩隆（1990）「戦後沖縄の経済開発政策」東江平之ほか編『沖縄を考える』

又吉盛清（2018）『大日本帝国植民地下の琉球沖縄と台湾』同時代社

宮城和宏・安藤由美編（2018）『沖縄経済の構造　現状・課題・挑戦』東洋企画

宮城和宏（2018）「沖縄経済の成長、生産性と「制度」に関する一考察」『地域産業論叢』第14集、1〜31頁

向井清史（1988）『沖縄近代経済史』日本経済評論社

波平恒男（2011）「教育の普及と同化の論理」『沖縄県史　各論編　第五巻　近代』

西里喜行（1972）「旧慣温存下の県経済の動向」『沖縄県史 3　経済』

琉球銀行調査部編（1984）『戦後沖縄経済史』

島袋純（2013）『「沖縄振興体制」を問う：壊された自治とその再生に向けて』法律文化社

田港朝昭（1972）「総説」『沖縄県史 3　経済』

富永斉（1995）『沖縄経済論』ひるぎ社

山内優子（2017）「戦後27年間の福祉の空白　貧困と基地の中の子どもたち」沖縄県子ども総合研究所編『沖縄子ども貧困白書』かもがわ出版

第3章

沖縄の高度成長

小濱　武

沖縄の高度成長

◇◇◇◇◇◇◇◇◇◇◇◇◇◇◇◇◇◇◇◇◇◇◇◇

1．はじめに

　本章では、歴史的な視点から、沖縄経済の特質を考察する。周知のように、沖縄県は、日本（本土）の他府県とは大きく異なる歴史経験を有している。沖縄には、かつて琉球国という国家が存在していたが、近代国家としての日本が確立される過程で、琉球国は併合（琉球処分）され、沖縄県となった。また、大戦中は多くの住民が犠牲となり、終戦後は日本（本土）から切り離され、27年間にわたりアメリカによって統治された。本章の狙いは、アメリカ統治下で沖縄経済が経験した「高度成長」とはどのようなものであったのかについて学び、歴史的な視点から沖縄経済の将来像を構想してもらうことにある。

　さて、本章のタイトルには、「高度成長」とある。沖縄が大戦中に苛烈な戦場にされたことは、多くの方が知っているだろう。20万人を超す人びとが命を落とし、生活の場は焦土と化した。しかしながら、その後、アメリカによる統治下で沖縄経済がどのように展開したのかについては、よく知らないという方が多数なのではないだろうか。そこで、本論に先立ち、戦後の沖縄経済史についての大まかな見取り図を共有しておきたい。

（1）終戦〜1950年ごろ

　終戦後の沖縄では、生産設備の戦争被害、アメリカ軍による土地の強制接収、日本（本土）からの分離などの状況下で、アメリカによる援助に頼らざるを得なかった。ただし、ガリオア資金を中心とするアメリカ援助も住民生活を維持するには不十分で、「戦果」と呼ばれたアメリカ軍物資の盗難行為が横行した。闇市と密貿易によってかろうじて生活物資が確保される状況だった。

（2）1950年代

　1950年代に入ると、沖縄統治の長期化が見通される中で、経済の再建が進んだ。中華人民共和国の成立や朝鮮戦争の勃発などの東アジア情勢の変化を背景として、恒久基地の建設が開始され、基地に関連する収入が増大した。他方で、軍用地料の支払いや新たな土地の接収をめぐり、アメリカの施政方針に対する大規模な抗議運動がおこった。

（3）1960年代〜「復帰」

　1960年代には、軍用地料の受取、日本政府の特恵措置による砂糖・パイン産業の拡大、ベ

トナム戦争の特需による基地収入の増加によって、経済規模がさらに拡大した。1960年末からは、近い将来での日本（本土）への「復帰」を見据え、日本政府による沖縄経済開発政策が強化された。

　以上の流れを確認するために、**図表1**で、「県民総生産」の推移を見ておこう。同図表で示されるように、統計利用が可能となる1955年度以降、戦後沖縄経済は一貫して拡大した。1955年度から1971年度にかけて、「県民総生産」は、1億3千万ドルから9億8千万ドルへと7.5倍に、1人当り所得は、149ドルから907ドルへと6.2倍に拡大した。この間の「県民総生産」の成長率は年当り13.4％に達し、同時期に高度成長を享受していた日本(本土)の経済成長率15.6％と並ぶ高い水準であった。さらに時期別に見れば、1955〜1960年度では9.2％、1960〜1965年度では13.6％、1965〜1970年度では17.1％であった。1950年代から1960年代にかけて、沖縄経済が「再建」から「成長」の段階へと進んだことが、「県民総生産」の数字上からは見てとれよう。ただし、後述するように、沖縄の「高度成長」のメカニズムは、日本（本土）のそれとはまったく異なるものであった。日本（本土）では、設備投資熱の高まりと内需の拡大が相互補強しながら自律的に成長を遂げたのに対して、沖縄では、ベトナム戦争などによるアメリカ軍基地関連収入の増大や日本政府による沖縄経済保護政策によって、いわば他律的に成長を実現した。

　以下の本論では、1960年代の「高度成長」を中心に、アメリカによる沖縄経済政策に着目しながら、沖縄経済史を見ていく。第1節では、終戦から1950年代にかけて沖縄経済が「復興」を遂げた時期を、第2節では、1960年代以降の「高度成長」の局面を見る。その上で、沖縄の「高度成長」を鍵として、歴史的な視点から沖縄経済の将来像を構想していきたい。

図表1　県民総生産の推移（名目）

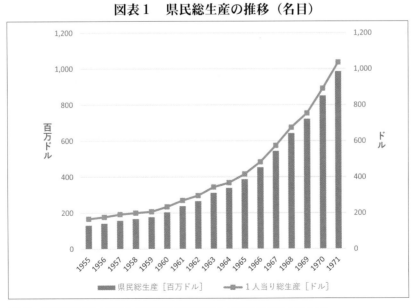

出所：琉球銀行調査部編『戦後沖縄経済史』附属統計表より作成。

2．復興

2−1　終戦と住民生活

　1945年３月下旬から本格化した沖縄戦は、日米両軍と住民合わせて20万人以上[1]が死亡する苛烈な戦場となった。沖縄島に上陸したアメリカ軍は、日本（本土）に侵攻するために飛行場を始めとする基地を建設しながら、「収容所」を逐次設け、住民をそこに送り込んだ。ただし、「収容所」とは言ったものの、一定地域に有刺鉄線を張り巡らしただけであった。人びとはその中でテントを張り掘立小屋をつくって雨露をしのいだ。

　1945年10月ごろから、アメリカ軍は、収容されていた人びとに、元の居住地に帰郷する許可を出すようになった。しかしながら、帰郷できたとしても、耕作中に不発弾の暴発に巻き込まれる危険性があった。また、破壊された集落や農業設備を再建するためには、膨大な時間と労力が必要であった。帰郷が許された人びとにとって、当面の生存手段として、アメリカ軍による配給物資が不可欠であった。無論、帰郷が許されなかった人びとにとっては、配給物資が唯一の食料であった。ただし、アメリカ軍は金銭取引を禁止していた。それが解除される1946年３月まで、沖縄では通貨の流通は停止していた。配給を受けるためには、労務を提供しなければならなかった。アメリカ軍に土地を占拠されたため帰郷を果たせない人びとは、生活の再開を阻害し続けるアメリカ軍基地に就労の場を求めなければならないという不条理に合わなければならなかった。

　1946年４月、アメリカ軍政府の布令に基づき、日本円とB円軍票が併存する貨幣制度が実施された。B円軍票とは、アメリカ軍が日本（本土）占領のため通貨の代用として準備した紙幣であり、1948年７月には、日本円の使用が停止されて、B円軍票が、琉球列島唯一の法定通貨となった。当初は、１ドル＝50B円が公定レートであったが、のちに１ドル＝120B円に切下げられた。

　貨幣制度の実施に伴って、配給は有償に切り替えられた。配給品の価格は軍政府の統制下におかれた（公定価格）。他方で、配給品以外の島産食料などは自由販売を認められた。配給量は十分ではなく、人びとは、生存のために自由市場で食料を買う必要があった。しかしながら、自由市場での価格は、公定価格を大きく上回り、30倍以上に達することもあった。アメリカ軍が軍雇用者に払う賃金は、公定価格を基準に定められたため、軍雇用者が自由市場を利用することは困難であった。アメリカ軍政府の下で雇用されたいと考える人々は減少した。軍政府は、労務者を集めるために、食料配給停止命令を出すこともあった。

1　うち沖縄県出身者は12万2千名以上とされる。終戦前後のマラリアや餓死などで亡くなった人たちを含めれば、15万名前後になるとも推定されている。なお、1940年12月の国勢調査時に沖縄県人口は57万4579名であった。

2−2　アメリカによる統治体制の構築と復興

　終戦後しばらくの間、アメリカの沖縄統治方針は未定のままであった。アメリカ軍部は、沖縄の基地の重要性を高く評価し、沖縄を保持することを求めていた一方、アメリカ政府国務省は、それを植民地化とみられることを懸念し、反対していた。両者の主張は対立し、アメリカ政府としての意思決定は先延ばしにされていた。

　こうした状況が変わったのは、ヨーロッパにおける冷戦の進展による。1949年5月には、ハリー・S・トルーマン大統領が、沖縄における軍事施設を強化する方針を承認した。これを受け、1949年10月から琉球列島軍政長官に就任したジョセフ・R・シーツ少将は、沖縄での恒久基地の建設に着手した。1950年6月に朝鮮戦争がはじまると、整備された嘉手納飛行場にはB29が配備され、朝鮮半島へ出撃した。

　1951年9月、サンフランシスコ講和条約が調印されると、沖縄統治の長期化を前提として、統治体制の構築が進められるようになった。前年の1950年12月、それまでのアメリカ軍政府が解消され、沖縄統治機関として新たにUSCAR（琉球列島米国民政府：United States Civil Administration of the Ryukyu Islands）が設置されていた。1952年4月には、USCARの下部組織として、琉球政府が設置された。琉球政府は、沖縄住民の自治政府であり、行政（行政府としての琉球政府）、立法（立法院）、司法（琉球裁判所）の三権を備えた。ただし、USCARは琉球政府に対する「拒否権」を保持しており、アメリカの国益に反すると判断した場合には、「拒否権」を行使することもあった。琉球政府の初代行政主席となった比嘉秀平らは、アメリカによる統治の長期化を見通し、その沖縄統治政策を黙認し、USCARと協調して経済援助を獲得し、復興をはかることを目指した。

　それでは、当該期における沖縄経済の特徴について見ていこう。**図表2**で、1950年代の輸出入の概況を示した。まず、輸出の項目を見れば、一貫してその中心にあったのは、黒糖であった。その輸出先は日本（本土）であり、戦前の沖縄産業の主軸であった製糖産業が、戦後の経済復興の局面においても鍵となったことがわかる。さらに、1956年には黒糖を凌駕したのが、鉄屑（スクラップ）の輸出であった。世界的な建築・造船ブームによって日本（本土）の製鉄業において原料鉄への需要が高まり、製鉄工場に搬入されるスクラップの価格が急騰すると、沖縄では1953年ごろから徐々に高まっていたスクラップ・ブームが過熱した。1956年次には、鉄屑と非鉄金属屑を合わせると、輸出総額の58％を占めるに至った。言うまでもなく、これらスクラップの出どころは、沖縄戦の残骸であった[2]。

　図表2により、輸入状況も見ておこう。主な輸入品目を見れば、一貫して最も輸入額が多かったのは、食料（米または米・砕米）であった。食料に次ぐのが、織物類等、衣服、洋服類などの被服に関係する品目や、日本杉や木材といった家屋の建設に関係する品目であった。人びとの生活（衣・食・住）の必需品の輸入が大分を占めていた。

2　スクラップの収集熱の高まりとともに、不発弾等の爆発による死傷者も増加した（1955年41件・63人から、1956年には89件・172人）。

単位：万ドル

		1953年			1956年			1959年	
		輸出	輸入		輸出	輸入		輸出	輸入
総額		459.9	4699.1		2016.6	7945.7		2115.6	11206.8
主な品目	黒糖	164.2	米 679.7	鉄屑	701.0	米・砕米 649.8	黒糖	571.3	米・砕米 768.4
	鉄屑	114.6	織物類等 321.2	黒糖	546.3	洋服等 557.9	パイン缶詰	292.7	木材 564.3
	貝類	37.6	衣類 274.4	非鉄金属屑	468.8	日本杉 384.9	分蜜糖	254.1	洋服類 417.1

出所：「品目別輸入数量及び金額」（『琉球統計年鑑』各年版所収）より作成。
注1：1953年の「織物類等」は「織物用糸、織物類及び関連品」の項目名を略した。
　　2：1956年の「洋服等」は、「古着」「洋服類」「和服類」の合計だが、内訳は不明。

　最後に、輸出額と輸入額のギャップにも注目しておこう。**図表2**から明らかなように、いずれの年次においても、輸入額は輸出額を大幅に上回っていた。これを可能にしていた要因の一つが、アメリカによる経済援助であり、もう一つが、アメリカ軍に対して財や労務を提供する対価として得たドル収入（基地収入）であった。両者は、「琉球経済の竹馬」と称され、戦後初期の沖縄では重要視されたが、前者は1952年から激減していた。後者に関しても、基地建設工事によって生まれた雇用も縮小し、1953年4月からの1年間で1万人以上減少したことから、琉球政府は危機感を持ち、日本政府からの援助を獲得しようとしたが、アメリカ政府は、日本政府の関与を排除したかったため、これを認めなかった。

　沖縄経済に占める、アメリカ軍基地関連産業の比重の高まりに関連して、この時期の沖縄経済では、第3次産業の比率が極めて高くなっていた。1958年の調査では、事業所ベースで、第1次産業0.1％、第2次産業9.4％に対して、第3次産業は90.5％を占めた。

2－3　「島ぐるみ闘争」のインパクト

　先述のように、1950年にはアメリカ政府内で沖縄の長期保有方針が確定し、同年以降、恒久的基地の建設が開始された。それは、「銃剣とブルドーザー」とも表現されたように強権的に土地を取り上げる一方、接収した土地に対して、僅かな借地料（軍用地料）しか支払われないといったものであった[3]。その上、1954年3月には、USCARは軍用地料の一括払いへの変更を宣告した。これに対して、翌4月に立法院は、「土地を守る4原則」（一括払い反対、適正補償要求、損害補償請求、新規接収反対）を打ち出した。琉球政府の行政府、沖縄市町村長会、市町村土地特別委員会連合会を加えた4者協議会を発足させ、軍用地問題への対応を図った。

　1955年6月には、比嘉主席らが「土地を守る4原則」を求め、渡米折衝を行った。これに応じて、同年10～11月に、アメリカ下院軍事委員会メルヴィン・プライス議員を委員長とする調査団が来沖した。この調査に基き、翌1966年6月9日、「プライス勧告」が発表された。その内容は、在沖アメリカ軍基地の重要性をあらためて強調し、沖縄側の要求を無視して「一括払い」を支持するものであった。

3　1坪の年間借地料がコーラ1本分にもならないような水準であった。

「プライス勧告」に対して、沖縄では、勧告撤回を求めて、「島ぐるみ闘争」と呼ばれる超党派の住民運動が沸き起こった。6月15日には、比嘉主席は、プライス勧告阻止を達成できなかった場合には辞職することを表明した。6月20日には全沖縄64市町村のうち56市町村でプライス勧告反対、軍用地4原則貫徹住民大会が開催された。また、沖縄の土地が奪われることはすなわち日本の国土が奪われることであるとして、日本（本土）に支援を求めた。日本（本土）でも、各地で集会が行われた。

　ただし、アメリカ軍の圧力と懐柔のなかで、比嘉主席や当間重剛那覇市長などの保守指導者層が一括払いの受け入れを検討するようになり、「島ぐるみ」の統一は崩れていった。さらに、アメリカ軍基地への依存度が高かったコザ地区へのオフ・リミッツ（米兵の立ち入り禁止）や、琉球大学への財政援助打ち切り等によって、運動への弾圧が強められた。しかしながら、一括払い反対に絞った抵抗が続けられたことによって、1958年11月には、「一括払い」方式の廃止と地料の適正補償で合意を取り付けるに至った。

　以上のような「島ぐるみ闘争」は、アメリカに対して、沖縄統治政策のあり方を再検討させる契機になった。USCARは、沖縄住民への宥和的政策を模索するようになった。その中心的な手段となったのが、自治権の拡大と、経済開発であった。特に、経済開発によって「本土並み」の所得水準を達成できれば、反基地運動を鎮静化することができると考えた。ただし、財政上の理由から、沖縄経済開発政策の財源を十分に確保することは困難であった。

3．高度成長

3－1　沖縄経済開発政策

　先述のように、「島ぐるみ闘争」を受け、USCARは、沖縄経済を発展させることで、反基地運動や日本（本土）への復帰運動を緩和することができると考えていた。「島ぐるみ闘争」による政治的緊張が続いていた1957年3月に、アメリカから金融通貨制度調査団が来沖し、沖縄経済を発展させる方法を調査した。

　経済開発を遂行する上で調査団が重視した課題の一つは、沖縄内の技術水準や資本蓄積が未熟であることであった。もう一つは、同時期のアメリカ政府の財政的な制約から、沖縄の経済開発資金を得ることが困難なことであった。そこで調査団は、民間資本の活用、すなわち外資の導入に着目した。外資の進出を促進するため、貿易・為替及び資本取引の制限を大幅に緩和した、いわゆる「自由化体制」を打ち立てることを勧告した。同時に、それを通貨面から支持する政策として、ドル通貨制への移行を掲げた。こうした構想をUSCARは受け入れ、1958年9月に、資本取引の自由化及び貿易・為替取引の自由化を打ち出すとともに、それまでの通貨B円からアメリカドルへの切り替えを実施した。

　「自由化体制」を採れば、外国産の安価な商品が沖縄に流入し、沖縄内の製造業を圧迫することも想定されたため、琉球政府は反対した。しかしながら、USCARは「自由化体制」の樹

立を強行し、若干の例外を除いては、沖縄内産業保護のための輸入制限などの措置を許さなかった。

　また、「自由化体制」と同時に、アメリカ政府は、日本政府からの援助による経済開発を容認する方針に転換した。先述のように、それまでは、琉球政府が日本政府からの援助を獲得しようとしても、アメリカ政府は日本政府の関与を排除したかったため、認めていなかった。アメリカ政府及び日本政府からの政府援助の額の推移を、**図表3**で示した。1963年以降、日本政府援助は増大していき、1966年にアメリカ政府援助を上回った。

図表3　政府援助の推移

単位:百万ドル

	1963	1964	1965	1966	1967	1968	1969	1970	1971
総額	5.6	9.8	12.3	21.6	26.3	37.4	50.4	64.6	101.6
米国	5.2	5.9	7.1	8.3	9.3	9.3	15.5	14.5	9.5
日本	0.4	3.9	5.2	13.3	17.0	28.1	34.9	50.1	92.1

出所：『戦後沖縄経済史』附属統計表より作成。

3－2　サトウキビ・ブーム

「自由化体制」を受け、高度成長期の沖縄で最も躍進した産業の一つが、製糖業であった。

　戦後初期の日本政府による沖縄産糖の保護は、第1に沖縄外の含蜜糖には20％の関税をかけること、第2に時期(1月～5月)によって沖縄のみ輸入を認めることの2点から始まった。その後、黒糖の関税免除による輸出が可能となった。1954年には分蜜糖も関税の免除が認められた。

　1959年2月に日本政府農林省は、「国内甘味資源の自給力強化総合対策」を決定した 。同対策では、砂糖類の供給の約9割を海外からの輸入に依存している状況を改善するため、甜菜糖や甘蔗糖などの自給量を増加させることが謳われた。アメリカの統治下にあった沖縄についても、黒糖から分蜜糖への転換が要求された。日本（本土）では、関税の引上げと砂糖消費税の引下げが実施された。これを受けて、琉球政府は、1959年9月に糖業振興法を策定し、サトウキビ作及び糖業の振興を図った。

　日本政府は、1963年8月には粗糖輸入の自由化政策を実施したものの、沖縄を含めた国内生産については価格支持によって自給度の向上を図った。沖縄内での消費量を除いた生産量を、日本政府が食糧管理特別会計によって買入れた。

　以上の政策的背景の下で、沖縄内のサトウキビ生産は急激に拡大した。すなわち、1950年代末からのサトウキビ・ブームと呼ばれるサトウキビ作熱の高まりによって、1965年には、耕地総面積の約3分の2にサトウキビが植えつけられるほどであった。**図表4**で、戦後沖縄における作目別作付け面積の推移を示した。終戦後は、深刻な食糧不足を背景として、イモや米といった食糧の生産が課題であった。1950年代末以降は、それら食糧作物がサトウキビ作へ

切り替えられていった。

　さて、先に述べたサトウキビ作熱の高まりの直接的な要因は、他作目に比べてサトウキビの収益性が極めて高かったことである。その背景として、キューバ危機に関連して、1963年に国際糖価が高騰したことを挙げることができる。さらに、1950年代末から新品種NCO310が普及し、労働節約的な株出し栽培によって生産費を縮小することが可能となった。翌1964年には国際糖価が急激に落ち込み収益性も悪化したものの、依然として高い水準の収益を達成していた。

　糖業の発展については、「自由化体制」による恩恵も大きかった。日本政府が求めた黒糖から分蜜糖への転換に応えるためには、大型の分蜜糖工場を設立する必要があった。1958年の通貨切替と、外資規制の緩和によって、日本（本土）の製糖資本が沖縄に進出しやすい条件が整えられた。結果として、日本（本土）資本との合資と技術連携により、大型分蜜糖工場が各地に建設された。1958年度には３社・３工場であったものが、1962年度には12社・13工場に急増した。

　本章の冒頭で見たように、1960年代には沖縄の「県民総生産」は急激に増大していった。1950年代末以降の沖縄糖業の発展は、輸出総額のおよそ半分以上を占める貴重な輸出産品の生産力強化という点で、それを支えた一因であった。

図表４　戦前・戦後の沖縄における主要作物作付面積の推移

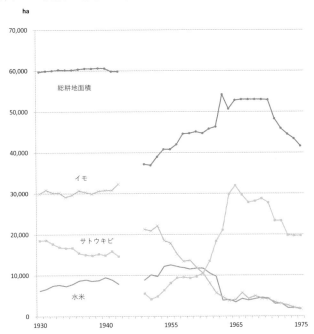

出所：加用信文『都道府県農業基礎統計』農林統計協会、1983年、沖縄県の項より作成。

3−3　ベトナム特需

　前項では、「自由化体制」と深くかかわりながら、沖縄糖業が発展した過程を見た。ただし、前掲**図表4**で示したように、沖縄におけるサトウキビ作の作付けは、1965年をピークとして、その後は停滞した。**図表5**で示すように、1965年以降、輸出額は横ばいとなった。他方で、同図表からは、輸入額は順調に増大していたことが見て取れる。それに伴い、輸出額と輸入額の差によって生じる貿易収支の赤字も拡大していった。この赤字を埋め合わせたものが、アメリカ政府や日本政府による政府援助と、基地収入の増加であった。

　図表6で、アメリカ軍関連受取の推移を見れば、1967年以降、大きく上昇したことが確認できる。この要因となったのが、1965年から本格化したベトナム戦争であった。

　1965年2月から北ベトナムへの空爆が開始されると、在沖アメリカ軍基地はその攻撃拠点となった。連日行われた演習は住民生活を脅かし、軍用地の接収計画をめぐって緊張が高まった。他方で、アメリカ軍の物資調達によって、縫製加工や建築資材に対する需要が舞い込み、また基地周辺の歓楽街のにぎわいや基地従業員の増加など、ベトナム特需と呼ぶべき変化が表れた。その結果として、米軍関係受取は大幅に増加した。

図表5　輸出入額の推移

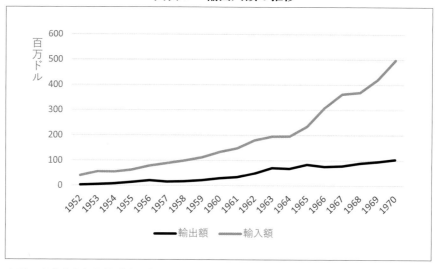

出所：琉球政府主税局「外国貿易月表」（『琉球統計年鑑』各年版、所収）より作成。

図表6　米軍関係受取の推移

単位:百万ドル

年度	1959	1960	1961	1962	1963	1964	1965	1966	1967	1968	1969	1970	1971
米軍関係受取額	60.5	78.4	95.5	100.3	82.7	112.8	105.5	113.5	202.5	200.8	232.3	295.2	294.9

出所：『戦後沖縄経済史』附属統計表より作成。

4．おわりに

　これまでに見た戦後沖縄の高度成長の様相をまとめれば、次のようになる。

　まず、沖縄経済は、終戦後の混乱を経て、沖縄戦の残骸であるスクラップの輸出（スクラップ・ブーム）によって、若干の「復興」を遂げた。しかしながら、アメリカ軍基地の安定的な運用が最優先とされたことによって、1950年代初めから、軍用地の接収をめぐる反対運動が起こった。アメリカの沖縄統治機関USCARは、沖縄経済開発政策を進め、日本（本土）並みの生活を実現することで、この反対運動を解決できると考えた。

　ただし、当時のアメリカ本国の財政事情から、USCARは沖縄経済開発を実施するだけの十分な財源を得ることは困難であった。そこで、民間資本（外資）を導入し、それによって経済開発を進めることを企図した。外資が進出しやすい条件を整備するため、資本取引や、為替や貿易の制限を大幅に緩和するという「自由化体制」を導入した。合わせて、1958年には、それまでの通貨B円をアメリカドルへと切替えた。さらに、1965年以降、日本政府による政府援助を受け入れるようになった。

　「自由化体制」によって最も恩恵を受けた産業の一つが、製糖産業であった。輸出先である日本（本土）からは、黒糖ではなく分蜜糖を輸出するよう要請を受けていたが、大型である分蜜糖工場を建設するためには資金を集める必要があった。そこで、「自由化体制」の下、日本（本土）の製糖資本が沖縄に進出し、大型分蜜糖工場を次々と建設するようになった。貴重な輸出産品である粗糖の生産力を強化したという点で、製糖産業の発達は、1960年代の沖縄における高度成長を実現した要素の一つであったと言えよう。

　しかしながら、1965年をピークとして、サトウキビの生産は停滞した。その背景には、キューバ危機と関連しながら国際糖価が1963年に急騰した後、暴落したことが挙げられる。また、日本（本土）で砂糖の輸入が自由化されたことで、将来的な展望が見えなくなった。主要な輸出産品であった粗糖の生産が伸び悩んだことで、1965年以降、沖縄の輸出総額は横ばいとなった。他方で、輸入総額は引き続き拡大していた。このギャップを埋めたのは、日本政府を中心とした政府援助と基地収入の増加であった。後者は、1965年にベトナム戦争が本格化したことによって、大きく増大した。

　以上のように戦後沖縄の高度成長をみたとき、その根底には、在沖アメリカ軍基地の維持というアメリカ政府や日本政府の課題があったことを確認できる。すなわち、アメリカによる沖縄経済開発政策（＝「自由化体制」）の下で高度成長が実現したのであるが、その沖縄経済開発というのは、統治を安定化しアメリカ軍基地を安定的に運用していくことを目的としてとられた手段の１つにすぎなかった。その上で、国際糖価の高騰やベトナム戦争といった他律的な要因によって、高度成長が実現した。

　これに対して、日本（本土）の高度成長では、設備投資熱の高まりと内需の拡大が相互補強しながら自律的に成長を遂げていたことが言われている。両者の違いを考えたとき、経済成長

率では同じような「高度成長」を享受したように見えても、沖縄の場合は、二つの一時的な「ブーム」、日米政府による財政援助と、ベトナム特需によって覆い隠されているだけで、実際には「復興」の途中にとどまっているのではないかとも考えられよう。こうした構造が今日までも継続しているとするならば、いま求められているのは、自律的で持続的な成長をいかに実現するかという点から沖縄経済を展望していくことなのではないかと思われる。

参考文献

新崎盛暉『沖縄戦後史』（岩波新書（青版）981）、岩波書店、1976初版

来間康男『沖縄の農業　—歴史の中で考える』日本経済評論社、1979

櫻澤誠『沖縄現代史』（中公新書2342）、中央公論新社、2015

鳥山淳「占領下沖縄における成長と壊滅の淵」（大門正克ら編『成長と冷戦への問い』（高度成長の時代３）大月書店、2011

屋嘉比収『沖縄戦、米軍占領史を学びなおす』世織書房、2009

第4章

沖縄振興の歩みと次期振興計画に向けての課題整理
—製造業の振興と今後の産業政策の方向性—

平敷　卓

沖縄振興の歩みと次期振興計画に向けての課題整理

◇◇◇

―製造業の振興と今後の産業政策の方向性―

1．はじめに

　2020（令和2）年、1972（昭和47）年5月15日に沖縄県が本土復帰をして、48年を迎えた。沖縄県の本土復帰はアメリカ、米国民政府の占領下から日本の一つの県としての復帰を意味すると同時に、戦後27年間、本土各都道府県とは異なるの経済振興の道を歩んできたことを背景に生じている様々な課題を浮き彫りにさせた。沖縄県は復帰以降、本土に比較し、遅れた各種社会基盤整備を中心に、本土との格差是正に取り組んでいくこととなったのである。

　本章では、復帰以降の沖縄振興で掲げられた目標と成果を振り返りながら、特に沖縄県の1990年代以降の産業振興を振り返り、どのような成果を収めてきたのかを概観する。また、2012（平成24）年以降の第5次にあたる「沖縄21世紀ビジョン基本計画」（以下、第5次振計）において、県が示してきた施策評価を確認しつつ、沖縄の産業振興の残された課題についてまとめ、今後の方向性について考察を加えたい。

　まず、復帰以降、10年を計画期間として展開されてきた「沖縄振興開発計画」及び「沖縄振興計画」（以下、沖振計）の成果を確認する。そして、第5次振計の下で展開された「沖縄21世紀ビジョン実施計画」の施策評価を確認しながら、「沖縄21世紀ビジョン」[1]策定時に掲げられた2030年の沖縄の「5つの将来像」にどう迫っていくのか、特に製造業振興に焦点を当て、何が課題として残されたのか確認していこう。

2．復帰以降の沖縄振興の歩み―沖縄振興体制の下での主要計画の変遷

　本節では、これまでの50年近い沖縄振興の歩みを振り返ることとする。

　図表1は復帰以降の各種振興策等の歩みを示している。沖縄県は1972年の復帰以降、「沖縄振興開発特別措置法」（以下、「沖縄振興特別措置法」とあわせ、沖振法という）に基づき設置された沖縄開発庁[2]、沖縄総合事務局による一元的な執行体制の下で、3次、30年にわたる沖振計に基づき各種開発事業が実施されてきた。2002（平成24）年度以降は、改正沖振法の下、計画の原案策定が沖縄県に移り、「民間主導の自立型経済の発展」を目指し第4次沖振計が展

---

1 「沖縄21世紀ビジョン」は2010（平成22）年3月に沖縄県によって策定された基本構想となる。このビジョンは県民全体で共有する沖縄の2030年を目途とする将来像として位置付けられている。

2 2001（平成13）年度、中央省庁改編により沖縄開発庁は内閣府沖縄担当部局に再編された。

開されていく。2012（平成24）年からの10年間は2030（令和12）年の沖縄県の将来像を描いた「沖縄21世紀ビジョン」の下で最初の10年にあたる第5次振計が実施されてきた。1990年代後半以降は特区・地域制度の創設と拡充とともに、各分野の産業政策が重層的に展開されてきている。

　以下、各計画期間の成果と実績を確認しながら、産業政策としての特区・地域制度の内容及び成果を取り上げていきたい。

図表1　沖縄振興の枠組と主要計画の変遷

年度	1972-1981	1982-1991	1992-2001	2002-2011	2012-2021
体制	沖縄開発庁・沖縄総合事務局			内閣府沖縄担当部局・沖縄総合事務局※2001年～	
	沖縄振興開発特別措置法			沖縄振興特別措置法	
振興計画 計画	第1次沖縄振興開発計画	第2次沖縄振興開発計画	第3次沖縄振興開発計画	沖縄振興計画（第4次）	沖縄21世紀ビジョン基本計画（第5次）
法定計画				観光振興計画	観光地形成促進計画
				情報通信産業振興計画	
				職業安定計画	産業高度化・事業革新促進計画
					国際物流拠点産業集積計画
					経済金融活性化計画
					沖縄振興交付金事業計画
				農林水産業振興計画	
特区・地域制度	自由貿易地区	自由貿易地域		特別自由貿易地域	国際物流拠点産業集積地域
				観光振興地域	観光地形成促進地域
				情報通信産業振興地域	情報通信産業特別地区
				産業高度化地域	産業高度化・事業革新促進地域
				金融業務特別地区	経済金融活性化特別地区
地域振興事業		沖縄米軍基地所在市町村活性化事業			
		北部振興事業		新たな北部振興事業	
県計画		※国際都市基本計画（97年）			
		※基地返還アクションプログラム（96年）			
		沖縄県観光振興計画（第1次～第4次）			沖縄県観光振興基本計画（第5次）
	第1次沖縄県離島振興計画	第2次沖縄県離島振興計画	第3次沖縄県離島振興計画	新沖縄県離島振興計画	住みよく魅力ある島づくり計画
					沖縄21世紀農林水産業振興計画
		沖縄県産業創造アクションプログラム			
			沖縄県マルチメディアアイランド構想		おきなわSmart Hub 構想
			沖縄県産業振興計画（第一次・第二次）		
			※その他、6分野計画		沖縄県アジア経済戦略構想推進計画（2016年～）

出所：沖縄振興開発特別措置法、沖縄振興特別措置法及び高原（2009）P65．図-1より筆者作成

3．沖縄振興開発計画（第1次から第3次沖縄振興開発計画（1972年～2001年））

3-1　総評

　復帰後、沖振法の下で、3次にわたる沖振計が展開され、沖縄の経済、産業振興の中心的役割を担ってきた。基本目標として「本土との格差是正」、「自立的発展の基礎条件の整備」を掲げられ、道路、港湾、空港、生活関連資本等整備を図るための諸施策が展開されており、一定の成果を挙げてきた。一方、産業基盤整備が進んだにもかかわらず、観光産業を除き、地域経済を支えるべき産業（製造業、農業、新規産業の創出等）が十分に創出されていないと評価された。

　背景に、日本の高度成長期の「全国総合開発計画」及び、その後の「新全国総合計画」に依拠する開発手法が低成長期を迎えた当時の経済状況にそぐわなかったこと[3]、沖振計の下で行わ

3　牧野浩隆『再考沖縄経済』沖縄タイムス社、1996年

れた公共投資のあり方の問題も指摘されている[4]。開発手法として、高度成長期の重化学工業化と自動車社会の基盤を造成する社会資本充実政策を画一的に沖縄に持ってきたことが問題視され、環境破壊等を引き起こしたとしている。つまり、復帰時の1972（昭和47）年において、当時の高度成長型政策の移植が時代遅れとなったという指摘である。

　また、沖振計において経済的自立が目標とされていたが、沖縄の地理的特性、歴史、文化等の沖縄の特質を踏まえた方向性が示されてないことや、脱工業化時代において沖縄県の自立的経済発展の方向性が不明確であったとの指摘もあった[5]。復帰後30年間の沖縄開発は開発手法や、それが沖縄の特性に即したものでなかったこと、目標設定そのものの問題が指摘されていた中で、次節で示す実績を残していくこととなる。

3－2　各振興開発計画の成果
（1）第1次沖縄振興開発計画（計画期間：1972 ～ 1981年）
　「第1次沖縄振興開発計画」（以下、第1次振計）においては、目標として「沖縄の各方面にわたる本土との格差を早急に是正し、全域にわたって国民的標準を確保するとともに、そのすぐれた地域的特性を生かすことによって、自立的発展の基礎条件を整備し、平和で明るい豊かな沖縄県を実現することを目標とする」と掲げられている。「自立的発展の基礎条件の整備」とは、具体的には、第1に社会資本整備、第2に社会福祉の拡充・保健医療の確保、第3に環境保全・伝統文化保護育成、第4に豊かな人間性の形成と県民能力の開発、第5に産業振興開発、第6に国際交流の場の形成という6項目を掲げていた。そして諸施策の展開を通じて沖縄経済の見通しを次のような見込んでいた（**図表2**）。

　県民所得格差においては、一人当たりの県民所得は基準年次の3倍以上を達成し、122.5万円と一定の成果をあげることができたが、目標年次での産業構造の変革には結びつかなかった。特に第2次産業の振興は、生産所得の構成比で18％から30%へと増大することを見込んでいたが、実績で21.3%にとどまり、目標に至っていない。沖縄開発庁は当時の産業振興の計画実績を次のようにまとめている[6]。「第一次の計画において特に期待された工業の導入が、我が国経済社会の基調変化に伴う企業の投資意欲の減退に加えて、沖縄の産業基盤の整備が十分でないこと、水・エネルギー等の利用に制約がある等の沖縄の地理的・自然的条件などもあって予期したように進展せず、…産業構造はほとんど変わっていない。」とした。

　先の指摘にもあるように企業誘致の失敗を認めるものだが、産業基盤の整備が十分でないこと等を理由にし、後の「第2次沖縄振興開発計画」においても用地、用水、エネルギーの確保、工業団地の整備といった方向で開発を進めていくことの布石となった。

4　宮本憲一・佐々木雅幸編『沖縄21世紀への挑戦』岩波書店、2000年

5　蓮見音彦「沖縄振興開発の展開と問題」山本栄治・高橋明善・蓮見音彦編『沖縄の都市と農村』東京大学出版会、1995年

6　沖縄開発庁『沖縄開発庁二十年史』1993年、P101

第1次振計においては環境保全・伝統文化保護育成が提示されていたにもかかわらず、港湾整備、道路整備、土地改良事業は自然と伝統文化を破壊したと問題にされた[7]。

図表2　第1次沖縄振興開発計画の目標設定と実績

		第1次沖縄振興開発計画			
計画年度		1972-1981年度			
基準年次		1970年度			
目標年次		1981年			
		基準年	目標年次	実績（1981年）	達成
総人口		95万人	100万人超	113万人	○
就業者数		39万人	46万人	45万人	○
構成比	第一次産業	25%	13%	13%	×
	第二次産業	18%	28%	20%	
	第三次産業	57%	59%	67%	
県内総生産		3100億円	1兆円程度	1兆3587億円	○
構成比	第一次産業	8%	5%	6%	×
	第二次産業	18%	30%	21%	
	第三次産業	74%	65%	76%	
一人当たり県民所得		33万円	3倍（100万円）	122.5万円	○

注1：人口及び就業者数は1982年度の数値である。
注2：就業者数、県内総生産達成度は第二次産業構成比（製造業誘致）を基準にしている。
出所：沖縄開発庁『沖縄開発庁二十年史』より作成

（2）第2次沖縄振興開発計画（計画期間：1982〜1991年）
　さて、「第2次沖縄振興開発計画」（以下、第2次振計）においても同じく目的として「本土との格差是正と自立的発展の基礎条件の整備」が掲げられているが、そこでは第1次振計の社会資本整備等の成果を踏まえた上で「産業の振興開発等…により重点をおいたものとなっている」としている。そのため基本方向は①特色ある産業の振興と基盤整備、②豊かな人間性の形成と多様な人材の育成及び文化の振興、③生活環境の確保と福祉・医療の充実、④均衡のとれた地域社会の形成・島嶼特性の発揮、⑤地域特性を生かした国際交流の場の形成、を掲げた。第1次振計において明確でなかった沖縄の特性を取り上げ、施策を展開していく姿勢が見られた。この計画における目標は次のように設定された（**図表3**）。
　第2次振計では、県内総生産を基準年次の2倍になると見込み、産業構成比においては第二次産業における目標設定は製造業の誘致、振興により2%の増加を見込んでいた。第1次振計における目標設定から若干の後退が見られるものとなっていた。それは第1次振計における反省も踏まえていたが、低成長経済の下で策定された全国的な国土計画の転換により明確な戦略を設定していなかった点が影響していたと思われる。1990（平成2）年の沖縄開発庁の報告

7　ガバン=マコーマック・敷田麻美「自然環境の保全と開発のジレンマ」宮本憲一・佐々木雅幸編『沖縄21世紀への挑戦』岩波書店、2000年、第9章

書において、製造業に関し、「期待された企業の立地が予期したようには進展してこなかったことなどから、県民総生産に占める製造業の割合が低く、建設業の割合が高いという構造は、第二次沖縄振興開発計画期間を通してほとんど変化しなかった。」としている[8]。このように第2次振計においても産業構造の是正は適わなかった。一方で、一層の第三次産業への偏重がすすんだ。また第一次産業においては県内総生産構成比で6％から2.7％へと3.3ポイントと大幅に衰退することとなった。

図表3　第2次沖縄振興開発計画における目標設定と実績

		第2次沖縄振興開発計画			
計画年度		1982-1991年度			
基準年次		1980年度			
目標年次		1991年			
		基準年	目標年次	実績（1990年）	達成
総人口		111万人	120万人超える	122万人	○
就業者数		43万人	51万人超える	54万人	○
構成比	第一次産業	14%	12%	10.4%	×
	第二次産業	22%	23%	20.2%	
	第三次産業	64%	65%	69.6%	
県内総生産		1兆2800億円	2兆4000億円	2兆8000億円	○
構成比	第一次産業	6%	6%	2.7%	×
	第二次産業	22%	24%	20.4%	
	第三次産業	75%	73%	76.8%	
一人当たり県民所得		116万円	約200万円	200万円	○

注1：実績における就業者構成比は1991年度の数値である。また利子帰属等の控除があるため、産業構成比の合計は100にならない。
注2：就業者数及び県内総生産の達成度評価は第二次産業構成比（製造業誘致）を基準にしている。
出所：表2に同じ

（3）第3次沖縄振興開発計画（計画期間：1992～2001年）

　続いて、バブル崩壊後の厳しい経済状況の中で展開された「第3次沖縄振興開発計画」（以下、第3次振計）の成果について確認する。「復帰後20年を経過した今日においても、本土との格差が是正されていない分野がなお存在し、自立的発展の基礎条件の整備は十分でなく、…厳しい状況にある。」との認識から第3次振計においても「自立的発展の基礎条件の整備」を引き続き図るものとしていたが、計画の目標に「広く我が国の経済社会及び文化の発展に寄与する特色ある地域として整備」することが加わり、振興開発の基本方向においても「南の交流拠点の形成」を加え、自立的発展の方向を定めた。

　従来との計画との違いは、特に観光産業や情報通信関連産業を先導的、戦略的産業として一

8　沖縄開発庁「沖縄の振興開発の現状と課題」1990年

層の振興を図るとし、地域経済の活性化の柱として重視するとしている点である。そこには「本土並みという一元的な施策のみでは経済的自立は困難である[9]」というこれまでの反省を踏まえ沖縄の地域特性を活かした産業振興の方向性を示していた。また目標フレームとして次のように設定した（**図表4**）。

図表4　第3次沖縄振興計画における目標設定と実績

		第3次沖縄振興開発計画			
計画年度		1992-2001年度			
基準年次		1990年度			
目標年次		2001年			
		基準年	目標年次	実績（2001年）	達成
総人口		122万人	130万人を超える	133万人	○
就業者数		54万人	63万人	63万人	○
構成比	第一次産業	11%	8%	6.3%	×
	第二次産業	20%	20%	19.3%	
	第三次産業	69%	72%	74.5%	
県内総生産		2兆8000億円	4兆9000億円	3兆6,642億円	×
構成比	第一次産業	3%	3%	1.9%	×
	第二次産業	21%	22%	15.8%	
	第三次産業	76%	75%	86.1%	
一人当たり県民所得		200万円	310万円	207万円	×

注1：実績における県内総生産の値とその構成比の数値は2000年度である。
出所：内閣府ホームページ「第3次沖縄振興開発計画」、及び沖縄振興開発金融公庫「沖縄経済ハンドブック」より作成

　図表4で確認できるように、産業構造を是正する目標は大幅に後退し、基準年次の現状維持、若干の修正に落ち着いている。すなわち第二次産業は就業者構成比で基準年次で1990（平成2）年20%から、目標年次2001（平成13）年20%と現状維持水準、県内総生産構成比で21%から22%への若干の増加を見込んでいた。また県内総生産、及び一人当たりの県民所得は、それぞれ2兆8000億円から4兆9000億円、200万から310万への増加が目標とされていたが、2001（平成13）年において県民総生産は3兆5000億円、一人当たりの県民所得は212万円にとどまった。第3次振計は、バブル崩壊から低成長期に入る中で推進され、量的拡大も達成されることなく、終了を迎えることとなった。

　この第3次振計についての沖縄県による総点検報告書（以下、報告書）が2000（平成12）年に出された。その中において産業振興に関しては健康食品産業、情報通信産業等を戦略的産業とし今後も重点的に振興を図っていくとしている。また、これまで製造業の誘致、振興が進まなかった理由として物流コスト、生産要素のコストが割高であったこと、技術集積の低さ、

---

[9]　沖縄県「第3次沖縄振興開発計画総点検報告書」2000年5月

市場の狭小性、そしてグローバル化に伴う生産拠点の海外移転等を理由としてあげている。当初から指摘されてきた島嶼性を背景とした問題に加え、グローバル化という外部要因の影響、さらに零細企業で構成される県内企業の経営基盤の脆弱性そのものが指摘され、既存企業の経営効率化が課題として指摘されるものとなった。

3-3　製造業誘致の失敗

　第1次から第3次振計において、「自立的経済の基礎条件の整備」と称して行われてきた産業基盤整備による製造業の振興を図ってきたことをどう評価できるだろうか。

　産業基盤整備として県内では、復帰前から工業団地等の整備が進められてきたが、沖縄県本島南部の糸満工業団地が1984（昭和59）年に供用開始されるとともに、復帰前から工業地区の重要港湾として位置付けられていた中城湾港において新港地区の整備が開始され、1988（昭和63）年の「自由貿易地域」の設置、さらに1999（平成11）年の「特別自由貿易地域」の拡充等、受け皿となるハード、ソフト両面にわたる基盤整備が進められてきた。

　こうした動きの一方で、復帰以降の工業地域における企業立地件数は2001（平成13）年までに、424件あったが、立地面積はその工業適地全体面積の53.6%に過ぎず、大部分が県内企業の移転再配置であるため、新規産業の立地は少ないとされていた。また復帰後の誘致件数実績は46件であり、製造業は18件に留まってきた[10]。

　工業用地整備は進んでいるが、企業誘致は進まないという現状は80年代後半以降の円高を背景とした生産拠点の海外移転の大きな流れの中、他都道府県においても見られた[11]。ただ、沖縄県の場合は、他都道府県に比較して工業用地の価格が高いなどの、生産要素のコスト高も障害になっていたこととされている[12]。

　1999（平成11）年3月、中城湾新港地区が各種の優遇制度を講じた「特別自由貿易地域」として指定を受け、企業誘致促進策として注目を集めた。しかし制度導入の3年後の2002（平成14）年の段階で県が建設・提供した賃貸工場は埋まっているものの分譲地においてはわずか1社の進出という厳しい状況となった[13]。

　一方、90年代後半以降、沖縄県が取り組んできた誘致を積極的に図ってきた情報通信関連産業において、成果が見られ、新たなリーディング産業として注目が高まりつつあった。

　2002（平成14）年度から「沖縄振興開発特別措置法」が失効し、新たに沖振法の下で、「沖縄振興計画」が策定された。上記の「特別自由貿易地域」における優遇税制のほか、「情報通信産業特別地区」（以下、情報特区）、「金融業務特別地区」（以下、金融特区）といった振興税

10　沖縄県「第三次沖縄振興開発計画総点検報告書」2000年

11　経済産業省「工業立地動向調査」によると1989年から1999年にかけて、立地件数は全国では4,157件から974件まで急減し、沖縄県においても、18件から7件にまで低下した。

12　沖縄県「第3次沖縄振興開発計画総点検報告書」P123。沖縄県の工業適地等の平均価格は51,691円/㎡であり、当時の全国平均価格：36,190円/㎡、九州平均価格：17,760円/㎡と比較しても高い価格水準となっていた。

13　沖縄タイムス朝刊　2002年3月3日

制を柱としたものとなっていた。

　第１次振計から第３次振計における施策は、自立的経済の発展基盤と称して道路、港湾整備といった産業基盤整備が図られてきたが、新規産業の創出はみられず、特に製造業の誘致、振興は挫折を重ねることとなった。一方、観光・リゾート産業が戦略的、基幹産業として成長し、さらに萌芽的にコールセンターの立地が見られ、関連する情報通信関連産業振興への期待が高まる中、次の沖縄振興計画に引き継がれることとなった。

４．「沖縄振興計画」への転換

４－１　総評

　2000年代を迎えるにあたって沖縄経済は、前節で指摘したように、製造業の誘致に関して失敗を重ねてきたものの、1999（平成11）年の４月に沖縄サミットという国際的イベントの開催地として指定され、注目される中、観光・リゾート産業が急成長を果たした。

　また、1998（平成10）年に県が策定した「沖縄マルチメディア・アイランド構想」の下、情報通信関連産業の振興を図る諸制度及びそれらの動きを支援する政府の「情報通信産業振興地域」の創設等を通じて、情報通信関連産業の伸びが期待される状況にあった[14]。

図表5　沖縄振興計画（第４次）における見通しと実績

		沖縄振興計画（第4次）			
計画年度		2002-2011年度			
基準年次		2000年度			
目標年次		2011年			
		基準年	目標年次	実績（2011年）	達成
総人口		132万人	139万人	140万2千人	○
就業者数		63万人	66万7千人	61万9千人	×
構成比	第一次産業	7%	4.6%	5.2%	-
	第二次産業	20%	17.9%	15.5%	
	第三次産業	74%	77.5%	79.0%	
県内総生産		3兆4,000億円	4兆5,000億円	3兆7,000億円	×
構成比	第一次産業	2%	2%	1.8%	-
	第二次産業	17%	15.5%	12.9%	
	第三次産業	81%	82.5%	88.8%	
一人当たり県民所得		218万円	274万円	205万円	×

出所：沖縄県振興開発金融公庫「沖縄経済ハンドブック」より作成

14　宮城和宏（2006）「島嶼経済における情報通信関連産業クラスターの形成過程と課題」沖縄大学地域研究所『地域研究』

「沖縄振興計画」（以下、第４次振計）では、目標年次の県内総生産は基準年次に対して、32％増と見通しを立てていたが、結果として、基準年次に対して8.8％増にとどまっていた（**図表５**）。当初、「人口及び社会経済の見通し」においては新たな特区・地域制度の活用などにより、観光・リゾート産業、情報通信関連産業、およびその他の製造業の成長を見込んでいた。

第一次、第二次産業の振興については、「地域特性を生かした農林水産業、特別自由貿易地域制度等を活用した加工交易型産業、国際物流関連産業、沖縄の地域特性や資源を積極的に活用した健康バイオ産業、環境関連産業等が戦略的に振興すべき重点産業」の振興を図っていくことが目指されていたが、次節で示すように、製造業振興は必ずしも成功しなかった。

４－２　特区・地域制度を活用した産業振興策

（１）「沖縄振興開発計画」から「沖縄振興計画」へ

2002年度を初年度とする第４次振計では、「開発」の文字が消えることとなった。その背景は、本土との格差是正という観点から、社会資本等の基盤整備の面で遜色ない水準にまで達したこと、民間主導による振興を意識づける狙いもあったものと思われる。

第４次振計では、以下、３点の重要な変化があった。

１点目が、計画の原案作成が県に移行したことである。国が策定していた計画が、第４次振計では、沖縄県の原案を踏まえ、国が計画を策定することとなった。最終的には国が計画の決定を行うこととなるが、沖縄県の意向が相応に反映されることになった。

２点目に目標設定の転換が図られたことが挙げられる。これまで目標とされてきた「本土との格差是正」を図る「キャッチアップ型の振興開発」から「フロンティア創造型の振興」を図っていき、地域特性を活かした産業振興を図っていくとした。すなわち、それまでの「本土並みという一元的な施策のみでは経済的自立は困難である[15]」との認識に立ち、比較優位を持つ産業に焦点をあて、戦略的な振興策を講じることが明確に示された。

３点目に、計画の体系と進捗管理の見直しが行われた。「沖縄振興開発計画」では、計画期間中の施策全体の点検・評価の機会が十分ではなかったことが問題視され、第４次振計においては、３年を目途とした11の分野別計画の策定と施策の管理を行うことで、より効果的な振興をはかっていくことが目指された。観光分野、情報通信関連産業分野等の沖振法に個別計画の策定が義務付けされた４分野に加え、沖縄県が独自に設定した福祉保健、環境保全、その他の産業振興計画等の７分野に関しても計画が示された[16]。

製造業等の振興は、「自由貿易地域」、「特別自由貿易地域」を中心とした企業誘致を図るとともに、「産業高度化地域」を指定し、対象地域内の対象業種への投資税額控除や特別償却等の優遇措置を行うものとなっている。

次節では、「自由貿易地域」、「特別自由貿易地域」や「産業高度化地域」に焦点をあて、ど

15　沖縄県『第３次沖縄振興開発計画総点検報告書』2000年５月、Ｐ１

16　牧野（2010）P403。

のような制度であったのか、またその成果について取り上げていく

（２）製造業振興に係る特区制度

　第４次振計において特徴的なのは、「民間主導による自立型経済の構築」に向けて、各種制度が従前の地域制度の拡充ないし、新設が図られてきた点にある。特に、これまで取り組んできた製造業振興においても、「自由貿易地域」、「特別自由貿易地域」の拡充を図るとともに、企業集積を促進し、高度化を促し経営効率化を図ることを企図して、「産業高度化地域」が設けられることとなった。

　「特別自由貿易地域」では、自由貿易地域を拡充し、本島中部東側に位置する中城港湾新港地区を新たに対象地域として指定した。当該地域において、外国から輸入した物品や原材料に対し、関税が保留される保税地域となっているため、同地域内で加工やこん包等の手を加えて、関税をかけずに完成品を外国に輸出することや、国内に完成品を搬出する際にも原材料にかかる課税か完成品への課税かどちらか低い方を選択することが可能となっている。加えて、同地区内で新規立地した対象業種である製造業やこん包業、倉庫業、道路貨物輸送業に対し、一定の雇用要件等を満たした場合は、税制上の優遇措置を利用することができるとした。これにより加工貿易型産業の誘致、事業創出が期待された。

　「産業高度化地域」は、当初13市町村が指定され、製造業、こん包業、卸売業、道路貨物運送、デザイン業など多種多様な業種を対象に機械や建物等を取得した際に特区には及ばないものの、一定の優遇措置を講じるものとなっている。

（３）特区の成果と見直し

　「特別自由貿易地域」に関しては、雇用に関連する認定要件の厳しさ[17]や優遇措置はあるものの分譲によって特区内に立地するメリットが少なく、企業進出は進まなかった。その後、1999（平成11）年に沖縄県が独自に賃貸工場を建設に着手、進出企業に貸与する形をとることで、初期費用負担軽減をはかり、企業誘致を図っていくことなり、一定の成果が見られた。一方で、「特別自由貿易地域」の分譲地の売れ残りが生じていた。

　そして、「産業高度化地域」については、製造業の他、付加価値を高めるデザイン業等[18]も対象業種に加えることによって、指定された地域内での企業進出を図ると期待されていた。しかし、対象地域となった市町村からの製造品出荷額は県全体の製造品出荷額に占める割合は、2002年から2008年にかけて76.1％から50.2％に落ち込んだとされ、「産業高度化地域」の地

17　特別地区への新規立地を要件とし、常用雇用20人という条件があったため、税制の優遇措置を受ける企業が０であったと指摘している。沖縄タイムス　2011年12月24日

18　具体的には製造業等（こん包用、倉庫業、卸売業、道路貨物運送業）、産業高度化事業（デザイン業、経営コンサルタント業、総合リース業、広告代理業、エンジニアリング業、自然科学研究所等）を対象とした。

域指定の効果に関しては厳しい評価の目も向けられた[19]。

　以上のように、「自由貿易地域」と「特別自由貿易地域」、また製造業全般の振興を図る目的で導入された「産業高度化地域」は、大きな期待が寄せられていたが、認定要件等が障害となり十分に活用されていなかったといえよう。

　その反省を踏まえ、2012（平成24）年以降の第５次振計においては、上記の「特別自由貿易地域」の認定要件緩和、対象業種、地域指定拡充などが図られることとなった。

5. 「沖縄21世紀ビジョン基本計画」（計画期間：2012～2021年）における産業振興

5－1　「沖縄振興計画」から「沖縄21世紀ビジョン基本計画」へ

（１）沖縄県が策定した初めての総合計画

　2012（平成24）年、沖振法の一部改正が行われ、計画の決定主体が国から県へ移行した。第５次振計はその意味で沖縄県が初めて策定した計画となった。内閣総理大臣が定める「沖縄振興基本方針」に基づくものの具体的なビジョンや施策は沖縄県側が主体的に描くことが出来るものとなっている[20]。

　また、第４次振計において、以下の内容について沖振法改正が行われ、分野別計画の廃止と、産業振興は、経済特区及び地域制度を継承しつつ、見直しと発展統合等が行われた。

　第一に、観光・リゾート産業の重点的な振興のための特別措置の拡充が行われることとなった。沖縄のリーディング産業として確立した観光産業では、「観光振興地域」にかわり、「観光地形成促進地域」を設けた。

　また、第二に、2000年代を通して、コールセンターをはじめ、企業立地と雇用が伸びている情報通信産業の振興のため、沖縄本島を中心に24市町村を「情報通信産業振興地域」に指定し、情報特区では、那覇・浦添地区、名護・宜野座地区、４市村とともに、うるま市が加えられ、所得控除を35％から40％に引き上げ、「特区内のみに事業所を有する」ことを条件づけた「専ら要件」を特区外でも営業拠点を設ける等の要件緩和が行われた。

　第三に、沖縄の製造業等の高度化及び事業革新の促進を図るため、「産業高度化地域」にかわり、「産業高度化・事業革新促進地域」を創設し、また、アジアとの近接性を有する沖縄の地理的優位性を生かした国際物流拠点産業の集積を図るため、「自由貿易地域」及び「特別自由貿易地域」を統合・発展させる形で「国際物流拠点産業集積地域」（以下、国際物流特区）を創設した。その他、これらの措置とともに「金融業務特別地区」の拡充、電気の安定的、適

19　優遇措置の要件として１千万円以上の設備の新増設等が課せられていたため、投資税額控除や特別償却等の優遇措置の適用は厳しかったとされている。沖縄タイムス　2011年２月28日

20　基本方針は具体的には沖縄の振興の意義及び方向に関する事項、主要な産業振興に関わる事項から雇用、教育、文化、福祉、国際協力から駐留軍用地跡地利用、離島振興等、社会資本整備等など沖縄振興に係る各分野に亘るものとなっている。

正な供給の確保するための措置などが加えられた[21]。

　2年後の2014（平成26）年度には、さらに地域指定が沖縄県知事に権限移譲され、特区・地域制度にかかる対象業種、対象地域の拡大が図られるとともに、建物取得時の下限取得額の引き下げ、特区内での常時雇用の要件緩和が図られることとなった[22]。

　そして、金融特区を「経済金融活性化特区」として拡充・発展させ、県の申請に基づき総理大臣に指定された地域（名護市）においては、金融関連産業に限らず、対象業種を、情報通信関連産業、宿泊業等の観光関連産業、農業、水産養殖業、製造業等に広げ、県知事が事業者認定できるようになった。地域指定や事業者認定にかかる権限の県知事への移譲はその他特区・地域制度においても行われた。さらに、国際物流特区は、那覇市の「自由貿易地域」、うるま市の「旧特別自由貿易地域」（以下、「うるま、沖縄地区」）以外にも那覇市及び近隣の浦添、豊見城、宜野湾、糸満市に広げ、対象業種に航空機整備業を加えられることとなった[23]。

　上記の特区・地域制度の改善とともに、次項で述べるPDCAサイクルで検証し、改善を行っていく体制が整えられることとなった。

（2）5つの将来像に向けた施策展開

　上記、産業振興策の拡充と見直しを行いつつ、2010（平成22）年3月、およそ20年後の沖縄のあるべき姿を描いた「沖縄21世紀ビジョン」が策定された。図表6に示されるように、このビジョンの実現を目指す上で、最初の10年間に位置付けられるのが、第5次振計となる。将来像として5つを掲げ、その実現に向けた基本施策や施策のパッケージが、「沖縄21世紀ビジョン実施計画（前期・後期）」と各個別計画となっている。

図表6　沖縄21世紀ビジョンと各種計画の関係と評価

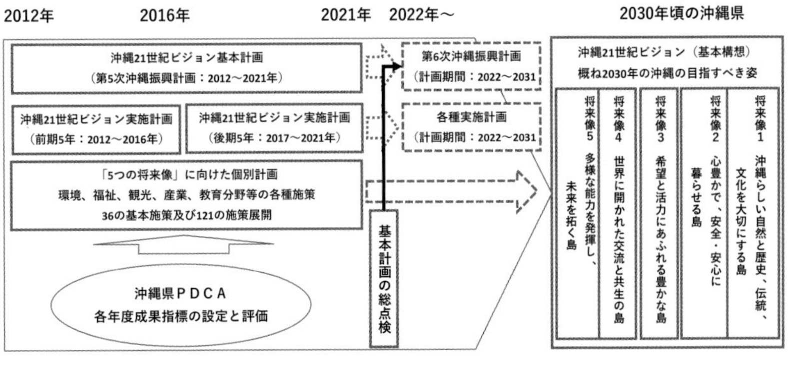

出所：沖縄県「沖縄21世紀ビジョン」より筆者作成

---

21 この他、沖縄県が自主的な選択に基づいて実施する沖縄振興に資する事業等について、当該事業等の実施に要する経費に充てるための交付金（沖縄振興一括交付金）が創設された。

22 具体的には情報特区や金融特区では常時使用従業員要件として、これまでは10人以上とされていたが、改正後は5人以上にまで要件が緩和され、国際物流特区では、20人以上から15人以上という形で要件緩和が図られることとなった。

23 航空機燃料税の軽減措置については沖縄県内の各地間の航空機燃料も対象となった。

内外の経済情勢の変化に対応しながら計画の見直しを行い、各年度の施策の成果目標を設定し、「沖縄県PDCA」を実施、課題の洗い出しを行っている。

次項では、同期間の後期半ばに当たる2018（平成30）年の施策評価を取り上げながら、産業振興の現状を確認していこう。

（３）施策の評価（沖縄PDCA）

2030（令和12）年の沖縄経済を見据えた５つの将来像は、各々の36の基本施策と121の施策を実施し、年度毎に評価・点検し、改善を図っている。

製造業振興については「将来像３　希望と活力にあふれる豊かな島」（以下、将来像３）の関連施策の成果達成度を確認する。特に製造業の振興に関わる施策[24]では、中間年次の2016（平成28）年、計画後期の2018（平成30）年での成果指標と達成状況は以下の通りとなっている（**図表7**）。

沖縄21世紀ビジョンの中間目標である2016（平成28）年の各項目の目標値と実績で、2016（平成28）年から2018（平成30）年にかけて、「臨空・臨港型産業新規立地企業数」は基準年の47件から2016（平成28）年には74件、2018（平成30）年には178件と急速に立地件数を伸ばしており、「雇用者数」において、基準年663人から2016（平成28）年に1,313人、2018（平成30）年は2,859人と急伸している。当初の目標には届かないが、製造品移輸出額等も2018年実績で基準年の6.8%増を達成しつつある。

この背景について国際物流特区の現状と「産業高度化・事業革新促進地域」の活用状況について次節でみていく。

図表7　「将来像３」関連の成果指標と実績

	主要成果目標	基準年 注1	2012年 注4	2016年 注3	2018年	2016年 目標値	目標修正	2021年 目標値
1	国際貨物取扱量（万トン）注2	15	16	19.6	12	28	-	40
2	海外路線数（貨物便）（路線）	5	5	9	6	7	-	10
3	臨空・臨港型産業新規立地企業数（社）	47	50	74	178	150	-	260
4	臨空・臨港型産業における雇用者数（人）	663	699	1,313	2,859	3,000	-	5,400
5	那覇港外貿取扱い貨物量（万トン）	120	119	116	120.3	1,020	-	342
6	中城湾港（新港地区）の取扱貨物量（万トン）	61	61	107	94.6	110	-	230
7	製造品移輸出額（石油製品除く）（百万円）	66,577	67,668	71,169	71,271	73,000	-	80,000
8	製造品出荷額（石油・石炭除く）（億円）	3,992	3,871	4,427	4,427	6,300	4,800	5,600
9	製造業従事者数（人）	24,812	24,830	23,558	24,760	27,500	-	28,000
10	工芸品生産額（億円）	41.3	33.4	40.1	40.2	52	-	65
11	泡盛の出荷数量（kl）	22,297	22,163	18,694	17,580	35,000	-	28,700
12	かりゆしウェア製造枚数（万枚）	35	38.6	45	42.5	40	-	50

注１：8、9の基準年は2009年、1、7、10については2010年、それ以外は2011年度が基準年となる。
注２：1については、2013年度より成果目標に追加された。実績値は2013年度
注３：3、4、5、6の2016年度実績値は2015年度値、7は2014年度実績値
注４：8、9の値は2010年度実績値、10は2011年実績値
出所：沖縄県「沖縄県PDCA実施報告書」各年度版より作成

24　具体的には、「アジアと日本の架け橋となる国際物流拠点の形成」と「ものづくり産業の振興と地域ブランドの形成」に係る成果指標を確認している。

5−2 「国際物流特区」、「産業高度化・事業革新地域」の現状

（1）国際物流特区と今後の可能性

　図表8は国際物流特区における立地件数及び雇用者数の推移を示している。1998（平成10）年に「特別自由貿易地域」が導入されて以降、同地域内での立地は進まなかったものの2012（平成24）年以降、徐々に企業立地がすすんでいる状況が読み取れる。2012（平成24）年において、立地企業数で50件、雇用者数721人が、2018（平成30）年において、86件、1,363人の増となった。2014（平成26）年以降は、国際物流特区の拡充（「那覇地区（旧自由貿易地域）」、「うるま・沖縄地区」、「那覇・浦添・豊見城・宜野湾・糸満地区」）により、同地区内の認定を受ける業種も徐々にではあるが増加傾向にある。

　特に「うるま・沖縄地区」において、県が提供する賃貸工場、分譲・賃貸用地等を中心に半導体、医療機器関連部品、自動車部品、営業倉庫等を事業内容とする高付加価値型の企業立地が見られ、当該地域の2018（平成30）年の製造品搬出額実績は2017（平成29）年比で8.1%増の178億円、搬入額実績で45.4%増の126億円を達成した[25]。

　同地域で活用可能な特別措置の認定に至る企業については、多くはないが2014（平成26）年の要件緩和以降、一部、認定企業が増えつつある状況にある。円安とアジア市場の成長等の外部要因に支えられている側面もあり、制度による効果は、精査する必要があるが、立地については一定の成果が見られつつあるといえよう。

図表8　国際物流特区の立地件数、雇用者数の推移（累計：1999 〜 2017 年）

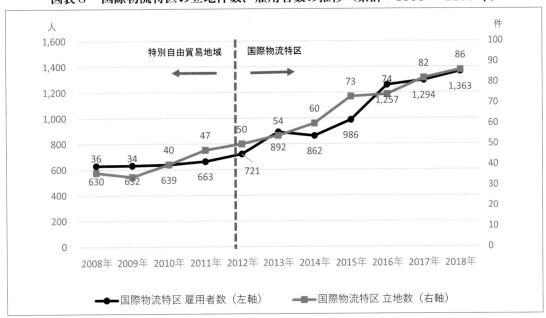

注1：国際物流特区は2014年以降、対象地域が拡大されているが、ここでは「旧那覇地区」、及び「旧うるま地区」の立地企業、雇用者数の合計値推移を示している。

出所：沖縄県「国際物流拠点産業集積計画の実施状況について」各年度版より作成

25　沖縄タイムス　2019年7月30日

2014（平成26）年に対象業種として加えられた航空機整備事業については、国際物流特区の那覇空港内の指定地区において、航空機整備施設が2018（平成30）年10月に完成し、入居企業の操業が開始され、航空機整備事業（以下、MRO：Maintenance Repair Overhaul）を起点とした航空機関連産業クラスターの形成が期待されている。

　2020（令和2）年3月に那覇空港第2滑走路が共用開始され、観光業をはじめ、物流関連、航空機整備事業の一層の飛躍が期待されているが、同年1月下旬以降の新型コロナウイルスの感染拡大の影響による国際線の運休とともに2018（平成28）年以降の米中貿易摩擦の長期化による航空貨物輸出量の減少により、沖縄を拠点とする国際貨物ハブ事業にも影響し、中長期的な影響が懸念されている。2010年代以降の蓄積されてきた物流産業の動きを絶やさないために、経済情勢の変化に柔軟に対応しつつ、行政の継続的な支援が求められる状況となっている。

（2）「産業高度化・事業革新地域」の活用状況と実績
　「産業高度化・事業革新地域」は沖縄県が有する亜熱帯性気候の中で育んだ地域資源、歴史文化等を活かした「ものづくり」産業の育成を目的に第4次振計の「産業高度化地域」（以下、旧制度）を発展・継承する形で導入された。

　第5次振計の「産業高度化・事業革新促進地域」は沖縄県知事の地域指定が可能となったことから対象地域を沖縄県内全41市町村とし、対象業種も広げ、産業高度化・事業革新事業として研究支援等を行う企業を含むなど幅広い業種を含むものとなった[26]。

　同制度の活用状況を確認すると（**図表9**）、2012（平成24）年度から2018（平成30）年度までの累計、対象業種ベースで406件の認定を受け、製造業等（2012年~2018年累計261件）を中心とし、産業高度化・事業革新事業の対象業種である電気業（当該年度累計104件）が認定を受けている。

　税制上の優遇措置の中身は、2018（平成30）年の実績では国税の優遇措置では、「投資税額控除」を受けた企業が13件、地方税にかかる優遇措置では、法人事業税の課税免除が43件、不動産取得税の課税免除が7件、固定資産税の課税援助が140件となっている[27]。また、2018（平成30）年に指定を受けた44件の業種のうち、製造業では企業ベースで食料品製造業等の19企業が認定を受けており、電気業では、5企業が認定を得ている。本制度の利用状況を確認すると、全県を対象地域としたことで、既存の食料品製造業をはじめ、電気事業者の設備導入等の支援となっている。

26　具体的には機械修理修理業、デザイン業、非破壊検査業、経営コンサルタント業、エンジニアリング業、自然科学研究所、商品検査業、計量証明業、研究開発支援検査分析業等

27　沖縄県「平成30年度産業高度化、事業革新促進計画の実施状況」令和元年9月

図表9　「産業高度化・事業革新地域」の新規認定件数（件）

		2012年度	2013年度	2014年度	2015年度	2016年度	2017年度	2018年度	計
製造業	製造業	20	32	45	56	50	37	21	261
	卸売業	2	1	3	10	4	6	1	27
	道路貨物運送業	0	2	1	1	1	1	0	6
	倉庫業	1	1	3	0	0	0	0	5
産業高度化・事業革新促進事業	計量証明業	0	1	0	0	0	0	0	1
	自然科学研究所	0	1	0	0	0	0	0	1
	電気業	4	15	23	14	17	9	22	104
	デザイン業	0	0	1	0	0	0	0	1
	経営コンサルタント業	0	0	0	1	0	0	0	1
合計		27	53	76	82	72	53	44	407

出所：沖縄県「平成20年度　産業高度化・事業革新促進計画の実施状況」

　以下の点で課題もある。一つは、本制度での適用業種が一部に限られている点にある。県内の製造業の中心を担う食品製造業等を中心に活用されているものの、産業高度化・事業革新事業に加えられた事業者の認定はない。新たな事業創出を目的とするのであれば、制度の認知をあげる取組とともに、新規事業の立ち上げを検討している企業側からの利点を示し、申請の簡素化等、改善する余地があるものと考えられる[28]。

5－3　自立的発展に向けた産業振興に向けた施策展開と評価

　本節の最後に沖縄県の製造業の現状をあらためて振り返っておきたい。**図表10**は沖縄県の製造業の現状を示したものとなっている。2018（平成30）年の製造業の事業所数は復帰時に比較し、12.6%減の1,118件、従業員数は7.7%減の26,042人となっている。総じて製造業振興の苦難の歩みを示しているが、その中において雇用の受け皿として、「食料品・飲料・たばこ・資料製造業」（54%）や「窯業・土石製品製造業」（14%）、「金属製品製造業」（11%）等が大きな役割を果たしている[29]。また、製造品出荷額ベースでは、前述の業種とともに、「金属製品製造業」（46.4%）、「鉄鋼業」（21.3%）等の伸びが大きい。円安環境でのアジア市場成長等の取り込み等、一定の成果を得てきていると考えられる。

　沖縄県内のものづくり産業については、地道な改善努力等が求められる状況に変わりはないものの、沖縄特有の地域資源を活用した健康食品製造業事業等、バイオベンチャー企業による立地等もすすみつつあるとともに、国際物流特区においては、航空機整備事業が始まり、期待を寄せている。また、2012（平成24）年以降、金型関連産業等の進出もみられはじめている。沖縄県ではこれらの企業を全ての最終製品製造業を支える「ものづくり基盤技術産業」として位置付け、沖縄県内の製造業全般を支える波及的効果を期待するものとなっている。

28　沖縄タイムス2016年8月10日。国税の特別措置は建物・附属設備は同時取得について県から要件の見直しを求めた

29　復帰時に製造品出荷額において、大きなシェアを有していた「石油製品・石油製品製造業」（28%）が2018（平成30）年においては、1%にまで落ち込んでいる。2015年、南西石油の石油精製停止及び2016年の石油製品販売停止によるもの。

図表 10　沖縄県の製造業の現状

区分	復帰当時（1972年度）			構成比			沖縄21世紀ビジョン最近時（2018年度）			2018年度実績					
	事業所数（件）	従業員数（人）	製造品出荷額（千万）	事業所	従業員	製造品出荷	事業所数（件）	従業員数（人）	製造品出荷額（千万）	事業所	従業員	製造品出荷	対1972年増減（%）		
													事業所	従業員	出荷額
製造業	2,374	26,811	11,779	100%	100%	100%	1,118	26,042	49,538	100%	100%	100%	-12.6	-7.7	377.6
食料品・飲料・たばこ・飼料製造業	663	9,324	4,702	28%	35%	40%	473	14,049	26,432	42%	54%	53%	-1.9	47.3	217.3
繊維工業（衣服等、その他繊維製品製造業）	400	2,538	401	17%	9%	3%	43	688	450	4%	3%	1%	-3.6	-18.5	0.5
木材・既製品製造	102	1,432	315	4%	5%	3%	10	81	196	1%	0%	0%	-0.9	-13.5	-1.2
家具・装備品製造業	181	937	114	8%	3%	1%	46	454	441	4%	2%	1%	-1.4	-4.8	3.3
パルプ・紙・加工紙製造業	38	549	142	2%	2%	1%	6	399	574	1%	2%	1%	-0.3	-1.5	4.3
印刷・同関連業	145	2,312	349	6%	9%	3%	75	1,417	1,956	7%	5%	4%	-0.7	-9.0	16.1
化学工業	17	346	163	1%	1%	1%	30	752	770	3%	3%	2%	0.1	4.1	6.1
石油製品・石炭製品製造業	7	745	3,242	0%	3%	28%	11	100	528	1%	0%	1%	0.0	-6.5	-27.1
窯業・土石製品製造業	242	3,038	824	10%	11%	7%	150	2,824	6,724	13%	11%	14%	-0.9	-2.1	59.0
鉄鋼業	12	481	559	1%	2%	5%	7	599	2,688	1%	2%	5%	-0.1	1.2	21.3
金属製品製造業	290	2,942	648	12%	11%	6%	156	2,658	5,283	14%	10%	11%	-1.3	-2.8	46.4
機械器具製造業（一般、生産用、業務用等）	57	215	15	2%	1%	0%	28	487	1,043	3%	2%	2%	-0.3	2.7	10.3
電気機械器具製造業	7	136	24	0%	1%	0%	10	313	530	1%	1%	1%	0.0	1.8	5.1
輸送用機械器具製造業	44	281	24	2%	1%	0%	11	140	241	1%	1%	0%	-0.3	-1.4	2.2
その他の製造業	170	1,535	91	7%	6%	1%	62	1,081	1,548	6%	4%	3%	-1.1	-4.5	14.6

注１：ゴム製品製造業、非鉄金属製造業、精密機器器具製造業、情報通信器具製造業プラスチック製品製造、電子部品等製造業は「その他の製造業」へ。

注２：各年度の事業所数、従業員数、製造品出荷額等の合計は端数処理及び一部業種の数値秘匿のため、合計は一致しない。

出所：沖縄県「工業統計調査」

6．おわりに

　ここでは、第５次振計以降の製造業振興の流れについて確認し、まとめとしておきたい。

　第５次振計において、「沖縄21世紀ビジョン」で示された５つの将来像の達成に向け、製造業では、「国際物流拠点産業集積地域」を創設し、物流関連産業等の振興を図っている。沖振法の改正により認定にかかる要件緩和も行われ、航空機整備事業も対象事業に加えられた。地域指定においても対象区域を広げ、区域内での立地件数も高まりつつある。

　「産業高度化・事業革新促進」の実績では、食料品製造業等や電気事業等の認定が多く、狙いとする新事業等の創出支援という面では未だ課題が多い。県内外のバイオ、IT、環境関連のベンチャー企業の誘致・育成、その他健康・医療、エネルギー等の分野での新事業創出・育成のためのきめ細かい取組が重要となっている。

　今後の製造業振興にあたっては、情報通信関連産業をベースに製造業現場のIT化による生産性向上、新規事業創出支援等を図りつつ、域内の農林水産資源等を活用した商品開発、販路確保等の取組支援を地道に行っていく必要があるものと考えられる。

　本章で取り上げてきた特区・地域制度等の課題について何点か整理しておきたい。

　現行の国際物流特区においては、製造業の誘致を図るため、県の賃貸工業や高度技術賃貸工場等を用意し、初期投資の軽減等を行っているが、立地企業を同地域で留めていくための方策を検討する必要があろう。当該地域への立地企業がどのような利点を感じているのかを見極め、

各企業の要望に対し、柔軟かつ継続的に行っていく必要がある。

　また、アジア市場への販路開拓のための商談等の機会提供を継続的に続け[30]、商談成立のための支援も高める必要がある。また、人材の面では企業と地域人材のマッチングを図る取組も重要となる。

　むろん、個別企業の努力とともに、各種業界団体、工業連合会等の役割も重要となる。行政の支援のあり方としては、従来の基礎的な条件整備とともに、上述した一連の支援を継続的に行っていく必要がある。国からの支援では沖縄における物流活性化に向けての規制緩和等の後方支援も重要となってくる。県においては賃貸工場等の整備・貸与と並行して分譲の円滑化も課題となる。企業撤退の際には、そのフォローアップも必要となろう。

　いずれにせよ企業努力をベースにしながら、各レベルでの適切や支援を短期から中長期に至る課題を整理し、必要な支援を行っていく必要がある。

　2020年1月以降、新型コロナウィルスの感染拡大に伴い、人々の行動が抑制される中で、経済・生産活動の変容に対する対応が一つのテーマとなりつつある。製造業の立地に関しては一部地域での集積から、地域分散型の立地の機運が高まるとともに、地域内の産業間ネットワークが一層重要になろう。リスク対応という観点からは沖縄県はあらゆる業種でバックアップ地域となりえる。またテレワーク等の在宅勤務が不可逆的な変化をもたらすと仮定すると、製造業においても、立地分散に対応した従業員への住環境整備がより良い選択の一つとなりうる。この点から沖縄県のアメニティの高さが優位性を持つものとなる。

　上記のように災害や感染症等の世界的な規模での危機に対し、事業継続性を担保するためには、生産拠点の分散化を図ることが一つの企業戦略となりうる。こうした動きに対し、沖縄県としてどう対応していくのかが、製造業を含む産業振興の重要な課題となろう。

参考文献・資料

・宮城和宏・安藤由美編『沖縄経済の構造―現状・課題・挑戦』沖縄国際大学沖縄経済環境研究所、2018年
・牧野浩隆著『バランスある解決を求めて―沖縄振興と基地問題』文進印刷、2010年
・宮本憲一・佐々木雅幸編『沖縄21世紀への挑戦』岩波書店、2000年
・沖縄県「沖縄21世紀ビジョン基本計画総点検報告書」2020年3月
・沖縄県「沖縄振興等総点検報告書」2010年3月
・沖縄県「第3次沖縄振興開発計画総点検報告書」2000年5月
・沖縄県「国際物流拠点産業集積計画の実施状況について」各年度版
・沖縄県「産業高度化・事業革新促進計画の実施状況」各年度版
・沖縄開発庁「沖縄開発庁二十年史」1993年

30　2014（平成26）年より沖縄県・沖縄懇話会により全国の食品加工業者と国内外の流通業者を結ぶ国際食品商談会「沖縄大交易会」が開催されている。

沖縄の振興開発と振興予算

比嘉　正茂

沖縄の振興開発と振興予算

1．はじめに

　1972年の本土復帰以降、沖縄県では沖縄振興（開発）特別措置法に基づいて様々な振興策が実施されてきた。沖縄県におけるこうした振興策のための予算は、一般的に「沖縄振興予算」と呼ばれている。本章では、沖縄の振興開発と振興予算について、歴史的な変遷や制度的な枠組みを解説するとともに、沖縄振興予算と他県の振興予算を比較検討することで、沖縄振興予算の実情を明らかにしたい。なお、本章で扱う沖縄振興予算の正式名称は、内閣府沖縄担当部局予算である。

2．沖縄県の振興策と振興予算

2−1　沖縄県における振興開発の変遷

　1972年の本土復帰以降、沖縄県では沖縄振興（開発）特別措置法に基づいて振興策が実施されてきた。**図表1**には、1972年から現在までの沖縄県の振興策が示されている[1]。

図表1　沖縄の振興計画

名称	沖縄振興開発計画 （第1次−第3次）	沖縄振興計画 （沖縄経済振興21世紀プラン）	沖縄振興計画 （沖縄21世紀ビジョン）
根拠法令	沖縄振興開発特別措置法	沖縄振興特別措置法	（改正）沖縄振興特別措置法
計画期間	1972年〜2001年	2002年〜2011年	2012年〜
計画目標	本土との格差の是正 自立的発展の基礎条件の整備	自立的発展の基礎条件の整備 我が国・アジア・太平洋地域の発展に寄与する沖縄の創造	自立的発展の基礎条件の整備 我が国の発展に寄与する新生沖縄の創造

出所：池宮城秀正編（2016）『国と沖縄県の財政関係』清文社、p106。

　沖縄県の振興策は、日本復帰から2001年までの3次に亘る沖縄振興開発計画と、その後の沖縄経済振興21世紀プラン、そして現行の沖縄経済振興21世紀プランに大別される。そしてこれらの振興計画の根拠法が沖縄振興（開発）特別措置法である。同法は1972年に沖縄振興

1　沖縄の振興策に関する詳細は、富川（2018）を参照。

開発特別措置法として制定され、以降数回の改正を経て現在に至っている。沖縄振興（開発）特別措置法は、本土復帰以降における沖縄県の振興開発を規定する法律であり、その目的は、沖縄県と全国との格差を是正し、沖縄の自立的な発展に資することとされた。

　同図表より、各振興計画の目標をみると、3次にわたる沖縄振興開発計画では、本土との格差の是正や自立的発展のための基礎条件の整備が目標に掲げられた。こうした目標が掲げられた背景には、戦後沖縄県が日本の施政権外に置かれたことで、経済社会の様々な分野で沖縄県と全国との間に格差が生じたことがある。こうした地域間格差を早急に是正し、自立的発展のための基礎条件を整備しようというのが、3次に亘る振興計画の最優先課題であった。

　本土復帰から1990年代にかけて、本土との格差是正を目標に掲げた沖縄振興計画であったが、その計画目標も2000年代に入ると変化がみられるようになる。2002年に策定された沖縄経済振興21世紀プランとその後の沖縄21世紀ビジョンでは、「本土との格差是正」という文言が計画目標から消え、代わりに「日本やアジアの発展に寄与する沖縄の創造」という新たな目標が掲げられた。これらの振興計画では、地理的・自然的・文化的特性を有する沖縄が、その特性を活かした振興策を展開することで日本やアジア・太平洋地域の発展に寄与する地域（沖縄）になり得るとされた。

　このように、沖縄県の振興策は、全国との経済的社会的格差を是正することが最優先課題とされた時代を経て、現在は日本経済やアジア経済の発展に貢献し得る地域へと、その立ち位置が変化している。2020年現在、沖縄県では「沖縄21世紀ビジョン」が実施されているところであるが、同計画は従来の振興計画とは違い、沖縄県が初めて政策主体となった地域振興策である。本土復帰50年を目前に控え、沖縄の振興策は、計画の目標、策定主体とも大きく変わりつつある。

2-2　わが国の地域振興策

　前項では、本土復帰以降の沖縄における振興策について述べたが、ここではわが国の地域振興策を検討し、日本の地域政策と沖縄の振興策との関連性について考えてみたい。戦後、わが国において地域振興策（地域開発政策）の枠組みを規定してきた法律は、国土総合開発法である[2]。同法に基づいて策定された地域振興策は「全国総合開発計画」と呼ばれ、その主要な計画目標は、東京一極集中の緩和や過疎過密の解消、国土の均衡発展といった、いわゆる都市と地方の地域格差の是正であった。また、国土総合開発法以外の地域振興法においても、「地域格差の是正」を目的としたものは多くみられる。例えば、山村振興法や過疎地域自立促進特別措置法などの地域振興法においても「地域格差の是正」や「国土の均衡発展」が目標に掲げられている（**図表2**）。

2　同法は1950年に施行された。同法の目的は次の通りである。「この法律は、国土の自然的条件を考慮して、経済、社会、文化等に関する施策の総合的見地から、国土を総合的に利用し、開発し、及び保全し、並びに産業立地の適正化を図り、あわせて社会福祉の向上に資することを目的とする（第1条）」。

沖縄県の振興策は、本土との格差是正が最優先課題であったと述べたが、**図表2**からわかるように、他の地域振策においても国土の均衡ある発展や地域格差の是正を掲げている振興策は多い。すなわち、わが国の地域政策は、その多くが国土の均衡ある発展、地域格差の是正を目的としたものであり、このことは、わが国の地域政策が地域間格差の是正を基本的課題としてきたことを意味している。こうした地域間格差の是正のための政策が、沖縄県では沖縄振興（開発）計画として、他の地域ではそれぞれの地域振興法基づく地域振興策として実施されてきた。

図表2　わが国における主な地域振興法

法律名	主な目的	公布年
北海道開発法	土地・水面、山林、電力等、北海道における資源の総合的な開発を行う	昭和25年
離島振興法	①島民の生活の安定及び福祉の向上 ②国民経済の発展及び国民の利益の増進	昭和28年
山村振興法	①山村における経済力の培養と住民の福祉の向上 ②地域格差の是正および国民経済の発展への寄与	昭和40年
半島振興法	①半島地域における住民の生活の向上 ②国土の均衡ある発展	昭和60年
特定農山村法	①地域の特性に即した農林業その他の事業の振興 ②豊かで住みよい農山村の育成への寄与	平成5年
過疎地域自立促進特別措置法	①過疎地域の自立促進、住民福祉の向上 ②地域格差の是正	平成12年

出所：池宮城秀正編（2016）『国と沖縄県の財政関係』清文社、p108。

3．沖縄振興予算－内閣府沖縄担当部局予算－

3－1　沖縄振興予算の制度的枠組み

　沖縄振興のための予算として内閣府に計上される予算、いわゆる沖縄振興予算は、その正式名称を内閣府沖縄担当部局予算という。わが国では、1972年の沖縄の本土復帰に伴い沖縄開発庁が設置され、沖縄振興に関わる諸々の業務を同庁が担うことになった。こうした沖縄振興に関する業務を円滑に遂行するために、同庁が沖縄振興予算を一括計上する仕組みが採用された。沖縄開発庁は、2001年の省庁再編によって内閣府に統合され、以降は内閣府の内部部局として、「沖縄振興局」と「政策統括官（沖縄政策担当）」が設置されている。これにより、現在の沖縄振興予算は、内閣府の沖縄担当部局の予算として毎年度一括計上されている。ただし、ここで留意すべきは、こうした地域振興のための予算は、他県では分野ごとに各省庁が個別に計上するのに対して、沖縄県では内閣府沖縄担当部局が一括して計上する方式が採られているという点である。つまり、沖縄県と他県では国への予算要求の仕組みが異なるものの、その予算の中身は、沖縄県も他県も国直轄事業費や国庫支出金等であり、そうした他県にも配分され

ている「国庫支出金」や「国直轄事業費」とは別枠で沖縄振興予算が存在するわけではない。

　図表3には、平成30年度の沖縄振興予算（決算ベース）を示した。同年度の沖縄振興予算は、当初予算3,010億円で、これに前年度繰越等を含めると総額4,054億円となっている。同図表からわかるように、沖縄振興予算は、公共事業関係費（1,416億円）が全体の約35％を占めており、その他には沖縄振興一括交付金であるソフト交付金（608億円）とハード交付金（579億円）等で構成されている[3]。内閣府で一括計上した沖縄振興予算は、その後に予算を執行する省庁（国交省や農水省、厚労省等）に移し替えて、それぞれの予算が支出される（**図表3**）。ただし、一括交付金であるソフト交付金（608億円）については、他省庁への移し替えはせず、原則内閣府が予算を執行する。

図表 3　沖縄振興予算の仕組み（平成 30 年度決算）

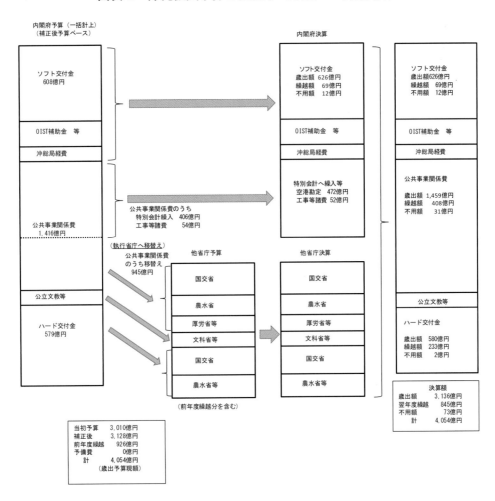

出所：内閣府 HP より加工し作成

3　沖縄振興一括交付金の制度的枠組みについては、池宮城（2016）を参照。

3-2　沖縄振興予算の推移

　図表4は、2002年以降の沖縄振興予算の推移である。国家予算が減少した影響もあって、2002年に3,187億円であった沖縄振興予算は、その後減少が続き、2004年には3,000億円を割って2,935億円に、さらに2009年には2,447億円、2010年には2,298億円にまで減少した。しかし、2012年以降は、政権交代などの要因もあって再び増加傾向に転じ、2014年には3,501億円と2010年に比べて約1,200億円の増加となった。2013年以降、沖縄振興予算は3,000億円を下回ることなく推移しており、直近（2020年度）の予算額は、3,010億円となっている。

図表4　沖縄振興予算の推移

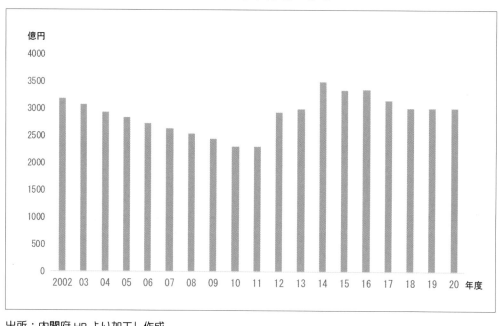

出所：内閣府HPより加工し作成

　次に、沖縄振興予算の内訳を示したのが**図表5**である。令和2年度の沖縄振興予算は約3,010億円で、その内訳は沖縄振興交付金事業推進費が約1,013億円、公共事業関係費等が約1,419億円となっており、両項目で予算全体の8割を占めている。また、沖縄振興交付金事業推進費のうち、沖縄振興公共投資交付金（ハード交付金）については、学校施設環境の改善や水道施設整備等の公共事業に支出される交付金であることから、沖縄振興予算の多くは社会資本整備に関わる経費である。これらの経費以外では、沖縄科学技術大学院大学学園関連経費（約200億円）や沖縄健康医療拠点整備経費（約88億円）、沖縄離島活性化推進事業費（約14億円）等が計上されている。なお、沖縄振興特定事業推進費（約55億円）については、2019年度に新設された予算項目であり、県内市町村等のみを対象とした補助金である点に特徴がある。沖縄振興特定事業推進費は、沖縄振興特別推進交付金（ソフト交付金）を補完し、市町村等が実施する事業に必要な経費の一部を補助するとしている。

以上みてきたように、近年の沖縄振興予算は3,000億円台で推移しており、その内訳は公共事業等の社会資本整備が大半を占めている。また、2016年には「沖縄子供の貧困緊急対策経費」が、2019年には市町村のみを対象とした「沖縄振興特定事業推進費」が新設されるなど、近年は予算項目にも若干の変化がみられる。

図表5　内閣府沖縄担当部局予算（令和2年度）

（単位：百万円）

1	沖縄振興交付金事業推進費	101,356
	（1）沖縄振興特別推進交付金（ソフト交付金）	52,173
	（2）沖縄振興公共投資交付金（ハード交付金）	49,183
2	公共事業関係費等	141,994
3	沖縄科学技術大学院大学学園関連経費	20,349
4	沖縄健康医療拠点整備経費	8,887
5	沖縄北部連携促進特別振興事業費	3,450
6	沖縄離島活性化推進事業費	1,480
7	沖縄子供の貧困緊急対策経費	1,437
8	沖縄産業イノベーション創出事業費	1,343
9	駐留軍用地跡地利用推進経費	255
10	戦後処理経費	3,068
11	沖縄振興開発金融公庫経費	895
12	沖縄振興特定事業推進費	5,500
13	その他の経費	11,024
	合　　　計	301,038

出所：内閣府HPより加工し作成

4．沖縄振興予算の類似県比較－国庫支出金－

4－1　国庫支出金の類似県比較－単年度比較－

　国庫支出金の主な役割は、一定の行政サービスの水準を確保することや特定の事業を奨励すること等である。国庫支出金は、国が地域政策を実施する場合の手段として用いられるため、県や市町村においても、国家的見地から実施される事業については国庫支出金が支出されている。

　類似県の国庫支出金（平成30年度）を示したのが**図表6**である[4]。これをみると、総額ベースで国庫支出金の金額が最も多いのは岩手県の1,944億円である。ただし、岩手県については、

4　本章の分析手法は池宮城（2016）に拠っている。

2011年の東日本大震災以降に国庫支出金が大幅に増加していることから、同県の国庫支出金は震災復興に関わる予算であると考えられる。岩手県を除くと、総額ベースでは沖縄県が類似県中最上位となっており、次いで鹿児島県（1,346億円）、長崎県（1,124億円）、青森県（1,031億円）の順となっている。他方で、国庫支出金が最も少ないのは、徳島県の541億円であり、次いで佐賀県（573億円）、山形県（675億円）、和歌山県（759億円）となっている。

図表6　類似県の国庫支出金（平成30年度）

都道府県	総額	人口1人当たり
青森県	1,031	79
岩手県	1,944	154
秋田県	896	88
山形県	675	61
和歌山県	759	78
徳島県	541	71
佐賀県	573	69
長崎県	1,124	82
大分県	957	82
宮崎県	836	75
鹿児島県	1,346	81
沖縄県	1,934	131
類似県平均	1,051	88

注：単位：総額は億円、人口1人当たりは千円
出所：総務省『決算状況調』平成30年度版

　次に、人口一人当たりの金額をみると、ここでも岩手県が約15万4千円と最も多く、次いで沖縄県の約13万1千円、秋田県の8万8千円、長崎県と大分県の8万2千円の順となっている。岩手県を除くと、人口1人当たりベースでみても沖縄県が最上位であり、次点の秋田県よりも4万円程度国庫支出金が多く配分されている。なお、同図表には示されていないが、平成30年度の国庫支出金を47都道府県で比較した場合、総額ベースでは、北海道が約3,700億円で最も多く、次いで東京都（約3,300億円）、福島県（約3,000億円）、宮城県（約2,300億円）と続き、沖縄県（約1,900億円）は、47都道府県中8位である。また、人口1人当たりでは、福島県の15万8千円が最も多く、2位が岩手県の15万4千円、3位が沖縄県の13万1千円となっている。

4－2　国庫支出金の類似県比較－本土復帰～ 2018年－
　1972年の本土復帰から現在まで、沖縄県では多額の振興予算が投入されてきたが、その振

興予算の中心が国庫支出金である。前述したように、国庫支出金は、国が地域政策を実施する場合に用いられる補助金であることから、沖縄県だけでなく、47都道府県すべてに配分されている。**図表7**は、沖縄県が本土復帰をした1972年以降における類似県の国庫支出金累計額を示したものである。

図表7　国庫支出金の累計額（1972年〜2018年）

都道府県	総額	人口1人当たり
青森県	68,037	4,595
岩手県	74,021	5,342
秋田県	54,962	4,591
山形県	48,116	3,914
和歌山県	40,911	3,826
徳島県	38,425	4,666
佐賀県	38,242	4,385
長崎県	70,290	4,601
大分県	53,713	4,379
宮崎県	53,511	4,595
鹿児島県	91,439	5,165
沖縄県	78,900	6,054
類似県平均	59,214	4,676

注1：単位：総額は億円、人口1人当たりは千円
出所：総務省『地方財政統計年報』及び『都道府県決算状況調』各年版より作成

　同図表より、総額ベースでみると、この間の累計額が最も多いのは、鹿児島県の9兆1,439億円となっており、次いで沖縄県の7兆8,900億円、岩手県の7兆4,021億円、長崎県の7兆290億円の順となっている。沖縄県については類似県平均（5兆9,214億円）を上回っているが、総額ベースでみると類似県中最上位ではない。その一方で、人口1人当たりベースでみると、沖縄県が約605万円と最上位であり、類似県中では唯一累計で600万円台の国庫支出金が配分されている。沖縄県に次いで人口1人当たり累計額が多いのは、岩手県の約534万円となっており、その後には鹿児島県（約516万円）、徳島県（約466万円）、長崎県（約460万円）が続いている。

　図表8には1972年〜2018年における年度平均交付額を示した。同図表より、類似県中最上位の鹿児島県には年度平均で1,946億円が、また沖縄県には1,679億円が、岩手県には1,575億円の国庫支出金が配分されている。他方で国庫支出金の年度平均交付額が少ない県は、佐賀県（814億円）や徳島県（818億円）、和歌山県（870億円）であり、これらの県と上位県（鹿

児島県や沖縄県、岩手県）では、その金額に2倍以上の開きがあることがわかる。また、人口1人当たりの年度平均交付額をみると、沖縄県が12万9千円で最上位であり、次いで岩手県（11万4千円）、鹿児島県（11万円）、の順となっている。

図表8　国庫支出金の年度平均交付額

都道府県	総額	人口1人当たり
青森県	1,448	98
岩手県	1,575	114
秋田県	1,169	98
山形県	1,024	83
和歌山県	870	81
徳島県	818	99
佐賀県	814	93
長崎県	1,496	98
大分県	1,143	93
宮崎県	1,139	98
鹿児島県	1,946	110
沖縄県	1,679	129
類似県平均	1,260	99

注1：単位：総額は億円、人口1人当たりは千円
出所：総務省『地方財政統計年報』及び『都道府県決算状況調』各年版より作成

　これまでみてきたように、平成30年度の類似県比較において、沖縄県は岩手県を除くと総額ベースと人口1人当たり金額で最上位である。したがって、沖縄県に多額の国庫支出金が配分されている実情があるが、その一方で本土復帰以降の累計額でみると、総額ベースでは鹿児島県が類似県中最上位で、沖縄県はそれに次ぐ2位であり、さらに財政力指数が最も低いEグループ（鳥取県、島根県、高知県）の国庫支出金累計額と比較すると（**図表9**）、人口1人当たりでは島根県の累計額が沖縄県のそれを74万円程度上回っている。

　なお、人口1人当たりの国庫支出金が上位にある島根県や鳥取県、沖縄県、高知県は、わが国のなかで経済力が弱く、県民所得が低い県である。比嘉（2016）が指摘するように、本来、国庫支出金は財政力格差の是正を目的としていないが、**図表7〜9**をみる限り、「経済力が弱く、税収が少ない地方圏」に国庫支出金が多く配分されている状況がうかがえる[5]。

---

[5]　比嘉正茂（2016）「沖縄振興予算の時系列的考察－国庫支出金の類似県比較を中心に－」『地方自治研究』日本地方自治研究学会、Vol.31,No.2,p7.

図表 9　E グループの国庫支出金累計額（1972 年〜 2018 年）

都道府県	総額	人口1人当たり
鳥取県	31,613	5,203
島根県	51,736	6,794
高知県	46,652	5,740

注１：単位：総額は億円、人口１人当たりは千円
出所：総務省『地方財政統計年報』及び『都道府県決算状況調』各年版より作成

5．沖縄振興予算の類似県比較－国直轄事業費－

5－1　国直轄事業費の類似県比較－単年度比較－

　わが国で実施される公共事業は、投資主体別に①国直轄事業、②国庫補助事業、③地方単独事業に分類される。国直轄事業は、国が投資主体となる事業であり、国庫補助事業と地方単独事業は、都道府県や市町村等の地方自治体が投資主体となる事業である。ただし、国直轄事業については、地方自治体も経費の一部を負担することが法令で定められている。**図表10**は、類似県の国直轄事業費（平成29年度）を示したものである。

図表 10　類似県の国直轄事業費（平成 29 年度）

都道府県	総額	人口1人当たり
青森県	465	35
岩手県	2,615	205
秋田県	602	58
山形県	856	77
和歌山県	592	60
徳島県	562	73
佐賀県	512	61
長崎県	735	53
大分県	472	40
宮崎県	543	49
鹿児島県	592	35
沖縄県	1,243	85
類似県平均	816	69

注１：単位：総額は億円、人口１人当たりは千円
注２：直轄事業費地方負担金を含む金額である。
出所：総務省『都道府県別行政投資実績報告書』平成 29 年度版

総額ベースでみると、岩手県の事業費が2,615億円で最も多く、次いで沖縄県（1,243億円）、山形県（856億円）、長崎県（735億円）の順となっており、類似県平均は816億円である。一方で事業費が最も少ないのは、青森県の465億円で、次いで大分県（472億円）、佐賀県（512億円）、宮崎県（543億円）と続いている。次に、人口１人当たりでみると、岩手県が20万５千円で最も多く、次いで沖縄県の８万５千円、山形県の７万７千円、徳島県の７万３千円と続いている。類似県平均は６万９千円であることから、青森県（３万５千円）や鹿児島県（３万５千円）、大分県（４万円）は、類似県平均の半分程度の事業費である。同図表からわかるように、岩手県を除くと、沖縄県の国直轄事業費は、総額と人口１人当たりで類似県中最上位となっている。

5－2　国直轄事業費の類似県比較－本土復帰～ 2017年－

　図表11には、本土復帰から2017年度までの国直轄事業費の累計額を示した[6]。

図表 11　類似県の国直轄事業費累計額（1972 ～ 2017 年度）

都道府県	総額	人口1人当たり
青森県	42,855	2,889
岩手県	58,122	4,186
秋田県	39,985	3,351
山形県	47,143	3,849
和歌山県	29,978	2,818
徳島県	34,032	4,126
佐賀県	30,660	3,511
長崎県	32,930	2,143
大分県	31,029	2,525
宮崎県	30,692	2,641
鹿児島県	40,870	2,313
沖縄県	45,355	3,551
類似県平均	38,638	3,159

注１：単位：総額は億円、人口１人当たりは千円
注２：直轄事業費地方負担金を含む金額である。
出所：総務省『都道府県別行政投資実績報告書』各年版

6　本章では、1972年～ 2017年の行政投資実績のうち、「投資主体別資金負担別投資実績」のなかの「国」が投資主体となった事業を国直轄事業と定義している。

はじめに、総額ベースでみると、この間の累計額が最も多いのは、岩手県の５兆8,122億円となっている。岩手県を除いた場合、山形県が４兆7,143億円で最上位であり、次いで沖縄県（４兆5,355億円）、青森県（４兆2,855億円）、鹿児島県（４兆870億円）の順となっている。一方で、この間の事業費が最も少ないのは和歌山県の２兆9,978億円であり、同様に佐賀県（３兆660億円）や宮崎県（３兆692億円）、大分県（３兆1,029億円）も類似県平均（３兆8,638億円）を大幅に下回る事業費となっている。

　次に、人口１人当たりでは、岩手県を除くと最上位は徳島県の約412万円となっており、次いで山形県（約384万円）、沖縄県（約355万円）、佐賀県（約351万円）と続き、類似県平均は約315万円となっている。人口１人当たりの事業費が最も少ないのは、長崎県で約214万円であり、次いで鹿児島県（約231万円）、大分県（約252万円）、宮崎県（約264万円）の順となっている。平成29年度のみの類似県比較では、沖縄県の国直轄事業費が総額と人口１人当たりで最上位であった。しかし、本土復帰以降の累計額でみると、沖縄県は総額、人口１人当たりのいずれも最上位ではなく、総額ベースでは山形県よりも、また人口１人当たりでは徳島県や山形県よりも事業費が少ない状況にある。**図表12**には、1972年～2017年までの国直轄事業費の年度平均額が示されているが、沖縄県の平均事業費（総額）は、986億円で山形県（1,025億円）よりも39億円少ない。人口１人当たりでは、徳島県が９万円で類似県中最上位であるのに対して、沖縄県は７万７千円で佐賀県（７万６千円）や秋田県（７万３千円）と同水準となっている。

図表12　類似県の国直轄事業費（年度平均）

都道府県	総額	人口1人当たり
青森県	932	63
岩手県	1,264	91
秋田県	869	73
山形県	1,025	84
和歌山県	652	61
徳島県	740	90
佐賀県	667	76
長崎県	716	47
大分県	675	55
宮崎県	667	57
鹿児島県	888	50
沖縄県	986	77
類似県平均	840	69

注１：単位：総額は億円、人口１人当たりは千円
注２：直轄事業費地方負担金を含む金額である。
出所：総務省『都道府県別行政投資実績報告書』各年版

このように、1972年から2017年までの累計額でみる限り、沖縄県の国直轄事業費は類似県平均を上回ってはいるものの、人口１人当たりの事業費では佐賀県や秋田県と同水準であり、したがって他県に比べて国直轄事業費が突出して多い状況にあるとは言い難い。

6．おわりに

　本章は、沖縄の振興開発と振興予算の制度的枠組みを解説するとともに、沖縄振興予算の中核をなす国庫支出金と国直轄事業費について、全国や類似県との比較検討を行った。本章で述べたように、沖縄振興予算の中身は、国直轄事業費や国庫支出金等であり、これら国庫支出金等とは別に「沖縄振興予算」が存在するわけではない。また、本章でみたように、沖縄県への国庫支出金や国直轄事業費が類似県のなかでも上位にあることは事実であるが、一方で本土復帰以降の累計額でみると、その金額が他県に比べて突出して多い状況にあるわけではない。

　1972年に始まった沖縄の振興策は、本土復帰50年を機に新たな振興計画をスタートさせる予定である。そうした状況にあって、今後は沖縄振興特別措置法の見直しや沖縄振興予算の一括計上方式の是非等も含め、沖縄振興に関わる諸々の制度的課題について検討を行う必要があろう。

【参考文献】

池宮城秀正編（2016）『国と沖縄県の財政関係』清文社。

富川盛武（2018）『アジアのダイナミズムと沖縄の発展』琉球新報社。

比嘉正茂（2016）「沖縄振興予算の時系列的考察－国庫支出金の類似県比較を中心に－」『地方自治研究』Vol.31,No.2、日本地方自治研究学会。

比嘉正茂（2018）「沖縄振興予算に関わる国直轄事業費の時系列的考察」『地方自治研究』Vol.33,No.2、日本地方自治研究学会。

【参考資料】

総務省「都道府県決算状況調」各年

総務省「住民基本台帳に基づく人口、人口動態及び世帯数調査」各年

総務省「都道府県別行政投資実績報告書」各年版

第6章

グローバル化する沖縄経済

名嘉座　元一

グローバル化する沖縄経済

◇◇◇◇◇◇◇◇◇◇◇◇◇◇◇◇◇◇◇◇◇◇◇◇◇◇◇◇◇◇◇

はじめに

　2019年[1]に沖縄を訪れた観光客数は1千万人を超えた。その内外国人観光客は293万人と10年前に比べて約5倍となっている。このように外国人が増えたのは、格安航空（LCC）の発達や中国に対するビザ発行条件の緩和などの要因がある。那覇空港は年間乗降客数が215万人で、全国でも6番目、国際貨物取扱量は福岡を抜き2番目となっている（2018年）。また、外国人労働者についてみると、2019年では約8千人が沖縄で働いており、コンビニや飲食店で働く外国人労働者が当たり前の光景となっている。

　このように、沖縄は急速にグローバル化が進んでいる。本章ではグローバル化する沖縄経済に焦点を当て、様々な角度からグローバル化の現状と課題について検討する。これからは、身近に外国や外国人を感じる機会が多くなると思われるので、この章が、皆さんの役に立てば幸いである。

1．グローバル化とは

　近年は、グローバル化という言葉をよく聞く。新聞やテレビのニュースなどでもグローバル化が話題となることも多い。「地球は小さくなっている」というフレーズも聞いたことがあるかも知れない。実際、国境を越えた人やモノの移動が、情報通信技術の発展や輸送技術の発達や輸送手段の多様化（LCCなど）によって、活発になっている。もっともグローバル化と言っているのも日本だけかもしれない。ヨーロッパではEUとなり国境を越えた移動が自由になっているし、アメリカも世界中から多くの移民を受け入れてきた。トランプ大統領になってからは、移民受け入れを厳しく制限するようになっているが。世界においてはわざわざグローバル化という言葉を使わなくてもいいくらい、グローバル化が進んでいる。

　また、グローバル化は経済が活性化したり、文化交流によって互いのことをよく知ることができたり、安価な海外の商品を手に入れやすくなる等、良いこともあるが、それだけではなく、低賃金の労働者の参入で国内労働者が失業したり、企業の海外移転で地域産業の空洞化が起こったり、異文化のぶつかり合いでトラブルに発展したり等、マイナスの要素も多くある。

　では、このようなグローバル化とは何なのか。まずは定義してみよう。

1　この原稿を執筆中の4月現在、新型コロナウイルスの感染が拡大しており、2020年の観光客は激減するものと予想される。すでに国際路線は0便となっている。

「グローバル化とは、資本や労働力の国境を越えた移動が活発化するとともに、貿易を通じた商品・サービスの取引や、海外への投資が増大することによって世界における経済的な結びつきが深まることを意味する」（内閣府　『平成16年度年次経済財政報告』第3章第1節「日本経済とグローバル化」より）。このようなグローバル化は、地域の経済社会にも大きな影響を及ぼしていくと考えられる。

　ここでは経済の自立を目指す沖縄において、グローバル化に対応した地域戦略のあり方という観点から、沖縄経済のグローバル化に焦点を絞り、現状と今後の展開についてみていくこととしよう。

２．グローバル化の現状

　観光では外国人観光客数が増加している。また、雇用面でも外国人労働者が増えているのが目立つ。ここでは、沖縄の観光、物流、雇用におけるグローバル化について見てみることにしよう。

２−１　アジアにおける沖縄経済の実力

　2016年度における沖縄県の１人当たり県民所得は、227万円で全国平均の約73.8％となっている。これは全都道府県中最下位である。復帰してから50年近くなるが、沖縄県はほぼ毎年最下位となっている。

図表１　１人当たり所得の国際比較（ドルベース）

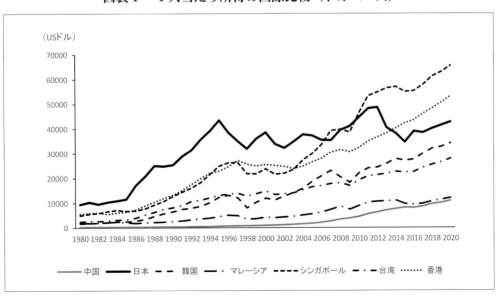

注：2017 年以降は予測値

出所：International Monetary Fund, World Economic Outlook Database, October 2018

これを、アジア諸国と比べてみよう。比較する国は、中国、香港、韓国、マレーシア、シンガポール、台湾である。**図表1**が1人当たりGDPをドルベースで見たものであるが、2017年では、シンガポールが第1位で57,713ドル、次いで香港の46,081ドルと続いている。日本は38,449ドルで第3位である。沖縄は全国との所得格差が73.8％（2016年）であるから、この数字を利用してドルで推計すると、28,375ドルとなり、台湾、中国よりは高いが韓国より低い水準となる。

2－2　観光

（1）観光客数

　沖縄を訪れる観光客数は、2018年度では1千万4,300人となり、ついに1千万人の大台に乗った。前の年よりも40万人以上も増加し、6年連続での増加を記録した。この内、外国人観光客は、約300万人で、観光客数の約3割を占める程の規模になった。2008年には約24万人と約4％に過ぎなかった。この間の外国人観光客の伸びがいかに大きいかが分かる。伸びた要因としては、格安航空便（LCC）の乗り入れ、クルーズ船の寄港増大、中国からの観光客の増大等である。

図表2　観光客数の推移

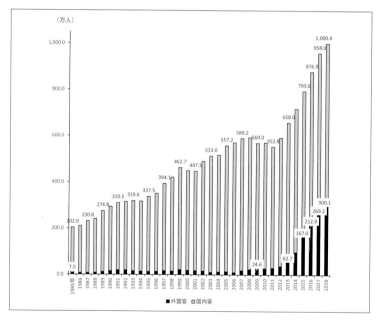

出所：沖縄県「観光要覧」

（2）国籍別にみた外国人観光客

　外国人観光客の国別内訳をみたのが**図表3**である。2017年では台湾が最も多く、外国人観光客の30.6％を占めている。次いで中国（21.8％）、韓国（19.1％）となっている。この3国で全体の70％以上を占めている。沖縄観光における上お得意様なのである。この中でも特に

中国は急増している。2017年は63万2千人となっているが、2008年にはわずか2万人弱しか来ていなかったのである。10年間で32倍の伸びである。急増した要因としては、2010年から中国人の観光ビザ発行条件の緩和（年収制限等の引き下げ）、中国におけるLCCの普及などがある。

図表3　外国人観光客の国籍別内訳（2017年）

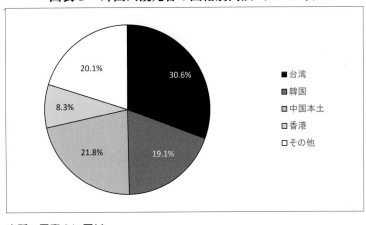

出所：図表2に同じ

（3）航空機とクルーズ船の増大

　外国人観光客の高い伸び率の背景となっているのが、国際線の増加である。特にLCCの普及により、安い航空運賃で海外に旅行できるようになったのが大きい。

　図表4でみるように、2009年には、週23便であったものが、2014年には100便を超え、2018年には235便と急増していることが分かる。国別にみると、台湾からが4.5倍、韓国が21倍[2]、中国が10.5倍となり、韓国、中国からの国際線乗り入れが大幅に増加している。

図表4　国際線旅客便数の推移（便数／週）

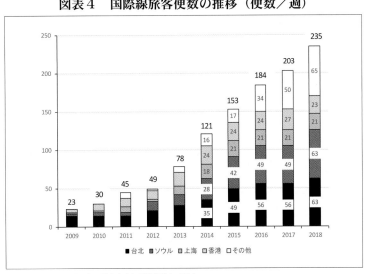

出所：国土交通省「航空輸送統計年報」

2　2019年時点で、徴用工等を巡る日韓の関係悪化により、韓国からの観光客数は9割減となっている。

次にやはり外国人観光客の増大の要因となっているクルーズ船の動向を見てみよう（**図表5**）。クルーズ船とは、周遊旅行を提供するための旅客船のことで、客室の他にレストラン・ラウンジ・劇場・プールなどを備えている。このようなクルーズ船の寄港数をみると、那覇港は2018年で年間243回と全国の中でも博多港に次いで第2位となっている。また、平良港（143回）、石垣港（107回）と全国10位以内に3港がランクインしている。県全体で見ると、2013年からは4倍以上の伸びとなっており、ここ数年で急激に増加していることが分かる。クルーズ船一隻当りの観光客は船の大きさにもよるが概ね1,800人程度であり、約100万人近い観光客がクルーズ船で訪れている。今後も増加することが見込まれており、本島では那覇港だけでは足りず、中城湾港にも寄港しているし、那覇港もクルーズ船用のバースを新たに整備する計画もある。

図表5　クルーズ船寄港数の推移

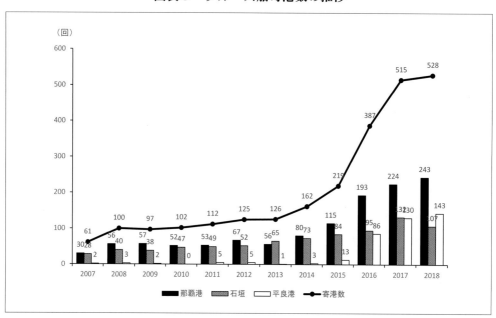

出所：沖縄総合事務局

2－3　物流

　経済のグローバル化にとって、物流は必要不可欠な機能である。これまで見てきた観光は、人の流れである。ヒト、モノ、情報が国境を超えグローバルに移動することがグローバル化であった。ここでは、沖縄における国際的なモノの流れについてみてみよう。

（1）自由貿易地域

　沖縄県の産業振興政策では、物流を重要視している。長期計画である「沖縄21世紀ビジョン」でも沖縄のグローバル化を進める要素としての物流の役割を重視している。

物流による経済振興を目指したのは、復帰後に限ってみれば、1987年まで遡る。その年に沖縄の国際物流拠点として、国内初の自由貿易地域が指定された。これは、那覇空港の近くに整備されたわずか2.7haの土地に立地する加工貿易を行う企業に、税制上の優遇措置を適用した制度であった。当初は27社でスタートし、沖縄の経済振興に貢献することを期待されていたが、10年後には半分以下の11社に減少した。詳しいことはスペースの関係上ここでは省くが、減少した大きな要因としては、優遇制度が不十分であったことである。

　だが、県はその後も自由貿易制度の拡充を国に求めた、その努力もあり、徐々に拡大され、現在は那覇・浦添・豊見城・宜野湾・糸満地区とうるま・沖縄地区が国際物流拠点として指定されている。もちろん、優遇措置も拡大されてきた。これらの地区に立地した企業に対して、40％の所得控除や投資税控除などの優遇措置が諸条件をクリアすれば適用される。現在は、旧特別自由貿易地域と国際物流拠点産業集積地域那覇地区合わせて90社近くの企業が立地している。

（2）ANA沖縄貨物ハブ

　また、空の国際物流拠点として、2009年にANAの国際物流ハブ基地が那覇空港に整備されたことは沖縄県が考える国際物流拠点の形成にとって大きな進展であった。これは、那覇空港が24時間空港であることと沖縄が東アジアに近いという地理的優位性を生かしたものである。那覇空港より大規模な、羽田、成田空港は騒音等の関係もあり24時間オープンしていないのである。そこに目を付けたのがANAで、那覇空港を利用すれば、全国各地から集めた特産品などの貨物を羽田・成田・関空などの主要空港で夕方までに集荷し、それを深夜に沖縄に輸送し、即座に行き先別に積み替え、上海、ベトナム、シンガポールなどに輸送し、朝までには市場に並べることができるのである。

　現在、国内線が羽田・成田・関西・北九州の4路線、国際線がソウル・上海・香港・シンガ

図表6　ANA沖縄貨物ハブの概要

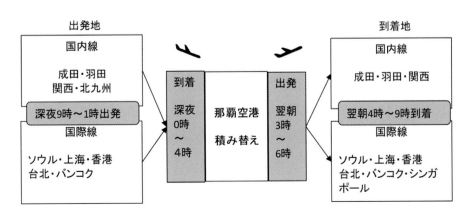

出所：ANACargo 時刻表より作成（2020年1月時点）

ポール・台北・バンコクの６路線で運用中である。

　2009年のANA沖縄貨物ハブの運用開始によって、那覇空港の貨物取扱量は劇的に増大した（**図表７**）。2010年は14万８千トンと前年の約７倍の伸びとなっている。現在は、羽田、成田に次いで国内第３位の取扱量となっている。

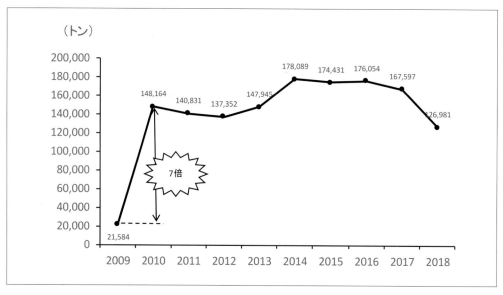

図表７　那覇空港における貨物取扱量の推移

出所：沖縄地区税関那覇空港税関支署

２－４　雇用

（１）外国人労働者の現状

　沖縄県内の労働市場をみると、2019年では有効求人倍率が1.19、失業率が2.7％と堅調に推移している。しかしながら、全国同様、沖縄県でも少子化が進み若年人口は減少傾向にある。このため人手不足が深刻になっているのが現状である。

　このような中、**図表８**でみるように、外国人労働者は増加傾向にある。沖縄県の外国人労働者は2018年10月現在で8,138人となり、過去最高を更新している（沖縄労働局）。2013年からの推移をみると、2013年の2,790人から約３倍の増加となっている。また、外国人労働者を雇用する事業所数は1,591か所であり、宿泊業や飲食サービスが258件（全体の16.2％）と最も多く、次いで卸売・小売業234件（同14.7％）となり、飲食店やコンビニ等で外国人労働者が働いているのは日常的な光景になっている。

　これは、全国で見ても同様な傾向である。外国人労働者届出制度が施行されたのが2007年10月であり、2008年では48万６千人の外国人労働者がいたが、2018年には146万人と10年間で約100万人増と３倍も増加している。

図表8　外国人労働者数の推移

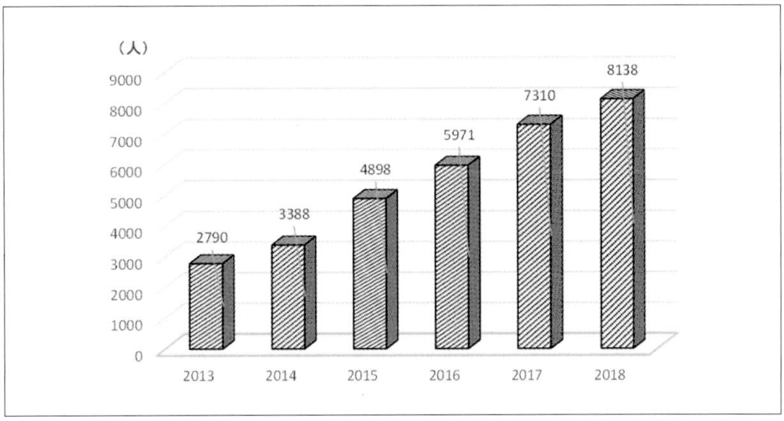

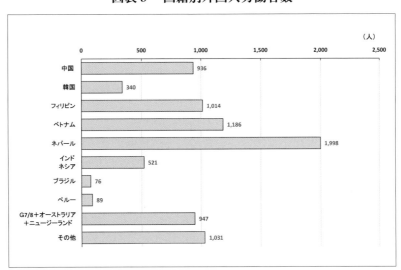

（人）

年	値
2013	2790
2014	3388
2015	4898
2016	5971
2017	7310
2018	8138

出所：沖縄労働局「沖縄県における外国人雇用状況の届出状況まとめ」2018年

　これを国籍別にみたのが**図表9**であり、ネパールが1,998人と最も多く、ついでベトナム、フィリピン、中国の順となっている。東南アジアからの労働者が多い。沖縄にいるネパール人の大半（88.1％）が留学生としての扱いとなっている。

　このように外国人労働者が増大する背景としては、政府の政策もある。2008年に作成された「外国人留学生30万人計画」が日本への留学を増大させた。特にベトナム、ネパールなどのアジア新興国で急増し、2018年で外国人労働者の数は146万人となっている。

　また、ネパールなどの新興国では、若者の中では、日本は現地の10倍もの給料がもらえ治安もよいことから数年前から日本に関心が高まり、留学生も増大したという。沖縄に来る理由としては本土にくらべ学費や生活費の安さがあると言われている（『沖縄タイムス』2019年6月2日）。

図表9　国籍別外国人労働者数

（人）

中国	936
韓国	340
フィリピン	1,014
ベトナム	1,186
ネパール	1,998
インドネシア	521
ブラジル	76
ペルー	89
G7/8＋オーストラリア＋ニュージーランド	947
その他	1,031

出所：図表8に同じ

（2）外国人労働者受け入れ制度の条件緩和

　日本で外国人が働ける条件としては、医師や大学教授、教師など専門職の技能を持っている人、日本人の配偶者、留学生のアルバイト（ただし、週28時間以内）などがある。移民政策をとらない日本では、基本的に単純労働は認めていなかったが、2019年12月に、深刻な人材不足を補うために、一定の技能を持つ外国人に在留資格「特定技能」を与える制度が施行された。５年間で最大約34万５千人の受け入れを見込んでいる。単純労働分野にも「労働者」として受け入れることを認める内容で、大きな政策転換となる。最長５年までの在留期限、さらに技能試験を受けることで長期在留も可能になる。このように、政府は国内における人手不足を背景に、外国人労働者を増やすような政策へと転換させている。

２−５　海外進出企業

　これまでは観光や雇用など県内でのグローバル化について述べてきた。次に、沖縄から海外への展開の状況について見てみよう。**図表10**は沖縄から海外へ進出した企業の事例である。この中から主要な企業について述べる。

　まず、製造業系の海外進出をみてみる。「青い海」は、県内最大の製塩工場を持つ塩メーカーで、台湾及び香港へPB（プライベートブランド）として、販売を行っている。また、「琉球黒糖」は、積極的に国内外の見本市・商談会などに出展し、バイヤーのニーズに合わせた商品を開発し、中国や韓国、台湾などに輸出している（農林水産省「農林水産物・食品の輸出取り組み事例」（2017年度版））。これら塩、黒糖の輸出は実績を上げてきており、沖縄地区税関の公表（2020年２月19日）によると、黒糖の2019年の輸出額は前年比2.6倍で過去最高となった。また、塩の輸出額は2015年から伸び始め、台湾が全体の51.1％、香港が40.1％とこの２国で９割以上を占めている。これはインバウンド効果でもあり、税関では、沖縄滞在中に、品質の良さが認知され帰国後の購買につながったと分析している。全体としては入超である沖縄の貿易（**図表11**参照）にとってはわずかな量ではあるが、今後に期待できる。

　「トマス技術研究所」の代表取締役、福富健二氏は、もともと漂着ゴミの廃棄物処理に悩む離島の問題を解消しようと、小型焼却炉を開発した。同製品は「煙を出さない」、「有害物質の排出を抑える」特性を持っている。その技術を生かし、医療廃棄物問題に悩むバリ島の病院に設置した。これは評判がよく、他の病院での本格導入も検討されている。福富氏は沖縄の高い技術力、ものづくりの力を世界へと発信し、また、今後東南アジア市場への参入を本格化させたいと語っている。（『2017年版開発協力白書　日本の国際協力』外務省）

　本社は東京にあるが、海外展開を行っている会社として「沖縄東京計装」がある。同社は半導体製造装置メーカー向けの流量計等を製造しており、2012年にうるま市に工場を設立した。ここで生産された製品が米国や韓国などの海外向けに出荷されている。

　飲食業系の海外進出企業もある。「みたのクリエイト」は、目利きの銀次など飲食店をFC含め国内外で24店舗展開している（株式会社みたのクリエイト：https//profile.ameba.jp/

ameba/mitano-aki/)。その内、海外では、バンコクに2店舗、香港に4店舗を展開している。居酒屋からラーメンなど業態も広い。田野治樹社長は「東南アジアに展開する理由として、市場拡大が著しい東南アジア市場は魅力が大きいとし、事業拡大には海外展開が必要だ」としている（『琉球新報』2013年1月10日）。また、カレー店を経営する「あじとや」は台湾でフランチャイズ店を展開しており、経営者の永井義人氏は、「沖縄はアジアに近くアドバンテージがある場所」と述べている（『琉球新報』2016年10月13日）。

　このように小規模企業でありながら、積極的に海外展開を図っている県内企業も多くあることが分かる。ここで紹介できなかった企業もまだ沢山あるので、学生の諸君はぜひ自分で探して、東南アジア市場に近接する沖縄の可能性に気づいてほしい。

図表10　海外進出企業及び県外からの立地企業事例

分野	企業名	主な事業	海外展開概要
製造業 海外進出	(資)沖縄関ケ原石材	石造りの墓の製造、販売、石材加工など	1985年、中国進出：中国福建省にて石材加工工場設立
製造業 海外進出	(株)トマス技術研究所	焼却炉の製造・販売	インドネシア・バリ島にて小型焼却炉を設置し、医療廃棄物処理に活用
製造業 海外進出 技術移転	株式会社トリム	廃ガラスを原料にした人工軽石の製造・販売	バヌアツ、ベトナムなどで排水処理システムの整備、台湾にプラントを輸出
製造業 海外進出	(株)青い海	県産塩製造・販売	台湾での販売 香港・台湾でのPB販売
製造業 海外進出	琉球黒糖(株)	加工黒糖の製造・販売	黒糖、黒糖加工品を中国、韓国、香港、台湾等に輸出
飲食業 海外進出	(株)みたのクリエイト	飲食店企画・経営	バンコク、香港で店舗展開
飲食業 海外進出	あじとや	飲食店経営	台湾でカレー店を展開
卸・小売業 海外進出	(有)サニー沖縄	青果物の生産・販売	県産青果物を香港、シンガポールに輸出
製造業 県外からの進出	東京計装(株)	流量計測機器メーカー　本社：東京	2012年にうるま市特別自由貿易地域に進出 那覇空港の沖縄ハブを活用し、米国、中国、韓国などへ計測機器を輸出

出所：琉球新報、沖縄タイムス、日本経済新聞、各社HP、などより作成

3　グローバル化の必要性

3－1　自立型経済を目指すこと
　沖縄は島しょ地域であり、人口も140万人と市場規模は小さい。人口は増加しているものの2025年頃をピークに減少が予測されている。県内市場のみを対象とするならば、いずれ限界がくる。これまでの県経済は、財政に依存する形で発展してきた。復帰後、国から約30兆円

の補助金が投下されてきたのである。そのおかげで道路、港湾、空港などの社会インフラはかなり充実してきた。しかしながら、産業は財政依存型つまり公共事業に依存する形で発展するかなり偏った発展をしてきたのである。そのため、財政に依存しない自立型の経済を目指すことが経済政策の大きな目的となってきた。

　沖縄にとって、経済の自立は常に大きな課題であった。というのも、沖縄経済は、産業が脆弱であり、これといった大企業もなく、３次産業に偏った産業構造で99％が中小零細企業である。しかも、モノづくりが弱く、財政依存型の経済構造である。そのため、貿易収支をみると、常に移輸入が移輸出を大幅に超える赤字構造となっている（**図表11**）。つまり、県内で生産した財やサービスを県外へ出す力が圧倒的に弱いのである。

　そのため、移輸出産業を振興することが自立型経済を目指す沖縄の大きな課題なのである。

図表11　貿易収支の推移

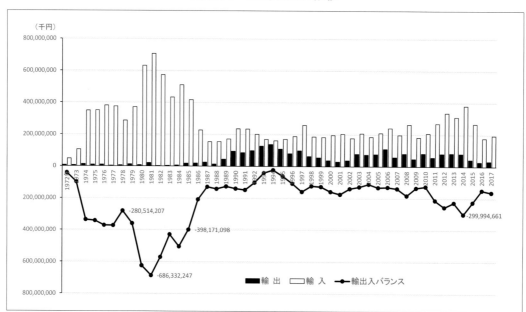

出所：沖縄県企画部「県民経済計算」

３－２　沖縄県アジア経済戦略構想

　前述したように、県外への移輸出産業を振興することが重要であることから、沖縄県はアジア経済戦略課という部署を設立し、アジアとの交流・交易による経済発展戦略を策定した。それが2015年に策定された「沖縄県アジア経済戦略構想」であり、概要は以下のようになる。

　東・東南アジアは成長が著しく、NIESもASEANや中国への投資が活発であり、アジアにおける国際的な生産ネットワークが構築されてきている。このようなアジアのダイナミズムを地理的優位性を生かし沖縄に取り入れようというのが基本的な戦略となっている（**図表12**）。

　５つの重点戦略では、まず、（１）ANA沖縄貨物ハブの活用などの物流インフラを整備し、人、

モノ、情報が集まる拠点としての形成を図り、（2）国際的に通用する観光リゾート地として、さらなる格上げを目指す。さらに、（3）那覇空港へ航空機整備企業が進出したことを受け、その関連産業（エンジン整備、航空機部品などの製造・加工拠点など）を中心とする産業クラスター[3]を形成する。IT関連産業の振興も重要であり、（4）情報通信産業の集積、情報通信インフラ整備、情報関連人材の育成などによって、国内外の企業がアジア地域のビジネス拠点として活用できるようにする。最後に、（5）国際物流拠点の整備、IT関連企業の集積、OIST、高専などモノづくりを支える研究・教育機関の整備など沖縄の強みを生かして、ものづくり産業の振興を図る。としている。

　「このようにして、アジアの巨大マーケットを取り込み、本県の経済・産業をダイナミックに発展させることができる。」（『沖縄県アジア経済戦略構想』、第2章）

　要は、アジアの活力を沖縄の経済に取り込み、経済発展に活かすという考えなのである。日本の南の端にある小さな離島県であるが、アジア諸国と近接しているという強みを生かし（沖縄・東京間は約5千㎞なのに対し沖縄・上海間は約800㎞である）、人、モノ、情報交流を活発にして日本の中におけるビジネス拠点を狙った壮大な構想なのである。

　このような県の政策・計画は皆さんにはあまりなじみはないかもしれないが、一度は見ておく必要がある。県の産業振興の考え方やアジア地域における沖縄の立ち位置が分かれば、沖縄に住み働くことの意味をもっと考えるきっかけにもなると思う。

図表12　沖縄県アジア経済戦略構想

5つの重点戦略
1. アジアをつなぐ、国際競争力のある物流拠点の形成
2. 世界水準の観光リゾート地の実現
3. 航空関連産業クラスターの形成
4. アジア有数の国際情報通信拠点スマートハブの形成
5. 沖縄からアジアへとつながる新たなものづくり産業の推進

目標　アジアの巨大マーケットを取り込み、本県の経済・産業をダイナミックに発展させる

出所：沖縄県商工労働部アジア経済戦略課「沖縄県アジア経済戦略構想」平成27年9月より作成

3　クラスターとは、「ブドウの房」のことを意味し、産業クラスターはブドウの房のように、企業や研究機関、公共機関などが集積し、ネットワークを形成し新事業が次々を生み出される状態をいう。

4　グローバル化の課題

前節では、県のアジア経済戦略構想よりアジアを中心にしたグローバル化による沖縄経済の発展可能性を述べてきたが、目標を達成するためには解決しなければいけない課題が数多くある。ここではいくつかの大きな課題について述べる。

①グローバル化に対応した人材育成

まず、産業全体の問題として、グローバル化に対応した人材の育成が挙げられる。例えば観光業では語学はもちろんマネジメント力を有する人材やマーケティング、外人相手に交渉する営業力などが求められる。IT産業では様々な資格があるが、プロジェクトマネージャー、ITサービスマネージャーなどの高度な資格を持った人材が不足している。また、物流産業でも語学能力、貿易実務関連の資格取得者が不足しているなど、人材育成が大きな課題となっている。

②グローバル化に対応した社会基盤整備

主要幹線の慢性的渋滞は効率的な物流にとって障害となっているし、レンタカーを利用する観光客にも悪いイメージを与える。道路標識等案内についても英語表記だけでなく中国語や韓国語等の多言語対応が求められる。また、増大するクルーズ船のための港湾施設整備も必要であろう。

③中小企業のグローバル化への支援

県内のほとんどが中小零細企業のため、海外展開に向けたノウハウや人材育成等への先行投資能力が弱い。これらの企業が積極的に海外進出できるような国・県の支援が必要である。

④産業の課題

ここでは、沖縄のグローバル化の中心産業となっている観光産業及び物流産業に焦点を絞って、その課題について述べる。

まず、観光産業であるが、前述したように外国人観光客の増加に支えられ好調に推移しているが、質の問題がある。2017年のハワイと沖縄の観光特性を比較すると（**図表13**）、観光客数こそハワイと肩を並べるようになったものの、平均滞在日数ではハワイの8.9日に対し沖縄は3.7日と約3分の1、1人当たりの消費額もハワイが19万9千円（1ドル122円換算）に対し、沖縄は約7万3千円となっている。これが観光収入の大きな差（沖縄はハワイの40％程度）になっている。また、外国人観光客に占めるアジア人の割合は沖縄が95％に対しハワイは5％と、沖縄はアジアからの観光客に大きく依存していることが分かる。リスク分散という意味でも世界中から観光客を呼び込む必要があろう。このように、サービスの高付加価値化、ヨーロッパ等からの誘客、多言語対応の人材育成と課題は多い。

図表 13　沖縄県とハワイの比較（2017 年）

	沖縄県	ハワイ州
観光客数	939万6千人	940万4千人
観光消費額	6,948億円	1兆8,827億円
平均滞在日数（日）	3.65日	8.94日
1人当たり消費額（円）	7万3千円	19万9千円
外国人比率	27%	37%
内アジア人比率（日本人除く）	95%	5%
面積（km²）	2281.1km²	16635.5km²
人口	144万4千人	142万9千人

出所：りゅうぎん総合研究所「ハワイの観光と沖縄」2018 年

　次に、国際物流の課題をみる。航空貨物はANA貨物ハブが沖縄に立地したことによって、急増したことはすでに述べた。しかしながらその内容を見ると、沖縄の課題が浮き彫りになる。**図表14**は航空貨物の内訳をみたものである。「通過貨物」というのは沖縄を通過する貨物のことで、「那覇通関」は沖縄産の物を扱った量である。輸出をみると、那覇通関は2018年ではわずか3.7％しかない

　また、海上輸送をみると、空コンテナの問題がある（**図表15**）。外貨取扱コンテナの輸出で52.2％、内貨取り扱いコンテナでは移出で90.1％が空のまま運ばれているということである。つまり沖縄から本土や海外へ出すものがほとんどないということである。

　沖縄経済が自立化するための大きな課題はいかに県外に市場を求めるかであるが、現状は依然として厳しいことが分かる。沖縄の特産品開発や製造業の振興が急がれる。

図表 14　航空貨物の内訳（2018 年）

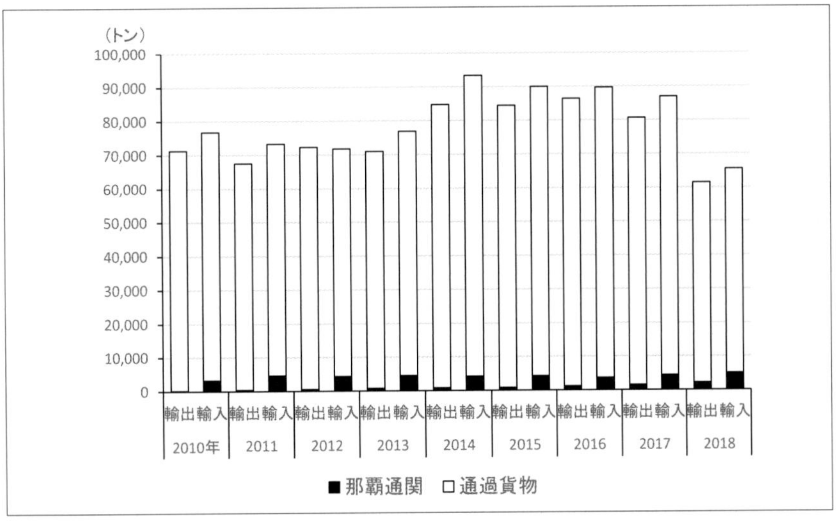

出所：沖縄地区税関那覇空港税関支署

さらに、自由貿易地域の伸び悩みも課題である。用地の６割が未利用となっており、県外企業の誘致や既存立地企業に対する行政側の経営フォロー体制が必要となっている。

図表 15　空コンテナ率（2016 年）

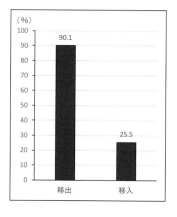

出所：「那覇港管理組合調べ」

5　グローバル化のリスク

　本稿執筆中の2020年４月現在、新型コロナウイルスの感染が世界中に拡大し、国際社会経済に大きな不安を与えている。中国を発生源としたこのウイルスは瞬く間に世界中に感染拡大した。人の移動が航空機の利用により簡単に移動できることにより、国境を越えて人から人への感染が拡大したと言われている。沖縄の観光にも大きな打撃を与えている、外国人観光客の大半を占める台湾、中国、韓国の観光客がほぼゼロになっているのである。空港や国際通り、ショッピングセンターから外国人が消えた。また、日本人観光客も県外移動の自粛により大きく減った。グローバル化によるこのようなリスクは以前から警鐘されていたものの、現実となると冷静な対応は困難になる。いずれ終息し、再び観光客は戻ってくると思われるが、この経験を活かし、リスクを想定した危機管理が必要な時代となっている。

6　今後の展望

　これまで、沖縄のグローバル化の現状と課題についてみてきた。外国人観光客や外国人労働者の増加、国際物流の増大、県内企業の海外展開などグローバル化が思ったより進んでいると感じたであろうか。沖縄県もアジアとの交流を深めながら経済活性化を図るという戦略の下、様々な政策を展開している。

　今後、グローバル化をさらに進展させる要素もいくつかあるので、今後の展望として述べる。まず、大交易会（国際食品商談会）がある。これは2013年から、沖縄県、沖縄懇話会、沖縄

総合事務局などの支援により開催されている国際的な食品相談会である。2018年では、国内外から269社のサプライヤーと282社のバイヤーが参加した。商談成立率も32.5％と高い。年々参加企業も増えており、国際物流ハブの活用を促進する大きな取り組みとして今後の発展が期待される。(『沖縄大交易会2018開催結果報告』沖縄大交易会実行委員会)

　次に、航空機産業クラスターがある。これは2016年に那覇空港に立地した航空機整備会社(MROジャパン(株))を核とする航空関連産業の集積である。航空機整備、パーツセンター、計測機器メーカー、といった直接関係する企業からIT企業、整備士の人材育成などの間接的な企業の集積が期待できる。これによって沖縄にない新たな分野の企業立地と県内既存産業とのネットワーク効果が期待される。

　このように、今後は、世界水準の観光地を目指す観光振興、国際貨物ハブを中心とした国際貨物の物流拠点、航空機産業クラスターの形成、海外進出企業の支援、輸出型産業(農業、モノづくり産業)の振興による産業活性化によって、グローバル化をテコにした沖縄経済の活性化が大いに期待できるのである。学生諸君には、沖縄にはまだまだ可能性があるということを知って欲しい。そして、その可能性を実現するのは諸君である。

参考文献

沖縄県企画部『県民経済計算』

沖縄県商工労働部アジア経済戦略課『沖縄県アジア経済戦略構想』2015年９月

沖縄県文化観光スポーツ部『観光要覧』2018年版

沖縄労働局『沖縄県における外国人雇用状況の届出状況まとめ』2018年

外務省『2017年版開発協力白書　日本の国際協力』

国土交通省『航空輸送統計年報』

りゅうぎん総合研究所『ハワイの観光と沖縄』2018年

第7章

ゲーム理論と行動経済学で考える米軍基地問題

ゲーム理論と行動経済学で考える米軍基地問題

1．はじめに

　沖縄の過重な米軍基地負担の現状が改善されないのはなぜだろうか。軍事的な合理性（地理的優位など）があるからなのか、それとも単なる政治的な理由（他は受入れないから）によるものなのだろうか。いずれにせよ、1950年代には日本9対沖縄1であった在日米軍基地割合は、60年代にはしばらくの間ほぼ1対1を維持していたものの、1972年の沖縄の施政権返還を挟んで両者の関係が逆転して以降、現在に至るまでほぼ日本1対沖縄3で安定的に推移している。

　この章では、1945年の沖縄戦以後、歴史的・政治的に形成されてきた在沖米軍基地の過重負担の現状がなぜ改善されずにいるのかを、帰納的ゲーム理論と行動経済学を用いて考えてみよう。帰納的ゲーム理論でわかることは、「歴史」の重要性である。あるきっかけでつくられた過重負担という「現状」の「経験」が、時間の経過の中で人間心理に影響を及ぼし現状を固定・強化していくことになる。行動経済学でわかることは、人間の認知上の様々なバイアスが沖縄の過重負担の改善を困難にしているという事実である。以下、詳しくみていこう。

2．在沖米軍基地の実態

2−1　沖縄県の米軍基地負担

図表1　米軍専用施設面積の割合（2020年1月1日現在）

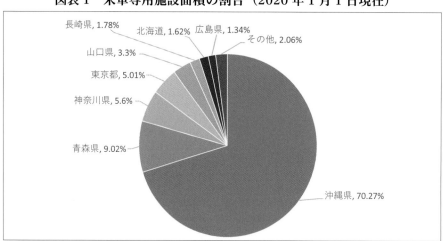

注：「その他2.06％」は千葉県0.8％、埼玉県0.77％、静岡県0.46％、京都府0.01％、福岡県0.01％
　　（計数は、四捨五入によっているので符合しない場合がある）。残り34府県は0％。
出所：防衛省HP（https://www.mod.go.jp）より作成（2020年7月25日閲覧）。

沖縄の過重な基地負担を表す「沖縄くん」の寓話がある。クラスのいじめられっ子「沖縄く
ん」はクラスメート47人のランドセルのうち34個を背負わされて苦しんでいる。それにもか
かわらず、クラスの誰一人としてそれを止めず傍観しているため、状況は一向に改善されない
という話である。なぜいじめが放置されているのだろうか？先生は止めないのだろうか？ある
いは、担任がいじめを容認するシグナルを発しており、生徒達がその「空気」に敏感に反応し
た結果なのだろうか？

　図表1は現実の沖縄の基地負担の実態を、米軍専用施設面積の割合から示したものである。
国土面積のわずか0.6％にすぎない沖縄1県に日本全体の70.3％（ランドセルでいえば34個）
が集中していることがわかる。残り29.7％は青森県、神奈川県等の12都道県に分散しているが、
各都道県の割合は沖縄県とは比較にならないほど小さい。また米軍専用施設面積が全く存在し
ない（0％）ため、図に全く現われない府県が34もある。この現状は、「いじめ」なのか？そ
れとも仕方のないことなのだろうか？

2－2　「米軍専用施設」の意味

　70.3％の本質を理解するために「米軍専用施設」の意味を考えてみよう。

　在日米軍基地は3種類ある（**図表2**参照）。①米軍が管理し、米軍しか使わない施設・区域、
②米軍が管理しているが、自衛隊も使える施設・区域、③日本側が管理し、米軍も一定の期間
を限って使用している施設・区域（自衛隊基地等）である。

図表2　「米軍基地」と「米軍専用施設」の違い

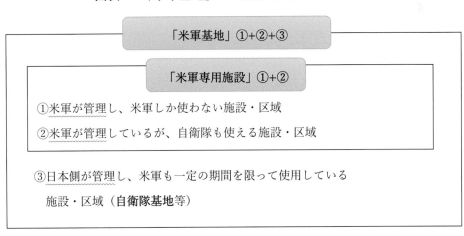

出所：筆者作成

　このうち、①、②が「米軍専用施設」である。①、②は日米地位協定（米軍の日本における施設・
区域の使用及び地位について規定）のもとで米軍が排他的管理権をもち、その運用で日本の法
制度が適用除外される特権が認められている。つまり、「米軍専用施設」の管理、運用で日本

の憲法、国内法は適用されない。また米軍は基地内だけでなく基地外でも自由に飛行訓練を行うことができ、日本の航空法も適用されないため、米軍専用施設周辺の市街地上空や小中高等学校・大学の真上で危険な低空飛行をしていてもペナルティーなしである[1]。日本全体の70.3％の「米軍専用施設」の沖縄県への集中は、そこから派生する騒音、落下物、墜落、環境汚染、殺人等の事件・事故等の問題や最近では米軍基地内の爆発的な新型コロナウイルスの感染拡大の影響等が沖縄県に集中することを意味するが、これらの問題を沖縄県内の自治体は憲法や国内法に基づき是正・改善することができないでいる。

　一方、上記「③日本側が管理し、米軍も一定の期間を限って使用している施設・区域（自衛隊基地等）」は、在日米軍基地とはいうものの、その実態は基本的に自衛隊基地のことである。当然、自衛隊基地は日本側が管理し、日本の法律が適用される。よって、米軍がそこを一時利用（共同使用）する場合でも基本的に日本の管理権に沿った対応となる。また、米軍によるこれらの自衛隊基地の使用日数は年に数日にすぎないものも含まれており、基地被害は1年365日、米軍が管理している「米軍専用施設」とは比べものにならない。

　全国に占める沖縄県の「米軍専用施設」割合は70.3％であるが、上記①、②の「米軍専用施設」に③の自衛隊基地も含めた沖縄県の「米軍基地」の割合は19.1％となる[2]。この割合自体も1県としては大きいが、米軍が排他的に管理し、日本の憲法、国内法が適用されない①、②の「米軍専用施設」と日本側管理の③自衛隊基地とでは地域住民・自治体に及ぼす影響という点でその意味が大きく異なる点に注意が必要である。

　なお「米軍専用施設」が沖縄県の面積に占める割合は8.11％（2018年3月現在）。その次に多くの専用施設をもつ神奈川県の同割合は0.61％にすぎないことから、沖縄以外は全て0％台となる。沖縄では、陸上に加えて、沖縄県及びその周辺に九州の約1.3倍の水域27カ所と北海道の約1.1倍の空域20カ所が訓練区域として米軍管理下に置かれているため、広大な水域・海域で漁業や航空経路が制限されている。沖縄県は、陸・海・空において憲法、国内法が適用されない事実上、治外法権の領域を他府県に比べ多く有していることがわかる。

2－3　米軍基地から派生する諸問題

　米軍専用施設割合の高さに比例して、沖縄では米軍基地から派生する事件・事故が日本復帰前の米軍統治下から現在に至るまで連綿と続いている。1972年の復帰後から2018年12月末現在までの概略は以下の通りである[3]。まず米軍航空機（固定翼機・ヘリコプター等）関連事故

1　日米地位協定の具体的な運用を決める日米合同委員会（米軍人・米国務省官僚と日本の官僚から構成される）で、1996年3月に嘉手納・普天間基地の①進入・出発経路、飛行場周辺の経路は「できる限り」学校、病院を含む人口密集地域を避けること、②飛行場近傍での最低高度を「原則」日本の航空法と同じ約300メートルを維持すること、③「できる限り」早く夜間の飛行を終了させるよう「最大限の努力を払う」こと等が合意されたが、拘束力がないため守られないことが多い。

2　沖縄県知事公室基地対策課『沖縄の米軍及び自衛隊基地（統計資料編）』2019年8月。

3　同上。

は県が確認したものだけでも786件発生。そのうち墜落49件、不時着583件、部品落下70件となっている。米軍演習による原野火災等は622件。米軍構成員（軍人・軍属・家族）による犯罪検挙の件数5,998件（年間平均130件発生）、人数5,911人、そのうち殺人・強姦等の凶悪犯の件数580件（年間平均13件発生）、人数747人となっている。廃油等の流出による水域等の汚染は2009年〜2018年だけで44件ある。これらは、「米軍専用施設」が集中しているが故の事件・事故であり、「米軍専用施設」ゼロの多くの府県はこれらの被害を免れている。

3．米軍基地負担の推移と偏見・差別の類型化

3－1　在沖米軍基地面積の推移

　図表3は1950年代中盤以降の在日米軍専用施設面積の推移、日本「本土」と沖縄間の負担割合を示したものである。同図表より明らかなように、1950年代中盤頃まで、在日米軍専用施設面積は「日本9、沖縄1」の割合であり、日本に多くの海兵隊や米軍の地上部隊が駐留していた。しかし、1960年安保改定の頃までに、基地反対運動の高まりなどによって日本の米軍基地は4分の1に減少する一方、沖縄には1950年代後半以降、岐阜と山梨の海兵隊基地、関東近郊の米軍基地が沖縄へ移転されることになる。海兵隊の沖縄への配備決定は、軍事的理由というよりは、日本「本土」の反基地運動の高まり等を背景とした「政治的判断」であった。

　一方、沖縄では、1953年4月に米国民政府により公布された「土地収用令」に基づき「銃剣とブルドーザー」による暴力的な土地接収が行われ、住民の抵抗にも関わらず、1950年代を通じて基地が約1.7倍に拡張された。しかも沖縄に来たのは海兵隊だけではなかった。日本では核兵器の配備や基地の自由使用が困難になってきたことより「無制限の自由が保障されている」米軍統治下の沖縄の重要性が浮上する。米軍は日本を避け、グアムや沖縄、韓国に多くの核兵器を配備する[4]。

図表3　日本と沖縄の米軍専用施設面積の推移

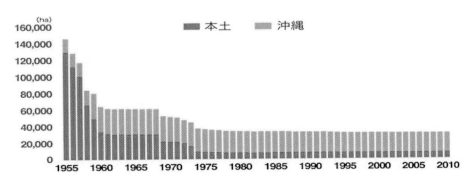

出所：Yahoo! ニュース特集「首都圏にも多かった米軍基地－その跡地から見えるもの」

4　その結果、1960年頃には約800発、1967年には約1300発の核兵器が沖縄に配備されていた（林博史、2012）。

当初、9対1であった日本と沖縄の米軍基地面積割合は、基地反対運動により「本土」では縮小する一方、「政治的な理由」により「本土」から海兵隊が移転されるなどして1960年代には、ほぼ1対1と同じ割合となった。さらに、1972年の沖縄返還をはさむ数年間で日本「本土」の米軍基地が約3分の1に減少する一方、沖縄の米軍基地は数％しか減らなかった結果、基地は沖縄に集中することになる。それ以降、現在に至るまで米軍基地の大半は沖縄にある。

3-2　偏見・差別の類型化

　図表4はロバート・マートンによる偏見・差別に関する4つの理念型を示したものである。通常、差別は偏見のある人が行う行為と思われがちだが、図の分類によれば偏見がなくても差別をするケースもあれば、逆に偏見をもっていても差別しないケースもありうる。

　ここでは偏見・差別に関するマートンの4類型を米軍基地負担問題に援用してみよう。なお、図表4の下段括弧内の表記は基地負担問題に関する日本人の沖縄に対する選好（偏見あり・なし）と選択（差別する・しない）から日本人を4つのタイプに分類したものである。

図表4　偏見・差別の4類型の植民地主義への援用

選好（心理） 選択（行動）	偏見なし	偏見あり
差別しない	タイプⅡ：一貫したリベラル （脱植民地主義）	タイプⅠ：偽善者 （植民地主義の隠蔽）
差別する	タイプⅣ：日和見型リベラル （無意識の植民地主義）	タイプⅢ：差別主義者 （植民地主義の実践）

出所：Merton（1949）、松井（2017、2002）、野村（2019）を参考に作成。

①タイプⅠ：偽善者（植民地主義の隠蔽）

　このタイプ（偏見あり、差別しない）は、ノーベル経済学賞を受賞したゲーリー・ベッカーの市場理論からの分析が有名である。例えば、白人と黒人の2人の生産性がおなじであるにも関わらず、黒人に偏見のある経営者が給料の高い白人を採用し、偏見のない経営者は給料の安い黒人を採用したとしよう。この場合、給料の高い白人を雇った差別する経営者はその分コスト高となり市場競争で勝てなくなるため、結局、偏見があっても黒人を採用する。市場には差別を減らす力があり、市場競争を通じて差別はなくなるという考え方である。

　米軍基地問題における「偽善者」は、日本人の間に広く散見される。沖縄（人）に対して偏見をもっているのだが、社会的立場上、それを表明した場合に被る不利益（市場評価等）から差別をすることを控えている（植民地主義の隠蔽）。このタイプは、タイプⅢ「差別主義者」（植民地主義の実践）の潜在予備軍であり、社会的リーダー（首相、閣僚、議員、知事・市長等）による「差別」容認のシグナル（差別を問題視しない等）を契機に「差別主義者」に転向する

可能性がある[5]。

②タイプⅡ：一貫したリベラル（脱植民地主義）

　米軍基地負担に関する「一貫したリベラル」（偏見なし、差別しない）は、極めて少数派である。日本のいわゆる左翼系の基地反対者の多くは、沖縄に対して「偏見なし」にも関わらず、「沖縄に要らない基地は、どこにも要らない。本土への引き取りは基地の存在を認めることになる」という理由で基地を沖縄に押しつける選択をしてきたからである。その結果、日本の基地反対者の多くは、沖縄に「偏見なし」であったとしてもタイプⅣの「無意識の植民地主義」（日和見型リベラル）を実践してきたことになる。

　一方、「基地を引き取る運動」により脱植民地主義（一貫したリベラル）を実践しようとする団体が2015年３月に大阪府で初めて旗揚げされ、2018年11月現在、合計10都府県・10団体に拡大している。そのうち「引き取る行動・大阪」の松本亜紀さんは、「私個人が日米安保や米軍基地に反対しても『沖縄に差別的な状況を強いている本土の一員』であることに変わりありません。安保賛成派と同じように、安保の恩恵を受けている。それなら、基地を引き取る立場にあるんだと気付かされました」と述べている[6]。このように脱植民地主義の実践者は存在するが、日本の中では未だ少数者のポジションに留まっているのが現実である。

③タイプⅢ：差別主義者（植民地主義の実践）

　このタイプは沖縄に「偏見あり」かつ「差別する」確信犯であり、植民地主義の実践者といえる。沖縄の基地負担を正当化するため、ことあるごとに「沖縄は基地がないとやっていけない」、「沖縄は基地から大きな恩恵を受けている」、「沖縄から米軍基地がなくなると中国に侵略される」等のヘイトスピーチをしかけてくる人たちはこの部類に入る。右翼団体、宗教団体、政治家等による「嫌中」、「嫌韓」に続く「嫌沖」のヘイトスピーチ（差別）に対し政治リーダー等が暗黙のお墨付きを与えることにより、元来、タイプⅠの「偽善者」（植民地主義の隠蔽）のポジションに留まっていた人たちがタイプⅢの「差別主義者」のポジションに移行した結果、国内において「差別主義者」＝植民地主義の実践者が増殖しつつあるといえよう[7]。

④タイプⅣ：日和見型リベラル（無意識の植民地主義）

　このタイプ（偏見なし、差別あり）の代表例として有名なのは、ノーベル経済学賞・受賞者であるケネス・アローが考えた「統計的差別」である。これは、偏見がなく差別を行う意図が

5　東村高江への米軍オスプレイ・ヘリパッド建設工事における反対する市民と機動隊員の衝突で、大阪府警の20代の男性機動隊員による沖縄人への「触るな、ぼけ、土人」発言に対し、安倍政権の閣僚や政府答弁が「差別と断定できない」と繰り返したことはその一例である。

6　Yahoo!JAPANニュース「「沖縄の米軍基地を本土に」―引き取り運動への賛否」。

7　一方、「植民地主義」において本来、被植民者のポジションにある沖縄人のタイプⅢの差別主義者への同調者、いわゆる沖縄人「アンクル・トム」も増殖している。その結果、沖縄県内の世論が分断されている。

なくとも、統計データ等に従い物事を判断して行う行為が、結果として差別につながることである。

　基地負担問題に「統計的差別」を当てはめてみると、例えば全国に占める在沖米軍基地の割合が高いという統計的事実（70.3％）が「沖縄は軍事的な地理的優位性がある」と判断され、沖縄への基地集中・固定化を強化している可能性がある。あるいは「本土」と比べて中国に距離的に近いという統計的事実だけをもって、「中国からの侵略を防ぐために沖縄に基地が必要」との思い込みが沖縄への基地集中を是認する理由になっている可能性がある。

　タイプⅣの「無意識の植民地主義」とは、沖縄に偏見をもたない「日本の普通のいい人たち」が、「統計的差別」による物事の判断の結果として、あるいは基地負担への無意識・無関心の選択の結果として沖縄に米軍基地を押しつけている状態を表している。日本人の大部分はこのタイプⅣに分類されるだろう。ただし、「偏見なし」あるいは無意識とはいえ沖縄に基地を押しつけていることは、「差別する」を選択していることに変わりない。

4．帰納的ゲーム理論による考察

4－1　基地負担が対称的なケース（1960年代）

　図表5は、1960年代の日本と沖縄の米軍専用施設割合がほぼ1対1であった状況を反映させ、あえて両者を対称的につくった米軍基地負担ゲームである[8]。プレイヤーは日本（人）と沖縄（人）で、選択肢は「基地負担する」と「基地負担しない」の2つである。選択の結果、日本と沖縄には2×2＝4つのシナリオ・結果が予測できる。**図表5**はそれをまとめたものである。これを利得表というが、ここで左側の数値は日本、右側の数値は沖縄の利得をそれぞれ示している。4つのシナリオは以下の通りとなる。

図表5　基地負担ゲーム：日本（本土）と沖縄が対称的なケース

日本＼沖縄	基地負担する	基地負担しない
基地負担する	2, 2	1, 4
基地負担しない	4, 1	0, 0

出所：筆者作成。

①日本も沖縄も「基地負担する」場合の利得（日米安保からの利益）は両者とも同じ2。
②沖縄が「基地負担する」のに日本が「基地負担しない」場合、日本の利得は増加して4（安保ただ乗りの利益）、沖縄の利得は減少して1となる。

8　ここで用いる米軍基地負担の帰納的ゲーム理論は、松井（2002、2017）からヒントを得たものである。

③逆に日本が「基地負担する」のに沖縄が「基地負担しない」場合の利得はそれぞれ日本1、沖縄4になる。

④日本、沖縄の両者が「基地負担しない」場合、安保からの利得は生じないので0となる。

ゲーム理論では、相手の行動（ここでは「基地負担する」と「基地負担しない」）を所与として、それをもとに自らの最適な行動を決定する。その結果が「ナッシュ均衡」である。「ナッシュ均衡」に到達すると、均衡からの逸脱は利得の減少をもたらすため、日本、沖縄それぞれ、そこから逸脱するインセンティブ（動機づけ）をもたない。

図表5においてナッシュ均衡は2つある（1）日本＝「基地負担する」、沖縄＝「基地負担しない」と2）沖縄＝「基地負担する」、日本＝「基地負担しない」）。2つのナッシュ均衡のうち、どれが実現するかはこのゲームの構造内で決めることはできない。よって、日本と沖縄は基地負担に関して無差別である。一方、このゲームでは物理的条件が同じでも、何らかのきっかけで沖縄が「基地負担する」、日本が「基地負担しない」というナッシュ均衡が1度実現すると日本社会で安定的にこのパターンが推移することを表している。

4−2　基地負担が非対称的なケース（1960年代末～現在）

図表5の2つのナッシュ均衡のうち、沖縄に不利な均衡が一度成立すると、均衡での沖縄＝「基地負担する」、日本＝「基地負担しない」という経験（行動）そのものが日本人の沖縄（人）に対する偏見（「沖縄は基地がないと食べていけない」、「米軍が沖縄にいないと中国に侵略される」等）を生み出し、それを助長させるだけでなく、「統計的差別」により「偏見なし」でも米軍基地の沖縄への集中が当然視されるようになる。このことは、日本（人）の基地負担に対する心理的ハードルを大きく引上げ、日本（人）が「基地負担する」利得を減少させることになる。

それだけではない。沖縄側の価値観にも影響を及ぼすようになる。例えば、生まれたときから米軍基地が集中していることが普通となり、それに違和感をもたない若者が増えたり、国防に沖縄が果している役割を過大評価したり、補助金や軍用地料の獲得の観点から積極的に米軍基地を維持しようとする人たちが現われる。基地に反対しているいわゆる左翼系の人たちでさえも、「本土」への基地移転には反対か消極的になる結果、沖縄（人）の「基地負担しない」利得を減少させることになる。すなわち、均衡での沖縄＝「基地負担する」、日本＝「基地負担しない」という経験（行動）そのものが、その後のゲームの性質そのものを変えながら、日本社会の中で安定的に推移することになる。

図表6　基地負担ゲーム：日本(本土)と沖縄が非対照的なケース(価値観付き)

沖縄 日本	基地負担する	基地負担しない
基地負担する	0, 2	− 1, 3
基地負担しない	(4, 1)	0, − 1

出所：図5に同じ。

　　図表6は帰納的ゲーム理論の方法を用いた基地負担に対する現在の日本（本土）と沖縄の利得関係を反映している。同図表では、図表5における沖縄＝「基地負担しない」、日本＝「基地負担する」というもう一つの均衡は消えてしまっており、日本は「基地負担しない」ほうがよく、沖縄は「基地負担する」ほうが望ましくなってしまっている。すなわち、日本の「基地負担する」場合の利得は、図表5における利得からそれぞれ−2減少しているのに対し、沖縄の「基地負担する」場合の利得はそのまま変わりない。一方、日本の「基地負担しない」場合の利得はそのまま変わりないが、沖縄が「基地負担しない」場合の利得は元の利得からそれぞれ−1減少している[9]。

　　図表6において、日本の「基地負担する」場合の利得が図表5における利得からそれぞれ−2減少しているのは、先の「基地引き取り運動」を実践する図表4のタイプⅡ「一貫したリベラル＝脱植民地主義者」が日本の中で少数者のポジションに留まる一方、「統計的差別」により「偏見なし」で基地の沖縄集中を正当化する日本人や無意識・無関心にそれを容認しているタイプⅣ「日和見型リベラル＝無意識の植民地主義」やタイプⅠ「偽善者＝植民地主義の隠蔽」、タイプⅢ「差別主義者＝植民地主義の実践」が日本人の大多数を占めていることによる。1960年代の基地負担が日本と沖縄で1対1であった当時に比べ、多くの日本人が沖縄への米軍基地集中を偏見により当然視していたり、統計的差別により仕方のないことだとみなしている現状を鑑みれば、日本人が米軍基地を「負担する」ことへの拒否感は以前よりも大きいと考えられる。

　　一方、図表6において、沖縄の「基地負担しない」場合の利得が図表5における利得からそれぞれ−1減少しているのは、長年続く米軍基地負担の経験により基地からの補助金・軍用地料の恩恵を受ける人たちがいること、生まれた時から米軍基地があることよりそれに違和感をもたない世代が増えたこと、差別主義者（植民地主義者）による「中国侵略論」、「沖縄基地依存論」等の影響を受け過剰な国防意識をもっていたり、基地なしで沖縄経済はやっていけないと勘違いしている人たちがいること、基地反対派にも基地の「本土」移転に対し心理的な葛藤をおぼえる人たちがいること等による。

　　ここで用いた帰納的ゲーム理論においてプレイヤー（日本、沖縄）は、沖縄の歴史的な契機

9　なお、沖縄が「基地負担しない」場合の利得に変化がないケースでも、日本＝「基地負担しない」、沖縄＝「基地負担する」というナッシュ均衡が維持されることに変わりはない。

により形成されてきた「経験」（沖縄＝「基地負担する」、日本＝「基地負担しない」）をもとにそれぞれ帰納的に価値観・選好を構築する。「経験」は「偏見」に基づく差別（植民地主義）や「偏見なし」の差別（無意識の植民地主義）を生み出し、それが在沖米軍基地の過重負担につながる頑健なナッシュ均衡をもたらしていることになる。

5．米軍基地の行動経済学：「経験」が生み出すバイアス

5－1　基地問題と３つのバイアス

　沖縄戦以後、現在まで存在し続ける在沖米軍基地という「経験」は、沖縄人の意識にも変化をもたらしてきた。例えば、県内在住のある若者は「生まれた時から基地がある。上空の米軍機もフェンスも生活の一部であり、基地問題のニュースを見ても、「これが沖縄だから」としか考えなかった。あきらめや無関心とも違う。基地の何が悪いのかが分からなかった」[10]と述べている。

　それだけでない。既に述べたように、米軍基地がないと「中国に侵略される」、「経済が成り立たない」という「共同主観」＝フィクションを共有している若者は多い。なぜ多くの沖縄人、若者が、米軍基地に違和感をもたないどころか、現状維持を容認しているのであろうか。

　行動経済学のプロスペクト理論によれば、人間は、損と得の関係では「利得の効用」よりも「損失の効用」の方が大きく、損失を回避するような意思決定を自然に行うことが知られている（損失回避行動）。なぜか？意思決定がバイアス（系統的なエラー）に影響されるからである。損失回避に伴うバイアスには、「保有効果」、「現状維持バイアス」、「アンカリング効果」等が知られている。

　「保有効果」とは、現在、保有しているものをそれが何であれ高く評価し、手放すことは損と認知することを意味する。「現状維持バイアス」では、人は損失の可能性があれば、変化を避け、現状に固執する。「アンカリング効果」では、最初に注目した情報や値（アンカー）が後の判断を左右するバイアスとなる。これらは人間なら普通にもっているバイアス（系統的なエラー）である。その結果、人間は合理的な意思決定を行うことが難しい。

　沖縄生まれの県民、特に米軍統治下時代を経験していない若者は、生まれた時から米軍基地があることより（アンカリング効果）、現在、「保有」している米軍基地を無意識に評価し、手放すことを損と認知しているのかもしれない（保有効果）。その場合、「中国の侵略」や「経済の基地依存」というフィクションを信じていれば、基地の県外移転から生じる損失に反応して、それを避け、現状に固執するだろう（現状維持バイアス）。

　すなわち、若者にとって基地の県外移設による「利得の効用」よりも、生まれた時からある基地の返還、基地が沖縄からなくなることの「損失の効用」を無意識に大きく感じ、基地が集中・

10　『沖縄タイムス』2018年8月1日。

固定化する現状に積極的には反対しないという行動をとっていると考えられる。しかし、これは認知バイアスによるものであり、必ずしも合理的な思考とはいえない。

5-2　基地問題のフェイク・ニュースとヒューリスティクス

　多くの日本人と一部の沖縄人の間に、「中国侵略論」、「沖縄の基地依存論」による米軍基地の沖縄集中、沖縄の軍事上の地理的優位を当然視あるいは正当化する「共同主観的秩序」＝フィクションが形成されてきた。みんなが信じることは、それが何であれ「真実」となり、現状を固定・強化していく。

　このフィクションを強化するメカニズムは、行動経済学のヒューリスティクスを用いて説明できる。人間の思考パターンには、システム１（速い思考）とシステム２（遅い思考）がある。前者は、日常的に人間が用いる直感的・感情的な思考パターンのことであり、無意識・自動的に高速で働き、努力はまったく不要か、必要であってもわずかである。熟考のためのエネルギーを節約して、「解」に到達するために直感的思考がとる単純化された「近道」に頼ることになる。これをヒューリスティクスという。

　一方、後者のシステム２（遅い思考）は、熟考、努力、秩序を要する思考パターンのことである。システム１の速い思考を監視し、直感的・感情的な思考から生じる衝動を抑え、自分をコントロールする役割がある。ただし、システム２の起動は、意識的な熟考、努力が必要であり、エネルギーを要する。そのため、人間の思考パターンは通常、負担の少ないシステム１に多くを頼ることになる。

　ヒューリスティクスには様々なものがあるが、基地問題との関係で重要なのが「利用可能性ヒューリスティクス」と「感情ヒューリスティクス」である。「利用可能性ヒューリスティクス」とは、自分の記憶から「取り出しやすい」情報を、優先的に頼って判断するバイアスを意味する。例えば、日頃からSNSや他のメディアからの中国脅威論・侵略論、沖縄基地依存論等のフェイク・ニュースに接している人の多くは、それを基に深く考えずにこれらの情報を信じ込むことになる[11]。確かな情報を検索し、その真偽について検討するには、システム２を起動させる必要があるが、それには多大なエネルギーと時間を要するため、ほとんどの人はそれを避けることになる。

　「感情ヒューリスティクス」とは、熟考や論理的な思考をほとんど行わずに、好きか嫌いかだけに基づいて判断や決断を下すバイアスのことである。「嫌中・嫌韓・嫌沖」はその代表例である。システム２には、それを監視、是正する役割があるが、「嫌中・嫌韓・嫌沖」のような感情的な要素が絡んでくると、システム２はシステム１の感情を批判するよりも、それを正当化する論理を構築することにより擁護に回る傾向がある。つまり、システム１の番人ではなく、システム２が保証人になってしまうのである。今日、エセ保守系のヘイト雑誌や書籍が氾

---

11 沖縄に関して流布しているフェイク・ニュースについては琉球新報社編集局編（2017）を参照してほしい。

濫しているのはその証左であろう。

6．基地集中・固定化のメカニズム

6－1　日本人の「共同主観的秩序」の形成

　在沖米軍基地集中の固定化・強化は、人間がもつ様々な「バイアス」を通じて、多くの日本人による沖縄（人）への偏見を強化・増幅させてきただけでなく、「統計的差別」による「偏見なし」の無意識の植民地主義をもたらし、それが「真実」であるか否かとは無関係に、米軍基地の沖縄への集中を当然視あるいは仕方のないことだと考える「共同主観的秩序」＝フィクションを形成してきた。

　物事の見方には、「客観的」、「主観的」以外に「共同主観的」なものがある[12]。「主観的」な物事の見方は、様々な「バイアス」に影響される単一の個人の意識や信念に依存して存在している。逆に「客観的」な物事の見方は、人間の意識や信念とは別個に存在する。一方、「共同主観的」な物事の見方は、ある事象に対してみんなが思っていることが客観的な「真実」であるか否かは関係なく、それが仮にフィクションだとしても、みんながそう思えばそれが真実となり、その事象を支えるケースである。

　つまり「沖縄に米軍基地の70.3％が集中している」理由が客観的な「真実」であるか否かは無関係に、みんながそう思っていればそれが「真実」となり、沖縄への米軍基地の集中を固定・強化する。沖縄への米軍基地集中は、この「共同主観的秩序」＝フィクションの結果なのである。

6－2　シェリング・ダイアグラムによる説明

　この考えを経済学的に示したのが**図表7**である。

　沖縄への米軍基地集中を正当化あるいは仕方のないものとする日本人の「共同主観」は、無意識か否かに関わらず、多くの日本人がそれを差別と認識していないことから生まれる。よって、日本と沖縄の基地負担問題を解決するには、まずは多くの日本人が現在の沖縄への基地集中を差別と認識した上で、「基地負担する」行動が期待される日本人の割合をある「臨界値」を超えて増やすことにより実際に「基地負担する」人たちを増やす必要がある。

　図表7の横軸は、日本人の在沖米軍基地に対する「共同主観的秩序」の変化を反映している。具体的には、沖縄の現状を差別と認め、沖縄への基地集中の現状を改善する（＝「基地負担する」）ことが期待される日本人の割合を0から1で示している。一方、縦軸は、「基地を引き取る運動」等により実際に改善する（＝「基地負担する」行動をとる）日本人の割合を0から1で示している（基地負担に対する日本人の行動）。

12　ユヴァル・ノア・ハラリ（2018）参照。

図表7　シェリング・ダイアグラム

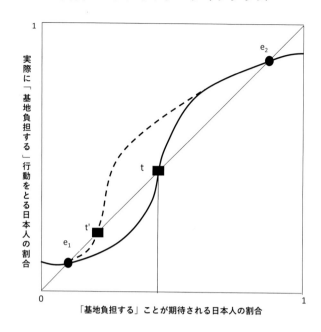

縦軸：実際に「基地負担する」行動をとる日本人の割合

横軸：「基地負担する」ことが期待される日本人の割合

出所：シェリング（2016）、グァラ（2018）を参考に筆者作成。

　図表中のS字曲線は、「基地負担する」人の割合についての信念（横軸）を前提にして、どれくらいの人が実際に「基地負担する」行動をとるか（縦軸）を表現する伝播関数である。また対角線上では、日本人が実際に「基地負担する」行動をとる割合（縦軸）と「基地負担する」ことが期待される日本人の割合（横軸）が一致している。

　図表7において伝播関数（実線）はe_1、t、e_2の３つの点で対角線と交わっている。e_1、t、e_2はそれぞれゲーム理論的な意味での均衡である。ここでは、日本人の行動（選択）と信念（期待）が一致しており、誰もが一方的に自分の行動（「基地負担する」）を変えるインセンティブ（動機づけ）をもたない。ただし、t点からの小さな逸脱は、システムをe_1またはe_2へ収束させるダイナミクスを起動させる。よって、t点は不安定な転換点であるのと対照的にe_1、e_2は頑健である。

　図表7において日本人の基地負担に対する行動（選択）と信念にギャップがある場合どのようなダイナミクスが起動するだろうか。まず、伝播関数（実線）がt点よりも下方に位置する場合を考えてみよう。この場合、t点からe_1点の間は、伝播関数が対角線を下回っていることより、「基地負担する」と期待される日本人の割合（横軸）よりも少ない日本人が実際に「基地負担する」行動をとる（縦軸）。つまり、期待される行動よりも実際に行動する日本人の割合は少なく、信念と行動の間に矛盾が存在する。人々はこの新たな情報を処理し、それに応じて自分の信念を改定（下方修正）することになる。つまり、「基地負担する」と期待される日本人の割合は減少する。次の段階では、下方修正された期待（横軸）に対する実際に行動する

人の割合（縦軸）はさらに少なくなり、両者の矛盾は更なる信念の下方修正（横軸）を余儀なくされる。これは期待・信念（横軸）と実際の行動（縦軸）が一致するe_1点まで続く。e_1点は、「基地負担する」と期待される日本人割合（横軸）が低く、実際に「基地を引き取る運動」のような「基地負担する」行動をとる日本人の割合（縦軸）も同じだけ低い日本の現状を表している。

　次に、伝播関数（実線）がt点よりも上方に位置する場合を考えてみよう。この場合、伝播関数は対角線を上回ることより、「基地負担する」と期待される日本人の割合よりも多い日本人が実際に「基地負担する」行動をとる。つまり、期待される行動を超えて実際に行動する人の割合が多く、両者の間に先ほどとは逆の矛盾が存在する。人々はこの新たな情報を処理し、それに応じて自分の信念を上方修正することにより、「基地負担する」と期待される日本人の割合が増加する。同じプロセスを繰り返し、最終的には信念に基づき多くの日本人が「基地負担する」e_2点に到達する。

　以上より明らかなことは、「基地負担する」と期待される日本人の割合を臨界値あるいは転換点であるt点を超えて増やすことの重要性である。一気にこの点を超えない限り、t点の手前に一時的に到達したとしても、最終的にはe_1点に引き戻されてしまう一方、t点を少しでも超えることができれば自動的にe_2点に到達することを**図表7**は示している。

6−3　在沖米軍基地の負担を減らす方法

　米軍基地の沖縄集中の現状を是正するにはどうしたらいいのだろうか。シェリング・ダイアグラムからわかることは２つある。

①「信念」の上方修正

　「基地負担する」ことが期待される日本人割合（信念）を、転換点tを一気に超えて高めること。ただし、この場合、信念の上方修正が一気にt点を超えない限り、元の均衡点e_1（現状）に引き戻されてしまう。よって、是正のハードルは非常に高い。

　「基地負担する」と期待される日本人割合（信念）はどうしたら引上げることができるだろうか。例えば、教育が重要となるだろう。現状を生み出した「琉球処分（日本国による琉球国併合）」以降の沖縄の歴史、日米安保と沖縄の基地負担の現状を学ぶ機会、平等と差別等について考え・議論する機会を設ける必要がある。他には、基地負担の現状を全国で議論した上で、公平・公正に分担できるような民主的な手続きの仕組みを制度化させることやマスコミの役割も重要である。政府に忖度した報道ではなく、権力監視の役割を果すことが求められる。例えば、普天間飛行場の代替基地建設に関して政府は「普天間か辺野古か」という２者択一論や「辺野古が唯一の解決策」との詭弁と脅しを繰り返している。このような選択を沖縄に迫ること自体が、米軍基地負担の現状（米軍専用施設ゼロの府県が34もある）を考えれば、差別そのものである。また国は沖縄の民意を完全に無視する形で辺野古新基地建設を強行しているが、このことは日本の民主主義が沖縄には適用されていないことを意味する。それにもかかわらず、これらの問題点が報道で十分取り上げられているとは言いがたい。

以上、「信念」の上方修正の方法を挙げてみた。ただし、これらにより「信念」の上昇修正が多少起こったとしても転換点tを一気に超えなければ、元の均衡（沖縄への基地集中）に引き戻されてしまう。**図表7**においてそのハードルは非常に高く、公平な基地負担が実現する新たな均衡点に辿り着くのは容易なことではない。

②共同主観の転換：「伝播関数」の左方シフト

　①の「信念」の上方修正に加えて、「外的ショック」を用いて基地負担に関する「共同主観的秩序」を変更し、「伝播関数」自体を一部、左方シフトさせることができれば、転換点tのハードルも低下する。この場合、①の「信念」の上方修正が仮に小さくとも、それがt点を少しでも超えていれば自動的に新たな均衡点e_2にたどり着くことになる。

　図表7の伝播関数の点線部分はこの状況を表している。「伝播関数」の一部左方シフトにより転換点tはt'へ低下し、新たな均衡へのハードルは大きく下がっている。今や、低下したt'点を少しでも超える「信念」の上方修正があれば、自動的に新たな均衡点e_2に移り、より公平な基地負担が実現する。

　日本人の在沖米軍基地に対する「共同主観」を転換させるには「外的ショック」が必要となる。日本人が比較的、公権力に従順で世の中の「空気」に敏感であることを考えれば、最も効果的なのは政府自身が基地負担におけるこれまでの沖縄に対する偏見・差別、植民地主義を認めた上で、それを止め、沖縄を他府県と同様な扱いをすること、沖縄に対する強行姿勢を止め、基地負担に関して米軍専用施設ゼロの府県等を説得することである。

　そのため政府は、沖縄県とそれ以外の都道府県とで対応を変えるダブルスタンダードをやめなければならない。例えば、民主党政権下で防衛大臣（当時）を務めた森本敏は、2012年12月の閣議後会見で、普天間飛行場の移設先について「政治的に許容できるところが沖縄にしかない。軍事的には沖縄でなくてもよいが、政治的に考えると沖縄がつまり最適の地域である」と述べ、暗に県外移設は可能であることを認めた。自民党政権においても、安倍首相は2018年2月の国会答弁で、沖縄の負担軽減が進まない理由として「本土の理解が得られない」ことを挙げている[13]。一方、沖縄に対して政府は、県内で知事と県内全41市町村長が反対を表明し、県議会と全市町村議会が反対を決議したにも関わらず、沖縄の民意を全く無視する形でMV22オスプレイ24機を普天間基地に強行配備した。その後も辺野古新基地建設反対の民意が県知事選挙、国会議員選挙、県議会選挙、県民投票等で何度も示されてきたにも関わらず沖縄の民意は黙殺され続けている。

　以上より、わかることは米軍基地の公平な負担を可能にするには、まずは政府が沖縄に対する偏見・差別、植民地主義を止めることである。この「外的ショック」がシグナルとなり、日本人の「共同主観的秩序」を支える「真実」が変更され、日本人の米軍基地負担に対するハー

13　カルダー（2008）は、沖縄の海兵隊が「地元の強硬な反対を受け、戦略任務を効率的に実施できるような代替の候補地が多数あるにもかかわらず、1945年から（沖縄に）居座りつづけ」ていると指摘している（括弧内は筆者加筆）。

ドルを引き下げることになる（その結果、転換点がt'へ低下する）。このことは同時に「信念」の上方修正を可能にすることにより、均衡点を現在のe_1からより公平な基地負担をもたらす新たな均衡点e_2に移動させるだろう。

7．おわりに

　1960年代に日本と沖縄で1対1であった米軍基地面積は、その後、政治的理由等により日本から米軍統治下の沖縄に移転され、現在の沖縄一極集中が生み出されてきた。そして、長期間に渡る米軍基地の沖縄集中というこの差別の「経験」は、バイアスに基づく偏見を増幅させただけでなく、多くの無関心層による「偏見なし」の「無意識の植民地主義」をも助長させてきた。

　しかし、マートンの4類型から明らかなように、米軍基地の沖縄への集中は、それが「偏見なし」あるいは無関心の結果であろうと「差別」という行動を日本人が選択しているという事実に変わりはない。よって、それは解消される必要がある。そのためには、在沖米軍基地に対する日本人の「共同主観的秩序」＝フィクションを何らかの「外的ショック」により転換させる必要がある。「沖縄くん」への「いじめ」は解消されるだろうか。その鍵を握るのが先生＝政府の態度である。日本政府は、1879年の「琉球処分（軍事力を背景にした琉球国の強制併合）」以降続く、沖縄差別、植民地主義を止め、国民に対して正しいシグナルを送る責務がある。

参考文献

新崎盛暉（2005）『沖縄現代史　新版』岩波書店

グァラ，フランチェスコ（2018）『制度とは何か』慶応義塾大学出版会

ハラリ，ユヴァル・ノア（2018）『ホモ・デウス』河出書房新社

林博史（2012）『米軍基地の歴史』吉川弘文堂

カルダー，ケント・E（2008）『米軍再編の政治学』日本経済新聞社

松井彰彦（2002）『慣習と規範の経済学』東洋経済新報社

松井彰彦（2017）「差別と偏見のメカニズム」日本経済新聞社編『やさしい行動経済学』日経ビジネス人文庫

野村浩也（2019）『増補改訂版　無意識の植民地主義』松籟社

Robert, K. Merton（1949）Discrimination and the American Creed, in Discrimination and the National Welfare, R. M. MacIver, ed.　(New York: Harper & Brothers), pp.99-126.

琉球新報社編集局編（2017）『これだけは知っておきたい沖縄フェイクの見破り方』高文研

シェリング，トーマス（2016）『ミクロ動機とマクロ行動』勁草書房

筒井美郎ほか（2017）『行動経済学入門』東洋経済新報社

屋良朝博ほか（2016）『沖縄と海兵隊』旬報社

第8章

沖縄経済と観光

沖縄経済と観光

◇◇◇◇◇◇◇◇◇◇◇◇◇◇◇◇◇◇◇◇◇

1．はじめに

　東京オリンピック・パラリンピック開催が予定されていた2020年は、新型コロナウイルス感染症（COVID-19）の世界的流行と自粛要請にともなう経済活動の大幅な縮小によって、またたく間に経済危機が世界中に広がった。グローバリズムの負の側面が露呈したのだ。それまでの日本経済は密閉空間、密集場所、密接場面をもって規模の経済の実現と効率化を図ることが経済社会活動の基盤だったように思う。しかし、その3つの「密」が感染の可能性を高めるとされ、新しい生活様式の実践が求められるようになった。なかでも人の移動は厳しく制限された。世界観光機関は世界の観光地の72％が外国人観光客の入国に対して完全な封鎖を行い、2020年の世界の観光客数は60～80％落ち込み、経済と観光関連の雇用に負の影響があると予測した。観光が基幹産業の一つとされる沖縄では、まずアジアのインバウンドが激減し、国内旅行者も来沖を自粛した。それは2008年のリーマンショックや2011年の東日本大震災の影響以上のインパクトであった。派遣業者が派遣した非正規労働者は解雇され、ホテルや貸アパート業、レンタカー会社、土産物店、飲食業などの売上も落ち込んだ。倒産する企業も増加した。パンデミック騒動以前の沖縄はアジアの成長とダイナミズムに期待した観光開発が展開されていた。しかし、このパンデミックによって、観光産業の発展とサービスのあり方を捉え直す時が来たのである。

　本章の構成は次のとおりである。最初に観光とは何かについて定義および概念と意義を整理する。次に島嶼性の特徴を理解し、観光と開発がどのような位置づけにあるかについて論じる。そして沖縄の観光開発政策の動向と実績について分析し、観光開発政策の評価と問題点を検証する。最後に持続可能な観光産業のあり方について議論する。

2．観光とは何か

2−1　観光の定義

　観光の語源は古代中国の書物『易経』の「観国之光、利用賓于王（国の光を観るには、もって王に賓たるによろし）」だという。大正時代に"tourism"（ツーリズム）の和訳として観光が当てられたのだが、語源からすると"sightseeing"の方が近い。世界観光機関（UNWTO）の定義をまとめたものによると、「ツーリズムとは、継続して1年を越えない範囲で、レジャーやビジネスあるいはその他の目的で、日常の生活圏の外に旅行したり、また滞在したりする人々

の活動を指し、訪問地で報酬を得る活動を行うことと関連しない諸活動と定義される。」という。なお、UNWTOの定義では、報酬稼得目的でない1年未満の訪問滞在であれば、余暇やレジャーに限らず、ビジネス、研修、友人・家族訪問、医療その他の目的も広くツーリズムとして分類される。ツーリズムは訪問先から居住地に戻ることが前提であり、「滞在」概念が強い。そのため厳密には「観光」と「ツーリズム」の用語にはニュアンスの違いがある。日本ではツーリズムよりも観光の用語使用が機関名称や開発政策のなかで確立されている。国土交通省観光庁は統計的観点からUNWTOの定義に従っている（国土交通省観光庁、2013）。本章でも経済的評価の面から基本的にはUNWTOの定義に従いながら、次の概念と意義を意識しつつ観光という用語を使用する。

2－2　観光の概念と経済的意義

　目的別に定住地を離れて訪問滞在先で行う活動をUNWTOの定義のように観光やツーリズムとしてとらえるならば、不特定多数の外来者の多種多様のニーズに合わせた観光の形を構築できるだろう。たとえば、文化観光、美食観光、宗教観光（修行体験、神社仏閣参りなど）、ビジネス観光、ヘルスツーリズム（医療ツーリズム、ウェルネスツーリズム）、エコツーリズム、農村観光、アドベンチャーツーリズム、水上水中観光（クルーズ船、ダイビングなど）、スポーツ観光、都市観光、教育研修観光、ボランティア観光などのように多岐にわたる観光・ツーリズムのあり方が考えられる。これらのなかでどのような観光スタイルを提供できるかについては、ホストとなる地域の自然観光資源（山、海、湖、川、高原や地形など）、人文観光資源（史跡、城跡、博物館、建造物など）、複合観光資源（歴史景観、田園風景、街並みなど）、無形社会資源（ライフスタイル、風俗、衣食住、言語、イベント、行事など）やその他の資源の賦存状況や内容で決まるだろう。

　観光の経済的意義について考えてみよう。観光旅行などは所得が増えた時に消費者の需要が高まるような正常財である。観光消費は所得弾力性が高い贅沢品である。所得水準が向上すれば、その伸び以上に観光需要が増大するのである。また、人の移動にともなう消費行動であるため、ある地域から観光地への地域間所得移転の効果があると考えられる。しかし国民が国内観光に終始する場合は、国民経済の成長に寄与しない。外国人旅行者（インバウンド）の誘致は旅先での消費行動が輸出の増加に貢献し、国際収支を黒字化させ、国民経済の成長に寄与するものと考えられる。そのため外国人観光客の訪問と消費活動等は輸出産業と類似の経済効果があるとされる。

　また、観光は総合産業である。そのため経済効果の波及を推計する方法として、いくつかの方法がある。一つは産業連関表を用いる方法である。産業連関表には「観光業」という産業部門自体がない。そのため観光客の旅行消費動向を調査分析し、産業関連表の各部門に変換させて観光消費額（最終需要）を導き出す手法が主流となっている。その他の経済波及効果の推計方法として、乗数理論を活用するものもある。産業連関表のない市町村レベルの自治体でも対

応できるのが乗数理論である。例えば、観光客が宿泊施設に宿泊する際、観光消費となる宿泊費は宿泊施設に入ることとなるが、これを一次波及（直接波及）と呼ぶ。その代金は宿泊施設の人件費、直接経費、減価償却費、営業経費、原材料費、税金支払いなどに費やされる。これらが二次波及と呼ばれる。さらに原材料費などは小売業を通してそれぞれの仕入先に支払われる。このように三次、四次と繰り返していくことで、地域全体に及ぼす波及効果がみえてくるのである。こうした理論から、観光開発は産業活性化と地域振興に活用しやすいことが理解できる。また、文化振興や異業種などと結合することで、さらに拡大する可能性を秘めている。つまり観光産業は、域内産業連関効果が他の産業と比して非常に大きく、裾野の広い産業なのである。また、観光は市場規模に左右されずに、様々な産業の複合体となりうる。地域内の経済主体、たとえば農家などでも調達可能な比較的小規模な投資から観光振興は可能であり、それは内地的地域振興につながる。生産・加工・販売を連結させる「第6次産業」の登場に期待できるものなのだ。こうした観光産業への期待感から、リーディング産業として成長エンジンと位置づけるために、行政主導型の大規模な観光開発も長期的計画のもとで実施される事例も多い。政府や自治体が認可して国外または県外などから巨額の投資を受け入れ、観光振興・開発を進める手法もよくみられる。しかし、地域外や国外の企業等との共同運営や資金調達等がある場合、経済効果の波及ルートの中で、どの程度、地域内に利益がしたたり落ち、地域内で循環または再投資されているのか、またはどの程度の域外への漏出が生じているか、注視する必要があるだろう。

2－3　観光振興・開発の正と負の影響

　次に、観光振興・開発の影響について総合的に評価することは重要であろう。どのような影響があるか考えて整理してみよう。まず、観光振興・開発の影響は、国、自治体、地域、コミュニティ、世帯、個人の各レベルに影響を与えることは想定できる。そして、その影響は直接的な影響と間接的な影響があると考えられ、それらを経済的側面、社会・文化的側面、環境的側面に分類して考えることができるだろう。**図表1**は正と負の影響について持続可能性の観点から仮説を立ててまとめたものである。正の影響とはより良くなることで、負の影響とはその逆の意味である。経済的な正の効果は多くあるが、一方で、観光産業の弱点も、社会・文化および環境の側面をみると多々散見される。政府および域外や海外の企業による大規模投資が伴う観光振興は、たしかに地域経済への効果は雇用創出や新規関連事業の増加、観光客の増加などが期待でき、メリットも大きいのだが、利潤の域内還元、再投資、域内産業連関、撤退時の地元への配慮に難があるといった問題点が指摘されている。小国では開発の選択肢と規模に限りがあるゆえに比較優位産業への開発に偏重されやすく、依存体質に陥りやすい。特に島嶼部における観光産業の発展となると、いわゆる観光モノカルチャー経済になりやすいという課題も指摘されている。もし、単に観光客数増加による経済効果を求めて大規模投資による開発を進めるならば、観光資源としての自然環境破壊や交通渋滞の悪化を招くなど、地域住民の生活環

境の質を低下させるおそれもあるだろう。また、海外からのインバウンドに依存した観光開発を行うと、リーマンショックやコロナショックのような外的要因による負の影響がもたらされ、その打撃も深刻なものに陥りやすい。環境や地域住民への配慮とともに、観光産業による利潤の地域循環を拡大させ、地域の人々の経済活動、雇用と生活を守るような仕組みも必要であろう。

図表1　観光振興・開発の正と負の影響

	正の影響	負の影響
経済的側面	雇用機会と収入機会の創出と増加、税収・政府収入の増加、ステークホルダーの利益獲得、地域経済貢献、生活の質向上、インフラの整備と改善、新規ビジネス機会、経済活動の柱、投資活動の拡大などがある。外国人訪問者の拡大は、外貨獲得、国際収支・貿易収支バランスの貢献、経済成長に影響する。	季節的・パートタイム雇用と失業、労働集約産業による低賃金、未熟練労働、商品・サービス価格上昇、生活費高騰、賃料・不動産価格高騰、不動産の投機化、地下経済の拡大などが地域に影響する。域外や海外の企業の活動は、地域住民の利益機会を減らし、観光利益の地域循環規模を縮小する。世界経済などの外的要因の影響が強まる。
社会・文化的側面	異文化理解と交流の発展、来訪者との教育体験促進、地域の人々の尊厳と自信の向上、活気、史跡の再建や修復、文化の活性化、遺跡文化保存などがある。	望まないライフスタイル、プライバシー侵害、真の地域らしさの喪失、地元言語の浸食、風習の希薄化、伝統文化や信仰の商品化、観光に対する地域の抵抗感と住民の転出、観光客と住民の隔たり、非行行為や犯罪の増加などの影響などがある。
環境的側面	環境保護政策へのインセンティブ、地域の全体的美観の向上、自然生息地の保全、生態系の衰退の防止、地域の外観（視覚的・審美的）の改善などがある。	汚染、ゴミ問題、交通渋滞、自然環境破壊、生態系破壊、外来種の拡大、観光開発による自然の土地や農地の損失、自然景観の損失などがある。

出所：著者作成。

3．島嶼経済における観光と開発

　島嶼経済の特質として代表的なものの一つに、太平洋の島嶼地域の実態から、Migration（移民・出稼ぎ）、Remittance（海外送金・仕送り）、Aid（援助）、Bureaucracy（官僚機構）の頭文字をとってMIRAB経済と称されるものがある。先進諸国の国際市場から遠隔の太平洋の島嶼諸国は、経済的な脆弱性から島外へ人材流出が多いほかに、政府の予算不足などの慢性的な課題も抱えやすい。そのため島嶼経済のためには財政支援や海外援助、海外送金の役割が大きいというMIRAB経済のような見方がある。太平洋の島嶼地域は19世紀末から欧米などの植民地支配を受け、戦後は国境や安全保障などの地政学的側面から米軍や仏軍などが管轄する基地が置かれている地域も多い。そのため軍事基地関連にまつわる予算や開発援助も流れ込み、軍人・軍属と家族の消費支出や地域住民の雇用などの影響を与える地域もある。さらに旧宗主国に対して財政・援助・出稼ぎ・海外送金といった点でも依存する傾向が強い構造になっている。また、島嶼では、日本本土やアジア新興諸国の経済発展をもたらした伝統的な経済開発モデルに立脚した近代化、工業化、市場経済化といった開発戦略の採用が難しいと考えられている。このような歴史と島嶼性構造の結果、政府が労働市場で大きな役割を占め、人材不足を抱え、製造業比率が低く、自給率も低く、経済波及果も低くなりやすい構造に陥りやすい構造になっ

ているという。

　この他に、経済発展の可能性から島嶼経済の特徴を分析したものがある。嘉数によれば島嶼経済の特性には、①資源の狭小性、②市場の狭小性、③規模の不経済性、④輸入超過経済（慢性的な貿易赤字）、⑤ROT経済（海外送金受取Remittance、政府開発援助ODA、観光収入Tourism）、⑥高い人口流動（移民・出稼ぎ）、⑦高いサービス産業依存、⑧観光－島嶼型産業、⑨肥大化した政府（ODA・公的支出依存）、⑩高コスト経済（物流コスト・輸送リスク）、⑪モノカルチュア的生産・輸出構造、⑫脆弱な生態系、⑬植民地化の遺産、⑭国境の島、⑮島嶼海洋（海底）資源というものがあるという。嘉数が指摘しているように、島嶼国・地域の中には必ずしもすべてがMIRAB経済のような対外依存関係に陥っているわけではなく、観光が基幹産業になっている地域も多いことがわかっている。ハワイやサモア、クック諸島などでは観光収入がかなりの比重を占めているのだ。しかし、島嶼経済は開発の選択肢が少ない。観光産業が良いとなれば、そこにばかり偏重してしまう傾向がみられる。狭小性の特性ゆえに観光収容力の面で問題が出やすい。また、**図表1**でも指摘したように、地域は観光産業の大規模投資による道路や交通網などのインフラ整備、ショッピングモールの進出によって生活の利便性が向上し、観光関連の雇用創出によって働く機会が増えるなどのメリットがある反面、リゾート開発やホテル建設などによって居住環境は大きく変容し、その結果、賃料や物価の上昇も起こり、その他、ゴミ処理や上下水道の整備、交通渋滞などの新しい問題も噴出してくることが多い。上述した島嶼経済の特徴から、これらの問題はより深刻な形で現れるものだ。その結果、地域住民にとっては経済的にも精神的にも疲弊しやすくなるというデメリットもある。

4．沖縄における観光振興・開発政策

4－1　本土復帰までの歴史と沖縄観光の魅力

（1）沖縄の観光資源の魅力

　沖縄は13世紀頃から日本本土との経済交流が盛んであったが、**図表2**でも明らかなように地理的にもアジア諸国と近く、中国（唐・明）を中心に朝鮮半島、東南アジアと貿易を通じた交流で栄えていた。明治期に入ると琉球王朝が廃止され、日本本土から大和文化が流入した。しかし、その一方で、大正時代から戦前にかけて、本土の学者らによって沖縄の文化的価値が発見され、沖縄県人の学者らとともに「沖縄学」が創設されるほど高い評価を得たのである。第二次世界大戦後からの27年間は米軍支配下に置かれ、アメリカ文化の影響を受けた。こうして沖縄には中国文化、コリア文化、東南アジア文化、日本文化、アメリカ文化が沖縄に土着の文化に吸収・融合された複合文化いわゆる「チャンプルー文化」の魅力が醸成された。またグスクと琉球王朝の歴史的文化史跡は世界遺産として登録され、土着文化に中国文化が融合した生活様式や信仰、食文化などは沖縄のユニークな魅力を発揮している。このように沖縄には豊富な歴史文化と観光資源が存在する。また、沖縄戦の遺産は、墓参観光だけにとどまらず、

平和の大切さを次世代に語り継ぐ上で修学旅行などの教育観光の役割としても評価できる。気候環境面では、年間を通じて暖かく比較的雨量の多い湿潤な亜熱帯性海洋性気候の自然と地理的特性がある。また、距離にして南北約400km、東西約1,000kmの広大な海域に160もの島々が点在し、有人島はそのうち40ほどの日本で唯一の島嶼県である。沖縄県は沖縄本島圏域、宮古島嶼圏域、八重山島嶼圏域に分けられるが、さらに鹿児島県の奄美群島を含めたものを琉球列島と呼ぶ。この琉球列島は東洋のガラパゴスと呼ばれるように、外界から隔絶した島独自の環境に適応した動植物の固有種が多くみられるという。海底には世界一美しいといわれているサンゴの森、陸上には奇跡の森とよばれる多用な動植物がみられる地域なのだ。ビーチの保養地やマリンスポーツ、エコツーリズムとしての観光の魅力も備わっている。また沖縄の農産品についても、たとえばパイナップルやパッションフルーツ、サトウキビなどは南国の雰囲気を引き立たせる。

図表2　日本とアジアにおける沖縄の位置

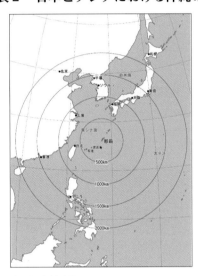

出所：沖縄県

　しかしながら、必要なインフラ整備が進み人口が増え、2020年のコロナショック以前までは経済が成長基調にあった一方で、同じく琉球列島の一部の鹿児島県奄美群島では過疎化と人口減の状況が続いている。手つかずの自然が多く残されている点は素晴らしい魅力になるのだが、なぜ、このような差が生まれたのか。それは戦後以降、沖縄が米軍基地の拠点となり、米軍そして日本政府から沖縄が開発の対象と捉えられ、豊富な予算が投じられ、そこに目をつけた民間資本の進出と投資活動が活発に進められてきたからだ。

（2）戦後から本土復帰までの観光振興・開発
　戦後、米軍基地建設と道路整備が進んだ。戦災で住む場所を失った人々は難民キャンプで援助物資を受けて飢えをしのぎながら、軍雇用、基地の建設業、米軍関係者相手の飲食サービス、

観光土産品店で所得を得るようになった。米軍関係者が増えるとリゾート的な福利厚生施設も作られ、観光ガイドブックやドライブマップも作られた。米軍人が沖縄で最初に海浜やビーチを先駆けて商品化し、観光開発を行ったのである。これが後の沖縄の海洋型リゾート開発につながる。一方、日本本土からの観光客は本土復帰までは慰霊を目的に訪れる墓参観光が中心であった。沖縄戦では沖縄県民約15万人はじめ、県外都道府県民約7.7万人、米国人約1.4万人、その他580人（韓国人、北朝鮮人、英国人、台湾人）で約24万人超の命が失われた（沖縄県「平和の礎」）。糸満市摩文仁地域に終戦翌年の1946年に戦没者慰霊塔が建立されると、その後次々と各県の慰霊碑や塔が建立された。日本本土から米軍占領下の琉球政府（沖縄）への訪問にはパスポートが必要であり、日本円をドルに両替する必要もあった。慰霊訪問者は免税によって安く外国製の酒やたばこ、香水などをお土産として購入していた。1970年の土産品の消費額は120ドルで全体の61.2％を占めるほど、ショッピング観光は重要な役割を占めるようになった。1957年に文化財保護法が制定されると、池之上宮、玉陵、今帰仁城跡、万座毛などの文化遺跡が指定され、翌年には首里城の守礼門が復元され、徐々に沖縄の代表的な文化遺跡の観光地も整備されるようになり、沖縄観光の魅力がよみがえりはじめたのだった。

図表3　本土復帰前の観光推移（1951 － 1971 年）

出所：琉球政府「観光統計要覧 1971」

　図表3をみると、1971年には観光客数が20万人を超え、観光収入も免税措置の外国製品の土産物購入による観光消費を中心に増加していった。基地経済が戦後の沖縄経済の中心であったが、本土復帰までには観光産業は砂糖類とパイナップルに並ぶ三大産業の一つに成長した。琉球政府時代の沖縄では、観光産業は重要視されていた。しかし、行政の中に観光関連の機関が設けられることはあったが、積極的な観光客誘致政策はみられなかった。琉球政府は本土復

帰を目前に控えていた1970年に長期経済開発計画を策定していた。そこには基地経済からの脱却と、県の特性を生かした積極的開発を推進することを打ち出し、沖縄県の自然景観が国民のレクリエーションの場として観光開発の展開が可能となると期待していた。

4－2　取組みの実績と評価
（1）本土復帰後の観光振興・開発政策の展開

　1972年5月15日の本土復帰により、本土から沖縄への渡航にはパスポートが不要となって移動環境は大きく改善された。観光客数も前年度よりも倍増し40万人を突破した。観光業界では懸念事項であった免税措置についても5年間継続が認められた。しかし、米ドルから日本円への通貨変更は、ドル安によるニクソンショックと重なり、沖縄の人々は物価急騰のあおりを受けた。さらに第一次オイルショックによって物価上昇はさらに続いた。また米軍基地の整理にともなう軍雇用者の解雇が行われ、沖縄の失業率は倍増した。

　沖縄が本土復帰すると、行政主導型の開発が進められるようになった。**図表4**は全国と沖縄の開発計画を時系列にまとめたものである。日本政府は沖縄を全国総合開発路線に組み込み、沖縄振興策として「沖縄の復帰に伴う特別措置に関する法律」と、「沖縄開発三法」と呼ばれる「沖縄振興開発特別措置法」「沖縄開発庁設置法」「沖縄振興開発金融公庫法」などを施行した。そして開発関連事業を統括・実施する機関として沖縄開発庁が設置され、現地執行機関として沖縄総合事務局が設けられた。新全国総合開発計画の枠組みのなかで、沖縄開発庁を通じて1972年に沖縄振興開発計画（1972－1981年度）が出された。そこには「余暇生活の充実と観光の開発」が第9に設けられており、観光が県の重要産業の一つに位置づけられていた。沖縄県の地理的・自然的特徴を生かした「国民的な保養休養および観光レクリエーション地域としての開発整備」をうたい、1975年に開催決定した沖縄国際海洋博覧会が触れられていた。日本政府は本土と同様の重化学工業を中心とする臨海工業の立地のための開発整備・公共事業をすえ、観光産業の振興によって沖縄の開発を進めようとしたのである。その目玉事業となったのが沖縄国際海洋博覧会であった。総事業費3千億円余を投入し、海洋博整備を行い、150万人の観光客を招致する計画であった。同時に沖縄自動車道路や那覇空港の整備が行われ、ホテルムーンビーチなどのリゾートホテルが建設された。しかし世界経済の転換期と重なっていたこともあり、翌年1976年には「海洋博ショック」と呼ばれる倒産ラッシュがホテル、飲食店、建設業などで問題になった。同年には沖縄県観光開発基本計画（1976－1985年度）が策定されている。また1979年には沖縄県観光振興条例が制定され、観光振興基本計画を策定し、基盤整備等を進めることとなった。こうして観光政策を強化したのであった。沖縄県は航空運賃団体割引を創設し、修学旅行やプロ野球キャンプの誘致などに取り組んだ。大手航空会社は沖縄キャンペーンを強化した。こうした努力が実を結び、観光客数は回復基調に戻る。

　1980年代に入ると第2次沖縄振興開発計画（1982－1991年度）が講じられた。第1次計画と同様に用地整備や企業誘致を進める計画がみられたが、観光開発についてはより強調の度

合いが強まって、観光産業の発展を地域経済の発展に十分に反映させる施策の促進をうたっている。第1次計画期間中に国や県の施策とはかわりなく、民間資本が自発的な投資によって観光産業を伸長させており、第2次計画では自力で成長してきた観光産業を経済開発の牽引役として押し出したものになった。80年代は第2次オイルショックによる不況、燃料費および航空運賃の高騰などが生じ、1985年のプラザ合意からの急速な円高によって輸出産業分野を中心に円高不況が続いていた。しかし円高不況対策として講じられた低金利政策はバブル景気を促す要因となった。1986年には第2次沖縄県観光振興基本計画が制定された。1987年には第四次全国総合開発と同時に「リゾート法（総合保養地整備法）」が成立すると、全国の道府県が大規模リゾート開発計画を策定した。沖縄県においても1990年にリゾート沖縄マスタープランが策定され、翌年には「沖縄トロピカル・リゾート構想」という大規模な開発計画が政府からの承認を受けている。不況の煽りを受けて80年代前半に観光客数の微減がみられたが、沖縄県の観光収入は順調な伸びを見せた。

　1990年代には第3次沖縄振興開発計画（1992−2001年度）が進められ、第3次沖縄県観光振興基本計画も策定された。バブル経済が崩壊し、全国の多くのリゾート開発計画は挫折してしまった。本土ではリゾート・不動産投機も崩壊し、少し遅れて賃金上昇もとどまり、消費税導入・増税の影響もあって消費ブームも落ち着いた。沖縄県も縮小を余儀なくされたが、本土復帰から海洋博直後を除き一貫して、行政の計画の有無に関わらず、本土および外資系の民間資本のリゾートホテルなどの投資は続き、入域観光客数も増加するなど、バブル経済崩壊の影響は最小にくい止められた。1995年には沖縄県観光振興基本計画中期行動計画が策定された。1997年にはアジア通貨危機による金融危機が発生し、日本経済はデフレーションに突入し失業者が急増したが、沖縄では那覇空港の着陸料・施設利用料、航空燃料税を軽減したことで航空運賃低下が入域観光客数の増加に寄与した。沖縄県では「世界のウチナーンチュ大会」、「大琉球・祭り王国」、各種のスポーツコンベンション、首里城公園の開園、修学旅行の誘致などを推進して観光振興につとめている。しかし、消費税導入・増税やデフレーションなどの影響もあって、一人当たりの観光消費額は減少傾向をみせるようになった。

　2000年代はG8首脳による九州・沖縄サミットではじまった。会場は万国津梁館で行われ、かりゆしウェアが着用された。また、首里城などの琉球王国グスクおよび関連遺産が世界遺産登録されるほか、離島が国民的朝の連続ドラマ小説の撮影地になり、沖縄県出身の芸能人やアーティストが活躍するなど、国内外で沖縄の知名度が急上昇した。2001年には沖縄開発庁が内閣府関係部局に統合され、沖縄総合事務局はそのまま残ることになった。しかし同年には9.11多発テロの影響で沖縄旅行のキャンセルがあいついだ。しかし沖縄コンベンションビューロー（OCVB）はリゾート・ウェディング誘致を打ち出すなど、観光産業を盛り上げる努力が続けられた。2002年には第4次にあたる計画が新しく沖縄振興計画（2002−2011年度）としてスタートした。「開発」の文字が消え、北部、中部、南部、宮古、八重山という圏域別の振興方針が示されるようになった。

この頃、日本政府は外国人旅行者の訪日促進策を本格化させた。それが2003年の「ビジット・ジャパン・キャンペーン」である。これを機にインバンド振興策が次々と打ち出された。2006年に「観光立国推進基本法」が成立されると、観光の役割として国際平和の増進と国民および地域経済の発展、そして国民生活の安定向上であると捉えられるようになった。沖縄県は引き続き着々と地域資源を活用しながら、2009年には沖縄国際映画祭、世界空手大会、マラソン大会、トライアスロン大会、アジア音楽祭、美ら島総体など数々のイベントを企画し、スポーツや健康、文化などをテーマに新しい観光ニーズを見出し、新規で国内の観光客を掘り起こすような積極的なイメージアップ戦略と国内観光客の誘致に力を入れた。

　2000年代は多発テロやイラク戦争、SARSや新型インフルエンザの流行、2008年のリーマンショックなど国外の情勢が大きく揺れた時代であったのだが、沖縄は自己の魅力を多様にひきだし、観光業の開発に力を注ぐようになったのである。

　本土復帰を契機に施行された沖縄振興開発特別措置法は2012年３月に失効すると「沖縄振興特別法」と「開発」の文字が消えて現在に至る。失効前までは本土との格差是正が開発のメインであったが、改名後は県の自主性を重視する「自立的発展」が強調されるようになった。そして2012年度からは、これまでの趣をガラリと変えて、21世紀沖縄ビジョン基本計画（2012－2021年度）がスタートした。2011年に東日本大震災が発生すると、国内観光客が減少し、外国人観光客も激減した。沖縄県は2010年に詳細な沖縄振興計画等総点検報告書を作成し、これまでの政策を総括した後に21世紀沖縄ビジョン基本計画を策定している。ここで大きな姿勢として見られたのは、日本およびアジアとともに発展するという方針が示されたことである。そして世界水準の観光リゾートの形成を目標とすることが示された。とくに、国際的な沖縄観光ブランドの確立、アジア諸国や欧米の市場を対象にした誘客活動の展開、観光客受け入れ態勢の整備、世界に通用する観光人材の育成、産業間連携の強化がうたわれた。こうした中で日本政府はタイ、マレーシアへのビザ免除、インドネシア、フィリピン、ベトナムなどの東

図表４　全国総合開発計画と沖縄振興開発計画の流れ

	全国総合開発計画	沖縄の振興開発計画など
1962年	全国総合開発計画	
1969年	新全国総合開発計画	
1970年		琉球政府長期経済計画
1972年	新全国総合開発計画・第四部	沖縄振興開発計画（第1次）
1977年	第三次全国総合開発計画	
1982年		第2次沖縄振興開発計画
1987年	第四次全国総合開発計画	
1992年		第3次沖縄振興開発計画
1998年	21世紀の国土グランドデザイン	
2002年		沖縄振興計画
2012年		21世紀沖縄ビジョン基本計画

南アジア諸国、中国に対してビザ発給要件の緩和措置を実施している。さらに数次ビザの発給要件の緩和も行っている。さらに電子マネーの整備も進めた。民泊新法の2018年施行により、民泊サービスが各地で展開されるようになった。また観光情報案内所の設置と通訳案内者の充実を図った。これらがインバウンド拡大に大きな効果をもたらした。沖縄県でも、那覇空港第2滑走路が2020年に完成し、国内外の格安航空会社の誘致や、クルーズ船寄港誘致を積極的に展開した。

　しかし、東京オリンピック・パラリンピック開催を目前に控えた2020年初旬から新型コロナウイルスの感染拡大が全世界的にみられるようになると、期待してきたインバウンドがゼロになり、国内観光客も来沖を自粛し、沖縄県の観光産業は大きなダメージを受けた。その負の影響が観光に関連してきた産業にも及び、大幅な売上減、解雇などの社会問題になった。政府は2020年4月に「新型コロナウイルス感染症緊急経済対策」として、観光・運輸業、飲食業、イベントに関する支援のための補正予算を組み、「Go To キャンペーン」を実施することを発表した。6月に入り感染拡大がいったん落ち着きをみせると、経済活動を回復させるために日本政府は徐々に感染の影響の小さいアジア、オセアニア諸国からの水際対策緩和の検討をはじめた。まずはビジネス関係者や研究者の入国から緩和をはじめ、段階的に留学生、そして最終的に観光客を受け入れる方針が発表された。しかし、その後も第二波への警戒など予断の許さない状況が続いた。7月に入ると沖縄県内の米軍海兵隊や基地での集団感染が発生した。感染

図表5　沖縄県における入域観光客数と観光収入の推移（1972 － 2019 年）

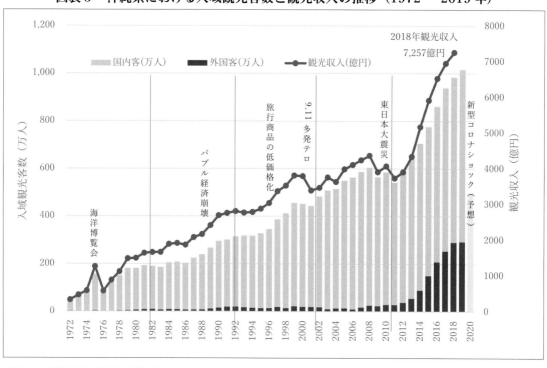

出所：沖縄県「入域観光客統計」

拡大の不安があるなかで7月22日には政府の「Go To キャンペーン」が開始された。すると7月下旬から沖縄県内の新規感染者数が急増をはじめ、その結果、離島をはじめ県本島での医療提供体制崩壊への危機感が非常に高まることとなった。

（2）観光振興・開発政策の評価と観光客の動向

　これまで本土復帰以降の沖縄県における観光振興・開発政策の動向についてみてきた。ここではその実績と評価を行ってみたい。**図表5**は沖縄県における観光客数と観光収入の推移をみたものである。これらの動向をみると、国と沖縄県が次第に観光産業の潜在力を見い出し、観光を県経済のリーディング産業と位置づけて観光振興と整備事業を進める中で、域内外の民間投資を活用しながら沖縄県の観光資源を内外にアピールし、国内のみならず成長著しいアジアの観光客を積極的に取り込み、観光ニーズの開拓と多様化も積極的に進めながら、国内外の幾多もの経済不況、テロや紛争、災害、インフルエンザなどの困難を乗り越え、観光産業を発展させてきた点は大いに評価できよう。

　次に**図表6**の観光客1人当たり消費額と入域観光客数の推移をみてみよう。**図表5**で入域観光客数の増大によって、全体としての観光収入の増加は確認している。しかし、観光客1人当たり消費額は2000年代以降、大きく低下傾向を見せていた。外国人観光客が増加した2014年以降から1人当たり消費額が増加したが、その後再び伸び悩みを見せている。観光客1人当たり消費額が低下した理由として、いくつかの要因が考えられる。まず、観光パック旅行、フリープラン型旅行、個人旅行の形態が増大したことが指摘できる。旅行会社が企画するフリープラ

図表6　観光客1人当たり消費額と入域観光客数の推移（1972 － 2018年）

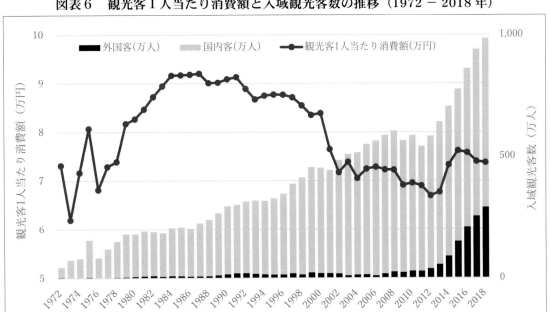

出所：沖縄県「観光要覧」

ン型旅行は、２泊３日や３泊４日程度の正規航空運賃にも満たない料金で設定されている。その結果、宿泊施設は平均の客室単価を下げた形で客を受け入れざるを得ない。また、観光客は宿泊施設や交通費をおさえて、社会的・文化的交流や自然を楽しむことに費用をかける傾向が出てきた。次に、リピーターの増大があげられる。リピーターは目的を絞って旅行するようになるため、無駄な消費行動が抑えられるようになるのだ。そして次に国内客の滞在期間が短い傾向にある。またインバウンドでは大きなシェアを占めていた台湾、香港、韓国からの観光客も、沖縄は比較的距離が近く、滞在日数も日本国内客同様に短い傾向があるのだろう。また、中国人観光客については、クルーズ船で来沖するものの県内では宿泊せずに次の寄港地へ向かうために、買い物や食事、観光地めぐりには消費されるだろうが、宿泊消費は抑えられてしまうからであろう。沖縄とハワイと比較した分析によれば、両地域ともに国内の旅行者が過半を占め、１日の消費額に大きな差はないものの、やはり平均客室単価と滞在日数においてハワイが大きく上回っているというデータが示されていた。

　次に沖縄県文化観光スポーツ部観光政策課がまとめた2017年度の沖縄県内への経済波及効果によると、県内への経済波及効果は約１兆1,700億円である。まず、旅行・観光消費額は7,793億円（県外客4,979億円＋外国客2,000億円＋県民814億円）である。次に観光客の消費のうち県内観光産業に残るお金、すなわち直接効果は6,912億円と算出された。産業連関表を用いた分析によれば、１次間接波及効果（観光産業と関連ある産業の売上増加など）は3,144億円、２次間接波及効果（雇用者所得の再循環）は1,644億円と算出されている。一方、県外への漏出は881億円である。またそれら一連の雇用誘発効果をみると142,734人と算出された。2015年度の推計結果と比較し、経済波及効果が増加していることが示されている。

　しかし、**図表５**でも示しているが、新型コロナウイルスの世界的な感染拡大によって、2020年度の外国人観光客の沖縄への訪問者数はほぼゼロになってしまった。国内観光客も来沖を自粛し、キャンセルが相次いだ。その結果、宿泊業や旅行業、建設業、バスやタクシー、レンタカー業社、飲食業や小売業など、幅広い業種で大幅な売上減となり、自営業者は経営難に直面し、人件費を抑えるために人員整理や雇止めが行われた。

5．沖縄観光の課題

　現行の沖縄観光振興と開発の手法のはじまりは本土復帰をはたした頃にさかのぼる。沖縄の本土復帰直前から、日本本土の開発計画を意識した施策が導入されはじめた。比嘉（2008）によれば、その際に二つの大きな動きがあったという。一つは、行政組織、各種団体、各種の業界・商社の「本土系列化」である。この時に戦後の沖縄が琉球政府時代に築き上げた独自のシステムが壊され、本土の太いパイプにつながれて沖縄の本土化が進行したのだという。二つには、不動産業者の「土地の買いあさり」が行われたという。大手大型観光業者の沖縄進出は沖縄を観光経済のドル箱にしたという。この時に大手リゾートホテル業者と航空会社が連携し

て開発が進められた。その結果として何が起こったかといえば、沖縄に落ちるお金は、リゾートで働く労働者の賃金と土産物の売上だけに過ぎないと比嘉（2008）は批判的にみている。そのため、観光業界に不況が起これば、労働者の雇用は調整弁となってすぐに解雇される。沖縄のこうした状況は戦後の基地経済からすでに定着していた。こうして戦後何十年もわたって経済効果の波及の漏出部分が大きかったがために、どんなに県の経済成長が達成されようとも、それに見合った賃金上昇が起こっていないのである。そこで一つ目の課題は、この漏出をいかに小さくし、地域に観光産業の成長の利益が少しでも多く残る仕組みを、政策策定段階から構想を練る必要があろう。

　次に観光産業を振興すると、産業の裾野が広いこともあって、観光産業に依存した経済社会を構築しがちである。しかし観光産業は、戦争や紛争、国境問題などの政治的要因、新型コロナやインフルエンザなどの感染症要因、自然災害要因、経済危機要因など域内のみならず域外からの要因の影響を受けやすく、そのたびに観光客数が激減して経済にダメージを与えるなどの課題がある。観光産業が不況に陥った際の打開策や、観光産業以外の産業の育成などの対策も必要であろう。

　この他、地域住民の生活の質にもっと目を向ける必要があろう。観光産業は地域経済を支える効果も大きいのだが、地域住民の観光産業に対してあまり良いイメージを持っていないことが多い。一つには宿泊業などで、低賃金の条件や、夜間労働や長時間労働などの労働環境がみられることがあげられる。また、観光客の行動は時に住民のプライバシー侵害や神聖な場所を汚すなどの越境問題、さらには自然環境破壊などになりかねず、さらに許容規模を超える観光客数は騒音やごみ問題、交通渋滞などの問題を引き起こす事態も有名観光地では特に聞かれる話である。やはり地域住民の生活の質を守るような施策も必要ではないだろうか。

　そして最後に、島嶼県である沖縄は日本本土と同じ手法やタイミングで経済政策や危機管理対策を実施するには注意が必要であるという点を今後の課題として指摘したい。2020年にはじまる新型コロナウイルス感染拡大は、観光に依存した沖縄経済に大打撃を与えた。さらにその島嶼性ゆえに他の都道府県よりも急激に感染拡大が進んでいった。沖縄県の特徴は他の都道府県と異なる点が多いため、その特徴を踏まえた政策や対策が独自に必要であろう。

　持続可能な観光産業を築くには、地域住民の経済、社会・文化、そして環境がそれぞれ守られながらも、互いに力を発揮できるような仕組みを考える必要があるだろう。

6．おわりに

　本章は観光に焦点をあてて、沖縄経済をみてきた。そして観光開発政策の動向と実績について分析し、観光開発政策の評価と問題点を検証し、持続可能な観光産業のあり方について議論した。やはり沖縄県に住む人々が、観光産業を自分たちの経済社会と生活の中でどのように位置づけるのが良いのかについて、中心になって議論して答えを導き出すことがこれからの沖縄の自立的経済の実現のために重要ではないだろうか。

参考文献

沖縄県（各年度）『観光要覧』

嘉数啓（2019）『島嶼学』古今書院

佐竹真一（2010）「ツーリズムと観光の定義－その語源的考察、および、初期の使用例から得られる教訓」『大阪観光大学紀要』大阪観光大学（10）、p. 89-98

下地芳郎（2012）『沖縄観光進化論―大航海時代から大空海時代へ』琉球書房.

週刊東洋経済（2019）『ハワイvs.沖縄―最強のリゾートはどっちだ？』8月3日号、東洋経済

世界観光機関（UNWTO）（2020）https://www.unwto.org/un-tourism-news-12

野崎四郎（1995）「観光・リゾートの進展による地域社会の変容―島嶼地域における持続的観光開発型へ－」『商経論集』沖縄国際大学商経学部、第23巻第1号、p. 88-124

比嘉佑典（2008）『地域の再生と観光文化』ゆい出版

屋嘉宗彦（2016）『沖縄自立の経済学』七つ森書館

和田尚久（2015）「観光振興と地域経済」『現代社会研究』東洋大学現代社会総合研究所（13）、p. 83-90

湧上敦夫（2014）「沖縄経済と観光」宮城和宏監修, 沖縄国際大学経済学科編『沖縄経済入門』東洋企画

第9章

沖縄コナベーションの形成と課題

崎浜　靖

沖縄コナベーションの形成と課題

1　はじめに

　沖縄県は日本の最西南端に位置し、南北400km、東西1,000kmに及ぶ大小多数の島嶼から形成されている。その中で、人口の大半を占めるのが沖縄本島であり、さらに本島中南部地域に極度に人口が集中し、都市化が進行している。

　本島中南部地域に人口が集中するのは、沖縄県の中心都市である那覇市の都市化と、戦前農村地域であった中部地域に、戦後に巨大な米軍基地が建設され、これらの米軍基地とかかわって形成された「基地の街」の都市化によって、市街地が形成されたものである（堂前1997）。

　この人口の偏在に対し、復帰後の沖縄県では、県土の適正かつ合理的な利用を図るため、国土利用計画法第9条の規定に基づき、「沖縄県土地利用基本計画書」を策定している。その中で、人口が増加する中南部地域については、「無秩序な市街地を抑制し、土地利用の高度化を促進するとともに、特に米軍施設・区域について積極的にその整理縮小を求め、返還跡地の有効利用を促進する」とある（沖縄県1991）。まさに沖縄県の上位にくる土地利用計画の課題は、米軍基地の跡地利用の促進であることがわかる。

　沖縄県が策定した基本計画書に照らしてみると、無秩序な市街地の抑制に関しては、各市町村における対応の方向性は一致するものの、県内外からの観光客の増加や社会移動による人口増加も相まって、行政ごとに課題の複雑さは増加している状況である。

　そこで本稿では、戦後、沖縄本島中南部地域に形成された「沖縄コナベーション」[1]の形成と課題について検討する。とくに県都那覇市とコザ市（現・沖縄市）、宜野湾市の都市空間の成り立ちを挙げ、基地返還跡地の事例を紹介する。

2　沖縄コナベーションの形成

　沖縄コナベーションとは、DID（人口集中地区）[2]を含む各市町村が連続した地理的空間（市街地）を指すが、7市（うるま市、沖縄市、宜野湾市、浦添市、那覇市、豊見城市、糸満市）、6町（金武町、嘉手納町、北谷町、西原町、南風原町、与那原町）、1村（読谷村）が含まれ

1　行政上の範囲を超えて、隣接する行政域の都市地域と連接した都市地域を指し、市街地が連続した都市空間でもある。

2　人口集中地区（DID）とは、調査区の人口密度が4,000人/km²以上あり、そのような地区が互いに隣接し、その合計人口が5,000人以上に達する場合、一つの人口集中地区として区画される。

ている（**図表1**）。近年は、八重瀬町・南城市において都市化が進展している。

　これら市町村の分布をみると、南北約130㎞、東西平均10㎞の南北に細長い沖縄本島の中南部地域に集中している。沖縄本島中南部地域は、地形・地質などの自然地理的環境が台地・丘陵・低地から成り立ち、山地状の地形が展開する北部地域とは対照的である。

　この比較的平らな地形で、開発行為が容易な沖縄本島中南部地域において、戦後の県都那覇市が形成され、中部地域ではコザを中心とする米軍基地周辺の都市化が進むことで、沖縄コナベーションが形成された。

　沖縄コナベーションの面積は沖縄県全体の面積の16.5％、沖縄本島の25.7％を占める。沖縄コナベーションの人口は、2005年には1,027,493人を数え、沖縄県人口の75.5％も占めており、沖縄本島人口比では81.8％を占めている。まさに県人口の大半が沖縄コナベーションに集中している現状である。さらにDID人口についても824,119人であり、沖縄県のDID人口

図表1　沖縄本島における沖縄コナベーションの位置

出所：前堂亮平（1997）『沖縄の都市空間』（古今書院）より作成

の92.3％も占めていることからも、沖縄県の人口は極度に本島中南部地域に集中している（堂前2012）。

2－1　沖縄コナベーションにおける事業所の集積

　戦後における那覇市の復興・発展に加え、沖縄市、宜野湾市を中心とする中部地域の米軍基地周辺地域の都市化の進展は、沖縄コナベーションと称する都市空間を形成するに至った。その面積は沖縄県全体の面積の16.5％、沖縄本島の25.7％を占め、2005（平成17）年には、100万人を超えている。

　そこで、沖縄本島中南部地域の人口を支える経済的特性を、経済地理学でよく用いられる事業所の立地状況からみていこう。ここでは、那覇市新都心地区の土地区画整理事業完了直後の沖縄コナベーションにおける産業別事業所の集積状況を挙げてみる（**図表2**）。

　表からは、沖縄県全体では72,441事業所があり、そのうち県都那覇市には21,039事業所が集積し、沖縄県の29％を占めている。那覇市の人口は沖縄県の22.9％であることから、人口

図表2　沖縄県における産業別事業所数の上位5位（2006年）

産業	1位	2位	3位	4位	5位	沖縄県全事業所数
建設業	那覇市 920（18.9）	浦添市 425（8.7）	うるま市 389（8.0）	沖縄市 343（7.0）	宮古島市 331（6.8）	4,877
製造業	那覇市 449（15.0）	うるま市 220（7.3）	沖縄市 179（6.0）	石垣市 171（5.7）	糸満市 170（5.7）	2,996
情報通信業	那覇市 329（48.0）	浦添市 76（11.1）	沖縄市 46（6.7）	うるま市 28（4.1）	石垣市 22（3.2）	686
運輸業	那覇市 350（23.1）	うるま市 112（7.4）	浦添市 104（6.9）	宮古島市 95（6.3）	糸満・南城 82（5.4）	1,513
卸売・小売業	那覇市 5,869（29.5）	沖縄市 1,868（9.4）	浦添市 1,402（7.1）	うるま市 1,308（6.6）	宜野湾市 1,100（5.5）	9,883
金融・保険業	那覇市 397（43.1）	沖縄市 109（11.8）	浦添市 87（9.4）	うるま市 47（5.1）	宜野湾市 40（4.3）	921
不動産業	那覇市 2,082（38.1）	浦添市 672（12.3）	うるま市 493（9.0）	宜野湾市 428（7.8）	沖縄市 355（6.5）	5,463
飲食店・宿泊業	那覇市 4,290（33.1）	沖縄市 1,483（11.4）	うるま市 783（6.0）	浦添市 752（5.8）	宜野湾市 733（5.7）	12,966
医療・福祉	那覇市 1,053（27.5）	沖縄市 383（10.0）	浦添市 345（9.0）	うるま市 239（6.2）	宜野湾市 235（6.1）	3,834
教育・学習支援業	那覇市 1,122（27.4）	沖縄市 410（10.0）	浦添市 307（7.5）	うるま市 282（6.9）	宜野湾市 225（5.5）	4,092
サービス業	那覇市 3,986（28.8）	沖縄市 1,330（9.6）	浦添市 1,099（7.9）	うるま市 971（7.0）	宜野湾市 788（5.7）	13,857
公務	那覇市 91（15.3）	宮古島市 58（9.7）	石垣市 45（7.5）	名護市 36（6.0）	うるま市 31（5.2）	596

（　）は沖縄県全事業所に占める割合.
産業は沖縄県全事業所数が500事業所数以上のものについて示した.
出所：（『日本の地誌10　九州・沖縄』P578より転載）

全事業所総数 72,441

の占める割合以上に事業所の集積がみられることで、事業所立地の集中による外部経済の働きからくる「集積の利益」の影響といえる。

　沖縄県における産業の特色として、第3次産業の割合が高いことであり、とくにサービス業、飲食店・宿泊業の占める割合が高くなり、第2次産業の製造業の割合は低い。製造業が不振な背景には島嶼県特有の現象で、県外への移出には膨大な輸送費がかかるためである。

　また公務については、宮古島市、石垣市、名護市などの地方の中心地における事業所数の割合が比較的高い。公務関連の支所・支社数、小中高校の公立学校などにみる公務員の配置については、人口の分布の差異が顕著であるにもかかわらず、行政サービスの公平性を期すための基本原則が働いているためである。

　行政別の事業所数の特徴をみると、すべての事業所において那覇市が1位である。続いて沖縄市（卸売・小売業、飲食店・宿泊業、金融・保険業、教育・学習支援業、サービス業、医療・福祉）、浦添市（建設業、情報通信業、不動産業）、うるま市（製造業、運輸業）が上位を示す。

　那覇市については、市域全体が人口集中地区となっていることもあり、利用可能な敷地が少ないため、事業所の大幅増は見込めない状況である。また沖縄市が事業所数が2位を占めるものの、住宅地の需要増などがあり、米軍基地の跡地利用の展開次第では浦添市や宜野湾市、うるま市などの事業所の立地が増えてくる可能性もある。

　次に、前述した事業所の立地状況を踏まえ、那覇市と沖縄市、宜野湾市の都市空間の成り立ちを個別にみていこう。

3　那覇市の都市形成

　沖縄県の都市空間 は、沖縄戦により徹底的に破壊され、戦後大きく変容した。とりわけ県都の那覇市は、由緒ある近代建築物の崩壊、首里城に代表される文化財が悉く破壊され、多くの人命が失われている。

　戦後の那覇市の復興は、沖縄民政府が1947（昭和22）年に、佐敷村（現・南城市）から那覇市に移される前の1945（昭和20）年11月10日において、沖縄県下の各収容所から壺屋に陶器製造を目的とした103名の入域に始まる。戦前の壺屋は、那覇市市街地の郊外であったが、那覇市の解放が除々に進む中で人口が急増した場所であった。

　それを加速させたのが闇市からスタートした公設市場の存在である。公設市場は1948（昭和23）年に設置されたが、その後、周辺には平和通り、市場前通りなどの各商店街が形成された。その後、1950年代に入ると、神里通りに百貨店が立地する商店街が形成され、さらに「奇跡の1マイル」と称された国際通りの整備が進むことで、那覇市における商業施設の集積が一気に加速した（**図表3**）。

　また那覇市の人口の推移をみると、1950（昭和25）年に10万8,662人であったのが、1960（昭和35）年に22万3,047人で、10年間で倍増している。日本復帰前の1970（昭和45）年に

は、27万6,394人、さらに日本復帰後の1980（昭和55）年に29万5,778人と人口増加が続いた。しかし、1990（平成2）年には、30万4,836人，032人となったものの2000（平成12）年には、30万1,032人と減少へと転じている（堂前2012）。

　人口増加によって飽和状態となった那覇市の大きな課題は、米軍牧港住宅地区の再開発事業であった。1975（昭和50）年から1988（昭和63）年にかけて計6回の部分返還を経て、行政側は再開発事業を模索する中で、地主との跡地利用について粘り強い交渉を続け、土地利用計画を練り直しながら、何とか開発整備構想を提示することができた（上江洲2012）。

　1992（平成4）年に土地区画整理事業が着手されると、ついに2005（平成17）年に事業が完了した。事業完了時の那覇市の人口は31万2,293人、1㎢あたり8,001.9人の高密度の都市が形成されている。現在、那覇新都心地区として、大型商業施設、県立博物館・美術館、NHK放送局、沖縄総合事務局、ホテル、住宅地が建設されており、文化施設に遊技施設が隣接する問題点はあるものの、不動産の資産価値が高まっている。北谷町の美浜地区、北中城村のライカム地区と並び、米軍基地の跡地利用の成功例となっている（**図表4**）。

図表3　人口急増後の那覇市の市街地（1965年）

出所：SUMMARY OF CITY PLANNING IN NAHA 1965
　　　Edited by the City Planning Section, Construction Department Published by Naha city office

図表4　土地区画整理事業完成前の那覇新都心地区（2003年）

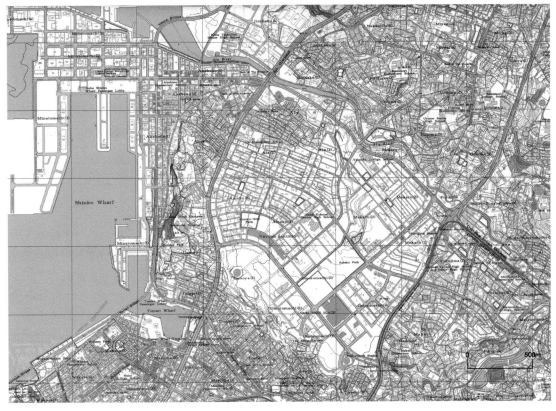

出所：NAHA AND ITS SURROUNDINGS（1:10,000）Geographical Survey Institute, Japan 2003
　　　白抜きの場所が那覇新都心地区

3－1　沖縄市・コザの都市形成

　那覇市の商業施設の発展に対して、沖縄市を中心とする沖縄本島中部地域の都市空間は、明らかに米軍基地の立地に強く影響を受けて形成されたものである。

　1945（昭和20）年4月1日に沖縄本島上陸した米軍は、中飛行場（現、嘉手納基地）を占領し、翌2日には越来村字嘉間良（現、沖縄市字嘉間良）に最初の避難民収容所が設置され、避難民の収容が開始された。同年6月10日頃には、嘉間良の収容地区においては6,500人の避難民であふれ、米軍はこの地域を「キャンプコザ」と称していた。いわば基地の街コザの形成は、嘉間良にある避難民収容所を契機としたものであった。

　また、その頃の沖縄では、海外や県外からの引揚げ者が17万人を超える状況であり、直接沖縄に引揚げるケースと、博多・佐世保・鹿児島・名古屋・浦賀などの本土を経由するケースがあった。海外引揚者の多くは、中城村久場崎港（ブラウンビーチ）中心に引き揚げており、ホワイトビーチ、那覇港、馬天港などからも引揚げ者がいた。引揚者の多くは、インヌミ収容所で戦後生活の第一歩を踏み出し、故郷のシマへ帰っている（沖縄市企画部平和文化振興課1995）。

　極東最大の嘉手納飛行場は、元は旧日本軍が中飛行場として建設したものであった。1945（昭

139

和20）年4月に米軍が上陸すると同時に飛行場を占領し、その後に拡張されたものである。

　米軍が占拠してまもない時期のコザ周辺は、いまだ農村的景観が広がっており、コンクリート・アスファルトが広がるような都市的景観がみられる場所ではなかった。しかし、中華人民共和国の成立、朝鮮半島をめぐる政治的緊張が現実味を帯びるに至って、米軍は1950年度予算において軍事施設建設費を計上すると、本格的な軍事基地建設へと向かっていった（崎浜 2018）。

　そこで、基地の街コザが形成される以前の、かつ軍事基地建設に着手する前の地理的環境を確認できる、1947（昭和22）年から48（昭和23）年にかけて米軍により作製された4,800分の1の地形図がある（**図表5**）。

　米軍は、地形図作製後の1951（昭和26）年になると本格的な軍事基地建設を推し進めるが、これに伴い日本本土、アメリカ、フィリピンなどから大手建設業関連の企業が沖縄に進出した。日本の大手企業を挙げると、清水建設、大成建設、大林組などが主要工事を受注している。

　基地建設の強化が進むにつれ、地元の労働力の需要が増すことで、沖縄県各地や奄美諸島から若年労働者が集まるようになった。とりわけ、本部町・今帰仁村・名護町・金武村などの北

図表5　基地の街コザ形成前の地形図（1948年）

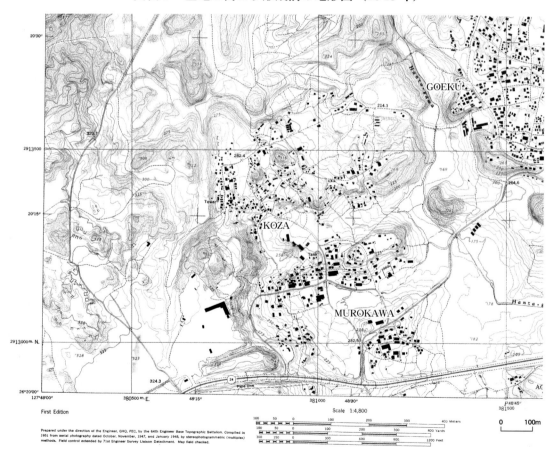

出所：米軍作製地形図（KOZA SHEET64）
　　　KOZA周辺には民家の集積はみられず、原野が多く分布していた。

部地域、平良市・城辺町・伊良部島などの宮古群島からは大量の人口流入がみられ、本籍別の人口総数は、３万2776人を数える状況となった（崎浜 2018）。

米軍は1950年代に嘉手納飛行場を拡張し、現在では3,700mに及ぶ２本の滑走路があり、そこには最新鋭の航空機・軍用機をコントロールする司令部ビル、兵舎・弾薬庫を集積させ、家族住宅なども造られている（**図表６・７**）。

図表６・７　嘉手納飛行場内の住宅建設風景

出所：加藤政洋研究室（2017）『嘉手納基地 家族住宅～開発・建設の風景～』立命館大学文学部
　　　隅田建設工業社による米軍住宅建設アルバムからの写真

基地の街を象徴する沖縄市であるが、近年の住宅需要の高まりから、大型商業施設の立地とは異なる跡地利用の事例がある。ここでは、沖縄市比屋根土地区画整理事業を紹介してみる。

沖縄市は嘉手納飛行場以外にも幾つかの米軍施設を抱えているが、中城湾に面する市の東側においては、1945（昭和20）年に米軍第７歩兵師団司令部が設置され、泡瀬、高原、比屋根にまたがる、87haの広大な敷地に泡瀬飛行場（泡瀬通信施設基地跡地）が建設された（**図表8**）。

米軍が土地を接収して30年余の1977（昭和52）年に、泡瀬飛行場が開放されることになった。しかし、地主に土地が返還されることになったものの、地主の高齢化もあって、返還跡地の土地利用計画やまちづくりの方向性が定まらない状況が続いた。ところが、1987（昭和62）年に開催された沖縄国体のメイン会場となる総合運動公園の建設計画が一部の開放地に決まると、難航していた再開発事業の話が持ち上がり、土地区画整理事業が急浮上することとなった。

そこで、1986（昭和61）年になると、沖縄市比屋根地区区画整理組合（以下、組合）が成立されると、沖縄県と沖縄市が足並みをそろえ、公共施設の整備と住宅地、商業地などの配置など、秩序性のある配置計画がなされることで、具体的な土地利用計画が進展することになった。

組合では、新しいまちづくりの構想を実現するために、地主との対話を重視しながら、地籍調査、換地、補償、保留地の処分などの作業を丁寧に実施した結果、2009（平成21）年に土地区画整理事業が完了することになった（**図表9**）。

現在、同地区は、１万人余の人口を有する県内有数の若年層人口の増加がみられる場所となっており、医療・福祉・スポーツを核とした「コンパクトシティ」にふさわしい街として発展している。

図表 8　事業開始前の航空写真（1977 年）

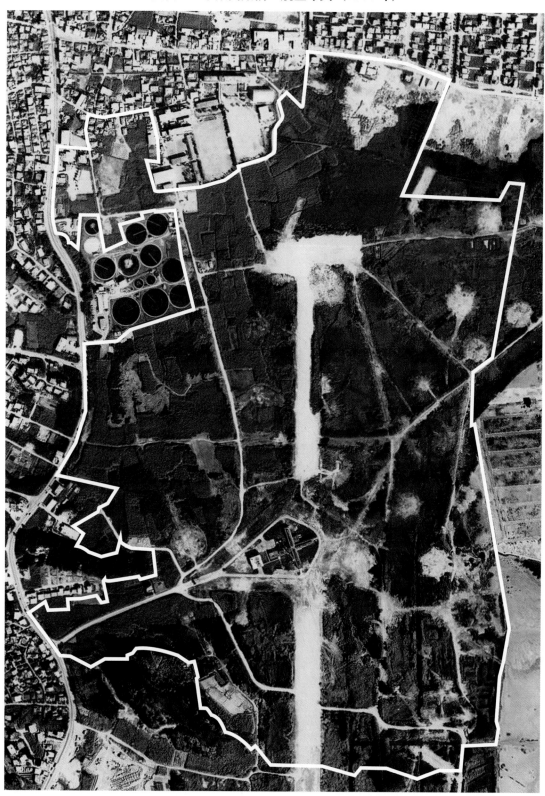

出所：沖縄市比屋根地区土地区画整理事業組合（2010）『沖縄市比屋根土地区画整理事業竣工記念誌』
　　　写真の中央部にあるのは滑走路跡であり、その周辺に駐機場も確認できる。

図表 9　事業完成後の航空写真（2006 年）

出所：沖縄市比屋根地区土地区画整理事業組合（2010）『沖縄市比屋根土地区画整理事業竣工記念誌』
　　　公共用地・住宅地を中心に整備が進み、現在は商業施設、医療・介護施設（沖縄リハビリテーション
　　　病院）が立地している。

3-2 宜野湾市の都市形成

　ここでは、沖縄コナベーション地域の一画を占める宜野湾市の都市形成について、普天間飛行場の建設との関わりでみていこう。

　普天間飛行場のある宜野湾市は、総面積19.51㎢、東西6.1km、南北5.2kmである。普天間飛行場は、面積480万6千㎢の滑走路があり、市域全体の約25％を占める（崎浜 2012）。

　沖縄戦で、豊かな農村地域であったこの地域を占拠した米軍は、強制的に土地を接収し、普天間飛行場を建設した。その後、1955（昭和30）年には、宜野湾市北西部に位置する伊佐浜区において、銃剣とブルドザーによる理不尽な土地接収をめぐり、米軍と住民が激しく対峙した歴史がある。

　この時期に、岐阜県と山梨県に駐留していた米軍海兵隊第3海兵師団が普天間飛行場に移駐してくる。移駐の要因については、岐阜県や山梨県において、隊員による犯罪やトラブルが急増することで、住民による反基地運動が激化し、当時、米軍統治下であった沖縄に移駐している（前泊、2011）。いわば日本国内での政治的事情から移駐が決定された側面があった。

　普天間飛行場の建設後には、その周辺地域に米軍人・軍属相手の飲食・サービス業関連の商業施設が立地するようになる。米軍統治下の沖縄では、県外への移動も容易にできず、職種も

図表10　戦前期の宜野湾市の地形図（1919年）

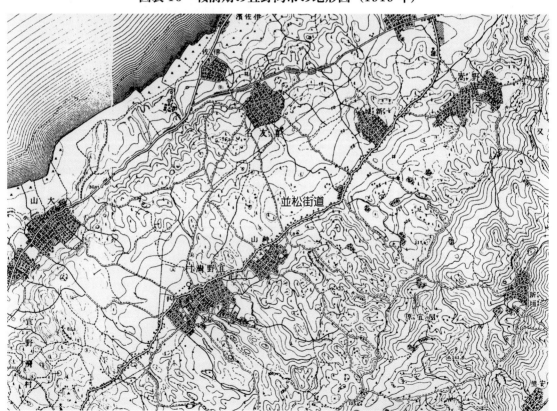

出所：陸地測量部（1919）1：25,000 地形図　泡瀬・牧港
　　　戦前の旧宜野湾集落には役場があり、集落と集落を結ぶ並松街道があった。

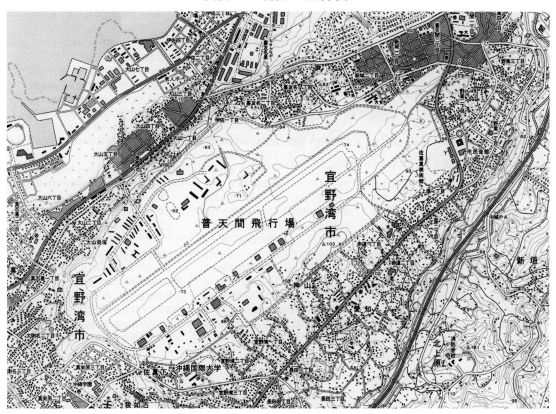

出所：国土地理院（2005）　1：25,000 地形図　沖縄市南部・大謝名

限られていた状況のため、生活のために、すぐに職を得るためには軍雇用員か基地門前町での飲食業・サービス業に従事する住民が多かった。宜野湾でもコザと同様に、多くの若年労働者が県内各地から移動している。

　かつての宜野湾村（現・宜野湾市）は、戦前期まではサトウキビ作を中心とする豊かな農村地域であった。そこには近代版「沖縄八景」の一つで、由緒ある「並松（ナンマチ）」街道とよばれた美しい松並木の通りがあり、中部地域の集落（シマ）と集落（シマ）とを結ぶ交通の要所でもあった（**図表10**）。とりわけ普天間宮を中心に、門前町の雰囲気を漂わせる、情緒溢れる町並み景観がみられたのである。

　現在、住民の長年の願いである普天間飛行場の早期返還への道筋は見えてこないが、日米両政府に対して、行政側の粘り強い交渉の継続が期待される。

4　沖縄コナベーションの課題

　これまで沖縄コナベーションにおける都市空間の形成について、那覇市、沖縄市、宜野湾市の事例から検討した。とくに3市に共通することは、人口稠密な地理的空間に米軍施設が集積

するため、返還までの交渉や返還後の跡地利用などの調整に、行政側は多くの時間を割かなければならないという現実がある。

このことを理解するために、都道府県別の米軍基地の立地状況をみると、沖縄県を含む北海道、青森県、埼玉県、千葉県、東京都、神奈川県、静岡県、京都府、広島県、山口県、福岡県、長崎県の13都道府県に米軍施設がある。

ところが在日米軍施設・区域（専用施設）の面積を都道府県別に比較してみると、圧倒的に沖縄県がトップであり、70.6％の割合を占めている。次に青森県の9.01％、神奈川県の5.59％、東京都の5.01、山口県の3.0％が続き、沖縄県に偏在していることがわかる。

現在、米軍関連施設は31施設あり、区域総面積は184,944千㎡もある。沖縄県にあった米軍施設数は復帰時の87から31へと大きく減少はしているものの、これを全国に占める割合でみると、施設数で38.8％、施設区域面積で70％余、沖縄本島の面積比では18％を占めている。

これらの統計データだけでも、沖縄コナベーションは、軍事施設が集積する、いびつな地理的空間であることが理解できる。このような状況のため、米軍施設の集中は、正常な土地利用計画策定のマイナス要因となっている。

さらにそれに関連させて、在日米軍専用施設別面積に占める本土と沖縄との割合の変遷をみ

図表12　在日米軍施設・区域（専用施設）都道府県別面積

2020年1月1日現在

都道府県名	面　　積	全体面積に占める割合
北　海　道	4,274 千㎡	1.62%
青　森　県	23,743 千㎡	9.02%
埼　玉　県	2,035 千㎡	0.77%
千　葉　県	2,095 千㎡	0.80%
東　京　都	13,193 千㎡	5.01%
神　奈　川　県	14,731 千㎡	5.60%
静　岡　県	1,205 千㎡	0.46%
京　都　府	36 千㎡	0.01%
広　島　県	3,538 千㎡	1.34%
山　口　県	8,672 千㎡	3.30%
福　岡　県	23 千㎡	0.01%
長　崎　県	4,686 千㎡	1.78%
沖　縄　県	184,944 千㎡	70.27%
合　　計	263,176 千㎡	100.00%

注１：日米地位協定第２条第１項（a）に基づき、米軍が使用している施設・区域（米側が管理。同協定第２条第４項（a）に基づき、自衛隊等も使用するものを含む。）の面積である。
　２：計数は、四捨五入によっているので符合しない場合がある。
出所：防衛省ホームページより作成

ると、サンフランシスコ講話条約が発効された1952（昭和27）年には、沖縄県が8.4％に対し、本土（46都道府県）が91.6％であり、沖縄県に占める割合は低かった。ところが、沖縄が日本復帰した1972（昭和47）年には、沖縄県が58.6％に対し、本土が41.4％と逆転し、2020（令和２）年現在においては、沖縄県が70.3％に対し、本土は29.7％となっている。地理学的にみて、日本全体の0.6％ほどの沖縄県の面積を考えると、「異常な状況」を押しつけられているともいえる。

5 おわりに

「米軍施設・区域について積極的にその整理縮小を求め、返還跡地の有効利用を促進する」（沖縄県 1991）とした沖縄県では、米軍基地が集中することによる事件・事故を防止することに加え、地域住民の教育・福祉の向上のため、返還跡地の有効利用を進めていくことが大きな課題となっている。そこで経済地理学の視点から、沖縄コナベーションにおける跡地利用の問題点を挙げてみると、以下の通りである。

まず、米軍基地の多くは国有地の多い他府県と異なり、沖縄県では民有地が主である。そのため、返還跡地の処理や補償を含む土地利用調査に対し、地主との交渉に多くの時間が取られるため、計画的な土地利用計画の策定が難しいことである。

さらに、米軍基地の大半は民有地であることから、「日米安保条約」の維持のために国は、市場の適正価格を上回る価格で軍用地料が地主に支払われている（来間 2012）。その上に近年は、低金利を反映し、投機的な軍用地投資による不動産売買が増えている現状もあり、米軍基地の集中する地域における地価への影響が懸念される。

最後に「基地外基地」[3]と揶揄された米軍人・軍属への法外な住宅手当の問題などにみられる、日本政府から米軍に支払われる「過剰資本」の流入は、跡地利用との関連において、住宅市場の健全な在り方を阻害する要因となる可能性も指摘しておきたい。

---

3 米軍施設外で生活する米軍人・軍属に支払われる住宅手当で、月16万～ 29万円となっており、民間の相場を大きく上回る額とされる。

参考文献

沖縄県（1991）：『沖縄県土地利用基本計画（計画書・計画図・総括図）』沖縄県企画開発部

沖縄市企画部平和文化振興課（1995）：『インヌミから 50年目の証言 沖縄市史資料集５』沖縄市役所

沖縄市総務部総務課（2018）：『ＫＯＺＡ ＢＵＮＫＡ ＢＯＸ』（第14号）所収「ゲート通りの形成と住民のまなざし－復帰前の状況を中心に－」崎浜靖著

来間泰男（2012）：『沖縄の米軍基地と軍用地料』榕樹書林

竣工記念誌編集委員会編（2010）：『沖縄市比屋根土地区画整理事業竣工記念誌 躍進』沖縄

市比屋根土地区画整理組合（ちとせ印刷）

（財）日本地図センター（2012）:『地図中心』（通巻476号）所収「駐留軍用地跡地利用の課題と地域対応」上江洲薫著

（財）日本地図センター（2012）:『地図中心』（通巻476号）所収「普天間飛行場の旧集落とその耕地」崎浜靖・上原冨二男著

堂前亮平（1997）:『沖縄の都市空間』古今書院

野澤秀樹・堂前亮平・手塚章編集（2012）:『日本の地誌10 九州・沖縄』所収　堂前亮平著「都市とその機能」（朝倉書店）

前泊博盛（2011）:『沖縄と米軍基地』角川新書

第10章

可能性あふれる離島経済のゆくえ
—宮古島市及び石垣市は「先島バブル」なのか？—

第10章

可能性あふれる離島経済のゆくえ

◇◇◇

―宮古島市及び石垣市は「先島バブル」なのか？―

1．はじめに

　本章では、沖縄県全体の経済について関心と理解を深めるため、とりわけ経済成長が著しい宮古島（宮古島市）と石垣島（石垣市）の基本データを読み解き、可能性あふれる離島経済の現状と課題、そして今後のゆくえを考えてみよう。

　沖縄県は、九州から台湾に連なる南西諸島の南半分に位置します。南北400km、東西1.000kmの広大な海域の中に、大小160もの島が点在している。

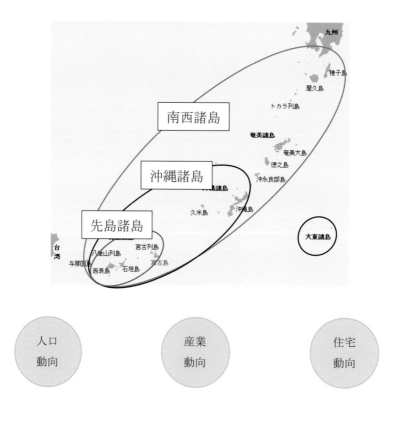

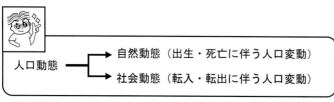

人口動態　→　自然動態（出生・死亡に伴う人口変動）
　　　　　→　社会動態（転入・転出に伴う人口変動）

宮古島市は、2005年10月1日 ‐ 平良市・城辺町・下地町・上野村・伊良部町の合併により宮古島市が発足された。

そのうち、先島諸島では有人離島が39島あり、約13万人（県全体の約10％）の島民が生活している。本章では、そのなかでも、近年経済発展が著しい先島諸島の宮古島市（宮古島）と石垣市（石垣島）を取り上げ、「先島バブル」と言われる好景気の実態を基本的なデータ、①人口動向（動態）②産業動向、③住宅動向から読み解き、沖縄離島経済の現状と今後の可能性について考えてみよう。

２．人口の動向・動態から紐解く

　人口動向（動態）は、財政、社会保障、金融政策など多くの分野において経済成長に与える影響は大きい。沖縄の基幹産業である「観光」においても人口の動向は注視すべきである。

２－１　人口動向

　沖縄県の人口は、終戦後増加を続け、高度成長を背景に本土への転出者が増加した1969年から３年間を除き、今日まで毎年前年度を上回る伸びを示している。1969年から３年間の人口減少の要因は、1957年から正式に開始された本土への職安ルートが構築され、誰もが安心して集団就職を希望した時代のため人口が減少した（**図表１**）。

図表１　沖縄県の人口推移

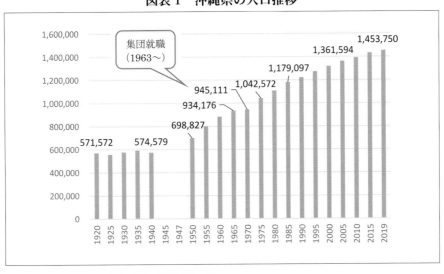

出所：沖縄県企画部統計課（一部筆者作成）

　現在（2019年度）、沖縄県の人口は1,453,750人となっており（**図表１**）、宮古島市では、54,229人、石垣市では、49,048人である（**図表２**）。両市の人口は、沖縄県全体の人口比で見ると約６％にとどまっている。ちなみに、那覇市においては約22％、沖縄市においては約9.6％を占めている。

両市の人口推移を比較すると、宮古島市は1955年（72,096人）をピークに乗除に減少が進んでいるものの、5万人以上を維持している。石垣市では、沖縄全体の人口推移と同じように前年度を上回る増加傾向にある。しかし、両市とも先ほど述べたように、1969年ごろから日本全体で始まった集団就職が起こり、沖縄本島の若者労働者流出と同じように両市からも東京や大阪を中心に高卒労働者の流出がある。

　しかし、1975年の祖国復帰を境に、両市とも人口増加の傾向があり、沖縄県全体でも増加している（**図表1、2**）。そのことは、＊何を表しているのだろうか。さらに、90年代に入ると石垣市を中心とした八重山では、移住ムーブが起こり、人口が毎年前年度を上回り右肩上がりで増加している。

　宮古島市においては、沖縄本島への転出が増加し、多少人口は減少したものの、2010年ごろから人口増加となった（**図表2**）。それもまた、＊何を表しているのだろうか。

　両市の人口推移を比較すると大きく異なることが分かる。まず、1950年をピークに徐々に減少していく宮古島市に比べ、石垣市では逆に徐々に増加している。それは、沖縄の歴史から紐解くことができる。

　1945年の敗戦によって、沖縄本島では、米軍の軍用地化のため土地の接収が始まり、それにより畑地の面積が限られたことや、労働者を雇用する民間の事業所も少なく、失業者があふれる状態となった。このような状況を回避するため、琉球政府は、海外ではなく、まだ開拓されていない土地が多く残されていた石垣島やその周辺離島（八重山）に目が向けられ、沖縄本島や宮古島からの入植・開拓を希望する人たちが増えていった。そのため石垣市の人口は徐々に増え、宮古島の人口は徐々に減少していった。

図表2　宮古島市＆石垣市人口推移

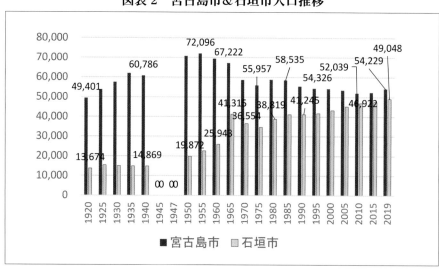

出所：沖縄県企画部統計課（一部筆者作成）

1600 年代初めの琉球王国の人口は約（　　　　）人、1700 年代中頃には約
（　　　　）人と増加していた。しかし、1771 年に発生した明和の大津波
によって、当時の八重山列島の人口の 3 分の 1 に相当する約 1 万人が死亡、
さらにこの頃の琉球各地では台風や大雨、干ばつによる飢饉の流行が度重
なった。それらの災害により、1800 年代初期の人口は（　　　　）人へ減
少した。

2－2　人口の特性

　宮古島市と石垣市、両市を年齢別で比較してみると、いくつかの共通点がある。**図表3** の年
齢別グラフが示すように、両市とも同じような波形である。高校卒業後（15歳〜24歳）の人
口変動が急激に減少している。その原因は両市において進学する専門学校や大学などがないた
め、特に宮古島市では20歳から24歳の人口比は全体の2, 3％と顕著に表れ、高校卒業と同時
に沖縄本島や本土への転出が上げられる。両市とも若者の流出は経済的にも大きな課題であり、
高校の無い他の離島においては、なお一層深刻である。全体的には年齢別人口変動で非生産年
齢人口（0歳〜15歳未満）と生産年齢人口（16歳〜65歳未満）の波形はほぼ同じである。

　しかし、**図表4** では、生産年齢人口においても両市とも全体の58％〜62％を占めておるも
のの、石垣市においては第一波の25歳〜39歳までのUターン人口が宮古島市と比較すると多
いことが分かる。さらに、宮古島市では50歳〜59歳までの人口の割合が大きい。両市とも25
歳〜39歳までの第一波のUターン現象が起こり、40歳〜54歳までに第二波のUターン現象が
あり、さらに第三波の55歳＝69歳の退職者人口が増加していることが分かる。多少異なる点は、
65歳以上の高齢者の人口が25％を占める宮古島市に比べると石垣市が19％と宮古島市の高齢
化社会が石垣市より進んでいることが分かる。

図表 3　宮古島市＆石垣市年齢別人口

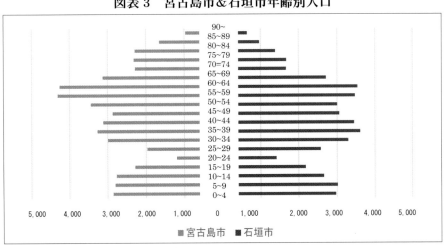

出所：沖縄県企画部統計課（一部筆者作成）

図表4　宮古島市&石垣市年齢別人口と人口比

	宮古島市		石垣市	
総人口	51,186		47,564	
0〜4	2,853	5.6%	2,970	6.2%
5〜9	2,802	5.5%	3,015	6.3%
10〜14	2,764	5.4%	2,654	5.6%
15〜19	2,285	4.5%	2,181	4.6%
20〜24	1,199	2.3%	1,413	3.0%
25〜29	1,968	3.8%	2,571	5.4%
30〜34	2,995	5.9%	3,295	6.9%
35〜39	3,265	6.4%	3,612	7.6%
40〜44	3,115	6.1%	3,453	7.3%
45〜49	2,868	5.6%	3,060	6.4%
50〜54	3,439	6.7%	3,004	6.3%
55〜59	4,314	8.4%	3,473	7.3%
60〜64	4,262	8.3%	3,540	7.4%
65〜69	3,128	6.1%	2,710	5.7%
70〜74	2,283	4.5%	1,673	3.5%
75〜79	2,317	4.5%	1,680	3.5%
80〜84	2,291	4.5%	1,384	2.9%
85〜89	1,655	3.2%	968	2.0%
90以上	966	1.9%	652	1.4%

- 20〜24：生産人口の中で一番低い
- 25〜39：第1波のUターン人口
- 40〜54：第2波のUターン人口
- 55〜64：第3波のUターン人口（退職者人口）
- 65以上：高齢者の人口比 宮古島市25% 石垣市19%

出所：沖縄県企画部統計課（一部筆者作成）

3．産業動向（就業人口）と所得

　産業構造は、国、県、地域経済の産業の比重や仕組みとその関係を表したものである。その土地の特性を活かし、人々が生活するうえで必要とされるものを生み出したり、提供したりする経済活動のことであり、第一次産業、第二次産業、第三次産業に３分類することができる。

　第一次産業：農業、林業、水産業、狩猟、採集など。

　第二次産業：製造業、建設業などの工業生産、加工業、電気・ガス・水道業など。

　第三次産業：情報通信業、金融業、運輸業、小売業、サービス業などの非物質的な生産業、配分業など。

造語で第６次産業と言う言葉がある。どのような産業形態なのか調べてみよう。

3-1 産業構造の推移

　産業構造の推移の中で、沖縄県全体と比較すると、宮古島市は第一次産業の減少傾向にあるものの19％と高いことが特徴である。一方、石垣市では、第一次産業の推移は急速に減少していることが分かる。第二次産業においても、両市とも毎年前年度を下回っており、第一次産業ほどではないが減少傾向にある。第三次産業では、両市とも前年度を上回り、好調に伸びている。特に石垣市おいては、約80％以上を占めており、第一次産業の急速な減少が第三次産業へ移行していることが分かる（**図表5**）。

図表5　宮古島市＆石垣市産業構造の推移

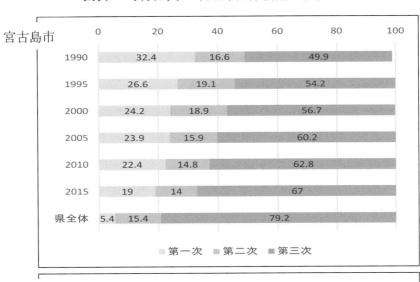

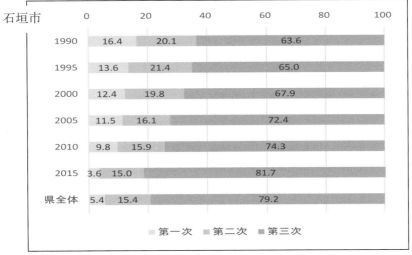

出所：沖縄県企画部統計課（一部筆者作成）

3-2　就業人口

　就業者数でみると、宮古島市の就業人口は、23,297人で沖縄県全体の就業人口（就業者数）の約3.9％を占め、石垣市は22,711人で3.8％を占めている。

　第一次産業において沖縄県全体での割合は、宮古島市（約16％）、石垣市（7.8％）を占めている。沖縄県全体の4.5％と比較すると第一次産業がとても高いことが分かる。また、**図表6**が示すように各市においての第一次産業の割合は、18.2％で、石垣市では、9.1％である。沖縄県全体では割合が高いことが分かる。

　また、第二次産業での就業者数は、沖縄県全体での割合は、宮古島市（約3.8％）、石垣市（約3.8％）であり、各市においては、宮古島市（13.3％）石垣市（13.7％）と沖縄県全体での割合は13.8％で、ほぼ同じである。

　第三次産業では、沖縄県全体での割合は、宮古島市（約3.4％）、石垣市（約3.8％）であり、各市においては、宮古島市（62.8％）石垣市（72％）と沖縄県全体での割合は74.4％で、宮古島市では第三次産業の就業者数の割合が石垣市や沖縄県全体と比較すると低いことが分かる。就業人口と産業構造の比率は多少異なるが、沖縄県全体で見ると第一次産業の減少と第三次産業の増加と言う点では同じ動向である（**図表5、6**）。

図表6　宮古島市と石垣市の就業人口と構成比（2017年度）

	宮古島市		石垣市		沖縄県	
	就業者数	構成比	就業者数	構成比	就業者数	構成比
就業者総数	23,297	100	22,711	100	589,634	100
第一次産業	4,249	18.2	2,075	9.1	26,593	4.5
第二次産業	3,097	13.3	3,114	13.7	81,508	13.8
第三次産業	14,644	62.8	16,341	72.0	433,334	74.4
分類不能産業	1,307	5.7	1,181	5.2	48,199	8.3

出所：国勢調査（一部筆者作成）

3-3　第三次産業の内訳

　沖縄県全体と宮古島市、石垣市の就業人口を確認した上で、沖縄県において基幹産業である「観光業」を中心とした第三次産業の就業人口とその構成比を見てみよう。

　両市の第三次産業の内訳を分析すると、それぞれの特徴や違いが分かる。まず、沖縄県全体

と比較すると情報通信業において、離島の両市では、通信のインフラやIT関連業者が少ないことが伺える。さらに、運輸業では、石垣市において宮古島市や沖縄県と比較して割合が大きいことが分かる。それは、2013年に開港した新石垣空港の影響もあり、有人離島11島を抱えており、その周辺離島への船舶業も観光客増加とともに需要が伸びていることがあげられる。

卸売・小売業においては両市とも沖縄県とほぼ同じ割合である。不動産業で見ると人口の少ない石垣市の方が件数や割合において宮古島市をかなり上回っている。それは、単身赴任者や移住者など、人々の移動が多いことが分かる。さらに、飲食店・宿泊業においても石垣市の件数と割合は、沖縄県と比較しても圧倒的に割合は高く、新石垣空港の開港は、物流のみならず、観光客増加とともに宿泊業の件数も増加している。

医療・福祉業においても宮古島市と石垣市の違いが顕著に表れている。沖縄県と比較しても宮古島市の医療と福祉における充実度は高い。さらに、教育・学習支援においても件数ならびに割合も高く、教育に熱心な土地柄が伺える。公務員の数では、離島である両市とも割合が高く、民間企業が沖縄県全体と比較すれば少ないことが分かる。

図表7　第三次産業の就業者数内訳と構成比

		宮古島市 (総数：14,644)		石垣市 (総数：16,341)		沖縄県 (総数：433,334)	
		就業者数	構成比	就業者数	構成比	就業者数	構成比
主な第三次産業の就業者数内訳（構成比）	情報通信業	200	1.4	197	1.2	13,203	3.0
	運輸業	784	5.4	1,142	7.0	25,137	5.8
	卸売・小売業	2,744	18.7	3,093	18.9	81,924	18.9
	不動産業	306	2.1	442	2.7	12,219	2.8
	飲食店・宿泊業	1,848	12.6	2,817	17.2	45,897	10.6
	医療・福祉業	3,283	22.4	2,523	15.4	81,998	18.9
	教育・学習支援業	1,152	7.9	1,070	6.5	31,647	7.3
	公務	1,347	9.1	1,497	9.1	33,605	7.8

出所：国勢調査（一部筆者作成）

沖縄県や世界のリゾート都市ハワイなどの入域観光者数を調べてみよう。

3－4　宮古島と石垣市の主要産業の特徴

　宮古島市においては、**図表6**が示すように第一次産業の就業者数は県内と比較して一番高い割合で、その中でもサトウキビ生産額は県内一位、生産量は4割を占めている。また、近年では、畜産業も盛んになり、幻の和牛「宮古牛」の生産量が増えている。

　第二次産業においても、2015年に伊良部大橋が開通して以降、急増した観光客への対応するため、ホテルなどの建設ラッシュが起きている。第三次産業においては、毎年前年度を上回る勢いで伸びていて、特に飲食業と宿泊業は観光関連産業として今後も伸びることが期待できる。

　一方、石垣市においては、2013年に開港した新石垣空港の開港以来、観光客も開港前の83万人から130万人へと50％以上の増加率となっている。第一次産業においては、宮古島市と同様、サトウキビの栽培が農業生産額全体の52％を占めており、その他果樹類では、パインアップルやマンゴー生産を続いている。また、畜産業においては、沖縄県内の総飼養頭数の3割を占めており、黒毛和牛子牛生産地として全国的にも「石垣牛」が有名である。石垣牛においては観光業などにも寄与することから石垣市の主要生産物となっている。

　第二次産業では、宮古島市と同じように観光客数の増加に伴い、ホテルやマンション建設が増えており、建設業を中心に需要が高い。第三次産業においても、宮古島市と同じように観光産業がリーディング産業となっている。

図表8　宮古島市と石垣市の入域観光客数

出所：沖縄県宮古事務所　沖縄県八重山事務所（一部筆者作成）

　宮古島市も石垣市も観光産業に頼らざる負えない状況ではあるが、両市とも「観光リゾートアイランド」構想を打ち出し、概ね成功している。入域観光客数は空港の開通や港湾の整備などもあり、2015年度から両市とも観光客数は増加傾向にあると言える（2019年宮古島市のやや減少だが）（**図表8**）。外国人の観光客も増え続け、石垣市においては2019年度に過去最高

の211,712人が来島し、前年度比の113.3％を記録した。また、消費額においても過去最高の982億円（年間入域観光客総数）を記録した。

　宮古島市においても2015年度から寄港が始まったクルーズ船は、毎年前年度を上回り、2018年度では143隻が寄港した。１隻当たりの人数は2,000人〜4,000人で、８時間〜10時間の滞在時間である。それは観光に関連するバス会社、タクシー業界、飲食店、ドラッグストアーなどの消費も順調に伸びている。

３−５　宮古島と石垣市の市町村民所得

　市町村民所得は、沖縄県内での生産活動により新たに生じた付加価値、いわゆるGDPの流れを捉えた統計である。その統計を市町村ごとの経済指標を用いて基準となる数量に比例した割合で割り振りし、配分したもので、市町村ごとの経済の規模や成長率、産業構造、所得水準などを明らかにする統計である。

　市町村民所得には、労働者に分配される雇用者報酬のほか、企業の経常利益などの企業所得を含んでいる。なお、１人当たり市民所得とは、市民所得を市の総人口で割って求めた計数である。

図表9　宮古島市と石垣市の市町村民所得

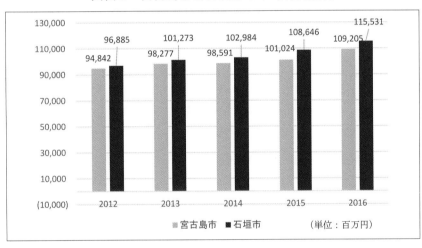

出所：沖縄県企画部統計課（一部筆者作成）

　図表9が示すように、市町村民所得においては、両市とも毎年前年度を上回る増加傾向にあり、人口増加と共に増えている。沖縄県の構成比で比較すると宮古島市は3.34％、石垣市は3.53％を占めている。市町村民所得では那覇市の所得は819,592（単位：百万円）（2016年）と他の市町村と比較しても断トツに飛び抜けており、構成比では全体の約25％を占めている。

　沖縄県内では宮古島市と石垣市を除く、他の離島においては前年度を下回り、人口減少とともに所得も減少傾向が伺える。また、宮古島市においては、2015年度—2016年度の増加率が8.1％で11市の中で最も高い。それは、宮古島市の好景気が伺える。

これからアルバイトを始める君たちも、所得と収入の違いを調べ、理解しておこう！

3－6　宮古島と石垣市の個人所得

　個人所得とは、賃金、給料などの雇用者所得と個人業主所得に加えて、配当、利子などの個人財産所得、および社会保障費、年金、恩給などの移転所得によって構成されている。さらに雇用者所得とは、雇用主が雇用者に支払う賃金，俸給，社会保障雇用主負担，退職金，雇用者に関する民間年金，家族手当，健康保険・生命保険・損害保険などの制度に対する雇用主の負担金である。

図表 10　宮古島市と石垣市の個人所得

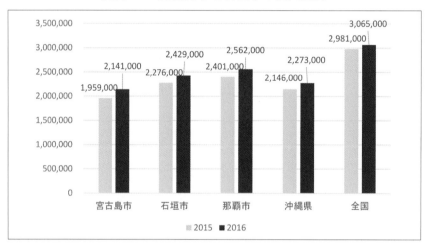

出所：沖縄県企画部統計課（一部筆者作成）

　個人所得ついては、宮古島市において、沖縄県の平均を下回っているものの、前年度と比較すると8.5％と大幅に伸びている。それは他の10市の中で一番高い伸び率である。石垣市は、沖縄の平均を上回っていて、前年度よりも6.3％伸びている。それは、那覇市と同じ伸び率である。沖縄県全体では5.6％の伸び利率にとどまっている。ただ、全国平均と比べると50万円以上のひらきがあり、沖縄県は47都道府県中、未だ一番低い個人所得である（**図表10**）。もう一つ、一人当たりの市町村民所得の比較の中で、図表にはないが中部地区の伸び率が4.6％と一番低く、2,155,000円（2016年度）である。

沖縄県内で最も一人当たりの市町村所得の高い市町村はどこか調べてみよう！

4．住宅動向

　景気が良いのか悪いのか、今後良くなるのか、悪くなるのか、経済を学ぶ上で一番重要なことの一つである。その景気を測る指数で、景気動向の方向性示す指数：ディフュージョン・インデックス（DI）と、景気動向を量的や速度を示す指数：コンポジット・インデックス（CI）の二つの種類がある。

　DIとCIのそれぞれについて、景気動向に先行する先行指数（12項目）、景気動向と同時に動く一致指数（11項目）、景気動向に遅れて動く遅行指数（6項目）の3つがある。景気動向指数は、生産、雇用など様々な経済活動での重要かつ景気に敏感に反応する指標の動きを統合し、景気の現状把握や将来予測を行うことができる。そこで、宮古島市、石垣市の景気を測る上で、注目業種と先行指数のひとつである「新設住宅着工戸数」をみてみよう。

先行指数の12項目？一致指数の11項目？遅行指数の6項目？を調べてみよう！

4−1　宮古島と石垣市の注目業種（建設業・不動産業）

　沖縄県全体に言えることだが、第三次産業の伸び率は毎年前年度越を記録しており、宮古島市と石垣市においても着実に伸びている。特に宮古島市においては、公共事業（伊良部大橋橋詰広場地域振興施設整備、伊良部池間市営住宅整備、総合庁舎整備など）の新規案件や継続案件などがあり、当分建設ラッシュが続くであろう。2020年度にも新規案件（伊良部野外野球場整備、荷川取線道路改良など）が予定されている。さらに、伊良部大橋の開通に伴い、大型外資系のホテルの建設なども進められていて、もさらなる建設業の需要は大きい。

　一方、石垣市では、1979年頃から行政サービスや市民のニーズの変化に併せて建物やインフラ施設の整備などを進めてきたが、耐震基準の変更に伴う改修工事や老朽化が進んでいる公共施設もあることから、中長期計画の中で、市営住宅、学校、道路の改良、大型クルーズ船用港湾整備、下水道、新市庁舎などの建設が計画されている。

4−2　宮古島と石垣市の新設住宅着工件数

　沖縄県全体で見れば、2018年度の新設住宅着工の特徴として、着工戸数は16,197件で前年度の16,985件と比べ4.6％減となっている。しかし、分譲住宅に関しては前年度に比べ11.90％と大幅に増加しており、持ち家、賃貸住宅離れの傾向が顕著に表れている（**図表11**）。

図表 11　沖縄県新設住宅着工戸数

	持家	賃貸	給与住宅	分譲住宅
2018年度	3,021	11,359	215	2,390
2019年度	2,791	10,663	69	2,674
前年度比	△7.6%	△6.1%	△67.9%	11.90%

出所：おきぎん経済研究所（一部筆者作成）

給与住宅ってなんだろう？

　一方、宮古島市内の新設住宅着工数がここ4年間（2014年～2018年）で約4.8倍に増えており、2017年度と2018年度を比較しても、アパートなどの賃貸住宅だけを見ると約3倍、給与住宅でも跳ね上がり、約21倍、さらに分譲住宅でも、10倍となっており、まさに、建築ラッシュをはるかに超えて、建築バブルに近い現象が起きている。しかし、地元では住宅需要は今後もしばらくは続くのではないかと見ている。その背景には、観光客増加に伴う大型ホテルの建設やクルーズ船用岸壁工事のための作業員向けの住宅建設が急増していること、陸上自衛隊の駐屯地の整備事業なども新設住宅着工増加が要因である（**図表12**）。

図表 12　宮古島市新設住宅着工戸数

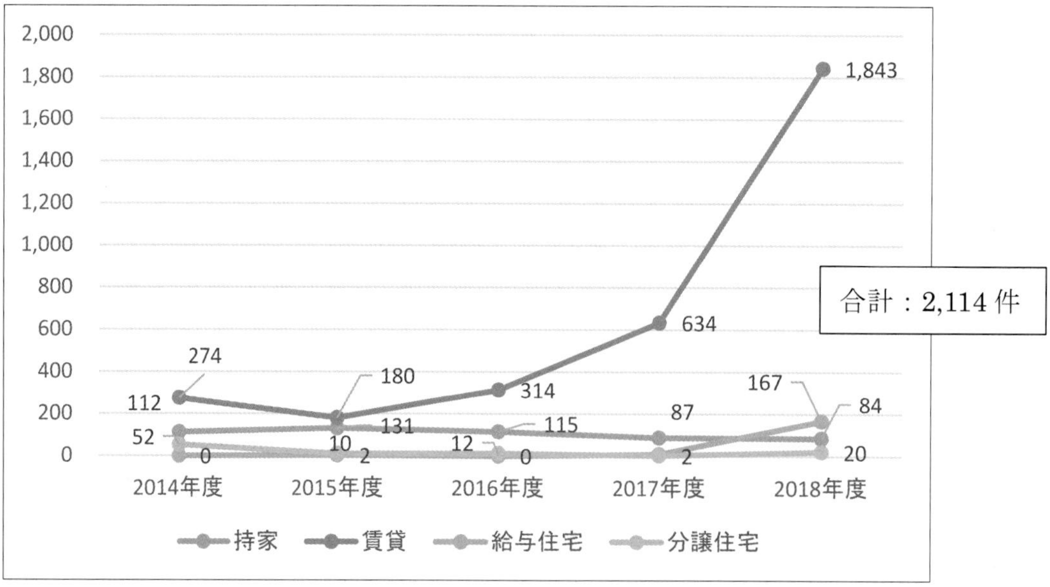

合計：2,114 件

持家　賃貸　給与住宅　分譲住宅

出所：おきぎん経済研究所（一部筆者作成）

　一方、石垣市においても、新設住宅着工件数は、毎年前年度を上回り、好調に伸びている。2014年度から2018年度の統計を見てみよう。

図表13　石垣市新設住宅着工戸数

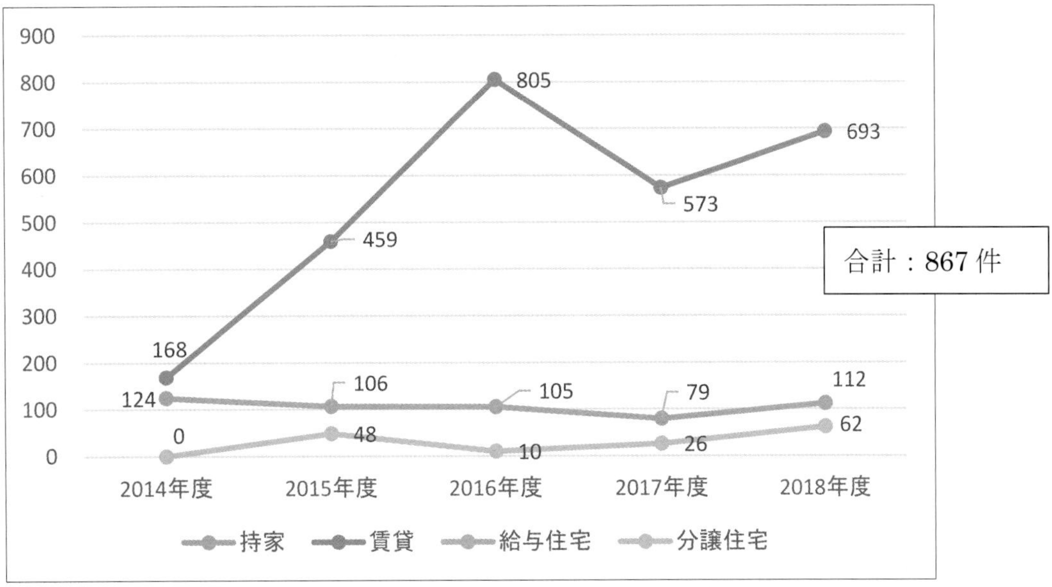

合計：867件

持家　賃貸　給与住宅　分譲住宅

出所：おきぎん経済研究所（一部筆者作成）　　　＊給与住宅データなし

　石垣の特徴として、持ち家住宅建設が或る一定の件数を保っており、宮古島市や沖縄全体の「持ち家離れ」傾向とは言えない。また、分譲住宅においては宮古島市を20件に対し62件と多いことが分かる。

　さらに、宮古島市と大きく異なる点は、賃貸住宅の件数や伸び率である。2017年度の賃貸件数は573件に対し、翌年は693件と1.2倍の伸び率だが、宮古島市では634件に対し、2018年度では1,848件と約3倍の伸びを示した。宮古島市の建築ラッシュは、同じ観光リゾートアイランドを目指す両市にとって、新設住宅着工件数は気になるところであろう。

　図表では紹介してないが、総務省の「住宅・土地統計調査」によると、沖縄県全体の住宅総数（2018年10月1日速報）は65万2,600戸となっており、4年前の2013年から比較すると4万9,800戸増加（8.3％増）している。その反面で空き家総数も62,400戸から66,800戸となり、空き家の数も4,4000戸（7.1％）の増加である。空き家の数の中でも、賃貸住宅においては、33,900から35,800戸増加している。

4－3　宮古島と石垣市の賃貸住宅状況

　宮古島市や石垣市では、新設住宅着工件数が増加の一途をたどっており、特に宮古島市においては建設業の需要は年追うごとに高くなり、好調ぶりが伺える。その中でも賃貸住宅は**図表12**が示すように急激に伸びており、そこで、賃貸住宅の稼働率と賃料の動向を見てみよう。

図表 14　沖縄県地域別賃貸住宅稼働率（初年度の稼働率）

	2014年度	2015年度	2016年度	2017年度	2018年度
名護市	92.0%	89.4%	90.0%	94.5%	96.8%
うるま市	92.5%	85.5%	87.3%	88.0%	92.0%
沖縄市・近隣町	84.2%	82.4%	84.1%	92.0%	93.6%
宜野湾市・西原町	91.8%	92.9%	93.4%	94.0%	94.0%
浦添市	89.3%	91.0%	92.3%	92.5%	91.5%
那覇（新都心周辺）	95.6%	97.3%	98.1%	97.5%	98.0%
那覇（新都心除く）	91.6%	90.4%	92.9%	92.9%	90.5%
豊見城・東南周辺	88.1%	88.7%	90.4%	94.5%	93.4%
宮古島市	93.3%	93.1%	97.5%	99.5%	99.5%
石垣市	98.1%	99.7%	99.8%	99.7%	99.5%

出所：おきぎん経済研究所（一部筆者作成）

　図表14が示すように、宮古島市と石垣市の賃貸稼働率においても99％以上を保持し、那覇市や新都心周辺と比較しても好調さが伺える。一般的に物件の稼働率を算出する場合は、「賃貸稼働率＝各戸の各月の入居日数の合計／12か月×戸数」で計算する。筆者が両市において調査した結果、宮古島市では、建築増加による作業員の宿泊施設として法人の借り上げが多くみられ、石垣島においては、2014年以降の海上保安庁の配備増加に伴う給与住宅の需要が高いことが分かった。

　今後も両市では、自衛隊配備なども計画されていることから賃貸住宅や給与住宅の需要は高い水準で維持できるであろう。

4－4　宮古島市と石垣市の賃料動向

　沖縄県の平均賃料を様式別に見て行こう。1R～1LDKは、平均7坪～11坪で、平均入居期間は2.9年で、需給者の割合は、学生や単身者である。しかし、近年の傾向では、2～3人世帯や法人の需要が高まっている。その背景には、広いリビングルームのある1LDKが人気を集めている。2K～2LDKは、平均12坪～16坪で、平均入居期間は4.5年である。需給者の割合は、単身者からカップル、さらに家族世帯まで幅広く、需要が安定している。3K～3LDKにおいては、平均16坪～22坪で、均入居期間は5.6年と他の様式と比較すると長期間の入居となり、多くは家族世帯である。物件供給としては少ないものの、家族世帯の需要は根強い。

　沖縄県全体で言えることだが、新築物件および中古物件ともに、緩やかだが前年度を上回っている。家賃上昇の要因として、新築物件は、建築費の高騰による家賃設定への影響が大きい。また、充実した設備投資（ハイグレード物件：生活環境や情報環境）も上昇の要因である。た

だ、地域（石垣市）では、不動産業者によって高い稼働率を維持するため、賃料の上昇をある程度抑える動きもある。

ここで、宮古島市と石垣市の賃料の推移を見てみよう。

図表15　宮古島市と石垣市の賃料動向

宮古島市	2015年度	2016年度	2017年度	2018年度
新築1R〜1LDK	44,900	48,300	49,400	57,099
中古1R〜1LDK	41,500	45,200	44,900	46,696
新築2R〜2LDK	63,500	63,800	64,300	73,921
中古2R〜2LDK	56,200	53,700	51,200	57,185
新築3R〜3LDK	67,900	69,000	68,000	79,015
中古3R〜3LDK	59,400	59,800	55,300	62,586

石垣市	2015年度	2016年度	2017年度	2018年度
新築1R〜1LDK	48,500	51,700	54,900	57,607
中古1R〜1LDK	43,400	45,800	44,600	48,312
新築2R〜2LDK	62,000	68,600	73,700	74,471
中古2R〜2LDK	53,400	52,000	54,600	57,981
新築3R〜3LDK	71,500	75,100	71,100	75,073
中古3R〜3LDK	62,300	66,800	68,600	74,196

出所：おきぎん経済研究所（一部筆者作成）

　宮古島市の賃料の動向として、中心街の西里・下里・久松地区などは、商業施設が整備され生活の利便性や築浅物件でも人気は高い。2015年度から2018年度を比較すると、全ての賃料が上昇しており、2017年度と2018年度を比較すると中古1R〜1LDKを除き、10％〜14％の急上昇を記録している。その要因は、2019年に消費税が10％に引き上げられることから「駆け込み建築」とダイビングを目的とする若い世代の移住者で「海が見える物件」の需要が増加したことではないだろうか。

　一方、石垣市でも、大型商業施設や生活の利便性から真栄里、平得、登野城の南側などを中心に人気が高く、全般的に賃料は上昇している。2013年に空港が市街地から移転したため、

その跡地利用などで公共施設の建設も計画され、今後もその地域の上昇は続くであろう。しかし、石垣市においては、5％～8％の上昇率は比較的堅調な推移であり健全であると言える。

　両市とも賃料の上昇はある程度理解できるが、宮古島市での急上昇（中には1DKで13万円の物件などもある）は、賃貸バブルの異常事態かもしれない。宮古島市での調査でも、伊良部大橋開通後、その周辺では、軒並み土地の価格が急騰し、リゾート用地として本土企業や外資系のホテルなどが従来の10倍から20倍の価格で取引されている。リゾート開発や港湾整備が順調に進めば、これまで以上に好景気が訪れるが、需要がいつ訪れるか見通せない。さらに、自然災害や感染症、軍事衝突など、予期せぬ阻害要因があると、観光に直結している住宅事情は、たちまち「経済危機」に陥ることは容易に考えられる。

5　おわりに

　先島諸島の中心である、宮古島市と石垣市の人口変動から就業動向、さらに産業構造や所得などさまざまな統計データから離島経済を分析してきた。両市とも自然豊かで、独特の文化を持つ魅力的な島であることから、さらなる観光立島として大いに期待できる。しかし、島の主要財源とされる観光収入だけに頼るのは非常に危険であり、ネット社会においては、瞬時にバブルを起こしたり、崩壊に導いたりすることが容易である。今こそ、観光に対する持続可能な開発を住民とともに着実に進めるべきであろう。

5－1　課題

　課題として、データが示す人口、産業、所得の面では、沖縄本島に比べ不利な点が少なくないことが分かる。自然災害の襲来により、第一次産業への影響はもとより、以前ほどではないが、交通機関の遮断や生活物資の不足、ライフラインの復旧の遅れなど住民生活や産業面への影響が大きい。離島ならではの、地理的、物理的に経済への妨げになっている。さらに両市とも人口変動では、大学がないことによる18歳人口（若者の流出）減少は避けられない。また、両市の周辺離島では、高校がないため15歳人口減少は、なお一層深刻である。しかし、データでも示したように両市においてもＵターン組の存在は大きい。30代～40代にかけてのＵターン組では、人材不足を補い、経済活動に多様性を生みだしている。島内需要だけでの市場では狭いことから、さまざまな分野において沖縄本島や本土から人的交流がＵターン組を中心に行われている。

　図表7でも示したように両市とも、主要産業である観光関連産業を中心とした宿泊施設や飲食店などの活性化は離島振興に繋がるが、あまりにも依存度が高い。各島における特産物のブランド化や自然環境や伝統文化を活かした商品開発ができる企業の設立が必要ではないだろうか。ブランド化された商品を観光客だけの需要に留めず、県外・国外との物流ネットワークの構築が待たれる。そのためには、安定した人材育成（特に語学と情報通信）が必要である。現

在は建設ラッシュで市は活気付いていて、多少個人所得も伸びているものの、島民、市民全体には恩恵が行き渡っている感覚はあまりない。さらに施設整備が落ち着いた後の産業は一気に低迷する傾向があり、所得格差が生じるであろう。そのような状況を産まないためにも優秀な人材を育てることは急務である。

東洋経済オンラインニュースの中で、宮古島市の市長は、「観光にも力を入れるが、観光業はいついかなる時にどうなるか分からないので、農業を基幹産業にしていて、この分野の活性化を図り、島民の生活を守りたい。宮古島のバブルは、下地空港開通だけではなく、大型クルーズ船の入港でアジアの観光客も増加している。それに対応できる港湾の改修工事が進められているが、それらはバブルをさらに引き起こすトリガー（引き金）になりそうだ。観光客の増加は島にとって大きな経済効果をもたらすことは間違いないが、島の特産品を来島観光客に買って頂き、地元経済の活性化に繋げればならない」と答えている。

観光依存体質は、沖縄本島にも言えることだが、特に両市とも、島の特産品の開発は課題になっていて、地元経済に直接反映できるシステムづくりが必要である。そのためには、若い世代の生産者人口の確保やコンサルテーション力、企画力、語学力、情報力などの育成が急務であろう。

最後にもう一つ大きな課題として医療体制の脆弱さがあげられる。特に石垣市の調査では、全ての調査機関が医療体制の脆弱を指摘している。2018年に八重山病院が新設されたものの、専門医師がいないため、沖縄本島の医療機関に送ることが多々あるようだ。また、移住者が増加している石垣市やその周辺離島では、医療が十分に受けられないことを理由に戻る移住者も増加している。この課題は、石垣市だけの自助努力だけでは限界があり、国や県が行う離島振興策の中で人材確保と十分な財政支援措置を取るべきである。

5－2　展望

宮古島市や石垣市も島であり（沖縄県にも言えることだが）、人、モノ、お金の流れは本土や那覇のような都市部とは異なる。様々なデータが示したように、両市とも第一次産業や第二次産業などの輸出資源に特化した経済ではなく、どうしても、第三次産業のような観光などのサービス業に特化し、外貨を稼ぐ輸入経済に頼らざるを得ない。政府も島の特性や自然文化を活かし観光産業の活性化を推進している。

ここで、展望としていくつか提案したい。

まず、宮古島市においては、伊良部大橋の開通を契機にこれまでにない建設ラッシュやホテル関連の雇用の増加、さらに、下地空港を利用した成田便や関西便、香港便などの直行便の就航は、宮古島の認知度を高め、宮古島経済に大きな影響を与えている。これからも、観光客に対応するための箱もの建設は急務であり、景観や環境を壊すことなくバランスの取れた開発を進めれば景気は一層拡大するであろう。しかし、これ以上の建設ラッシュは非常に危険であり、これ以上の地価の高騰はバブル崩壊に繋がる。さらに、賃貸住宅の賃料引き上げもバブル崩壊

へと加速させるであろう。従来の観光スポット単体で考える観光ではなく、農業や漁業、さらに教育などと結びつけ、市民（島民）が参加でき、島民にとって恩恵が感じられる仕組みや工夫が必要である。その参加型観光は、近隣3島（来間島、池間島、伊良部島）を橋で繋いだ短期滞在型観光から回避できる。

　一方、石垣市においては、これまで先島観光をリードしてきたノウハウを生かし、石垣市の強みである周辺離島の活用と最南端に位置する地理的優位性と貴重な野生動物を含む豊かで多様性に富んだエコ観光や人的交流観光などを期待したい。両市とも需要が拡大しても人材（労働力）を直ぐに増やすことは無理である。観光客の数を増やすことでは、宮古島市と奪い合いにしかならない。各島の特色を生かし区別化を図る必要があるだろう。石垣市の場合は、リピーターや移住者を対象に自然の中で「癒し」を提供できる高齢者型・長期型観光を期待する。

　最後に「市民（住人）が豊かにならない産業は長続きしない」と言うことを念頭に、健全な成長は、健全な持続可能に繋がるのではないだろうか。

【参考文献・資料】

総務省統計局（国勢調査）
内閣府経済社会総合研究所
厚生労働省「実践型地域雇用創造事業」
沖縄県企画部統計課
沖縄県企画部市町村課
沖縄県土木建設部
沖縄県総務部宮古事務所
沖縄県総務部八重山事務所
那覇公共職業安定所
宮古市役所（HP）
石垣市役所（HP）
那覇市役所（HP）
おきぎん経済研究所
東洋経済新聞
沖縄タイムス2019_12/ 1
離島経済新聞2019_ 8 _27

第11章

消費者市民社会と消費者行政

生垣　琴絵

消費者市民社会と消費者行政

◇◇◇◇◇◇◇◇◇◇◇◇◇◇◇◇◇◇◇◇◇◇◇◇◇◇◇◇◇◇◇◇◇◇

1．はじめに～消費者としての市民

1－1　消費者とは誰か？

「あなたは消費者ですか？」そう問われたら、通常の場合どう答えるだろう。消費者（consumer）という語は、どのような意味を持つのか。「物を消費する人」という意味が基本だとしても、そもそも「消費する（consumption）」とは何を意味するのだろうか。

広辞苑によれば、「消費」とは、一般的には「費やしてなくすること。使い尽くすこと」という意味である。しかし、経済学をはじめとした社会科学的な文脈においては、より具体的に定義される。それは、「欲望の直接・間接の充足のために財・サービスを消耗する行為。生産と表裏の関係をなす経済現象」を指すのである。

では、私たちは日常生活において、「欲望の直接・間接の充足のために」何を行っているだろうか。それは、「物を買う（購買）」という行為である。私たちが日々の生活において物を買わずに自給自足で済ますことは、もはや不可能に近いのではないだろうか。そして、物を買うことで生活を成り立たせるという生活様式が手放せないのだとしたら、私たちは「物を買う人」であり、それは、「消費をする人」＝「消費者」だということになる。すなわち、現代の資本主義社会に生きる私たちは、誰もが消費者なのである。

ここで私たちが消費者政策や消費者行政を考える上で踏まえておかなければならない消費者の定義についても確認しておこう[1]。

① 　生身の人間（自然人）であること。自然人である「消費者」は、生命・身体に深刻な被害を受けると2度と取り返しがつかない。
② 　事業者との間で保有する情報の質と量に格差がある。（商品・サービスの選択に必要な、品質や価格に関する情報の全てを独力で把握することは困難）
③ 　事業者との間に交渉力の格差がある。（消費者は、巧みなセールストークや強引な売り込みにより、意図せざる消費行動をとってしまうことがある）

これらの特徴をもつ消費者は、社会経済を構成する重要なステークホルダーである。一般の消費者は、日本経済全体（名目国内総生産）において、50%以上の割合を占める家計消費の当

---

[1]　消費者庁（2019）、p. 45。

事者であり、個々には小さくとも、全体としてみればその行動の社会的影響は大きいということも言えるのである。

このように、消費者としての自覚が芽生えると、日々行っている消費という行動によって自分自身が社会経済と直結している存在として浮かび上がってくるのではないだろうか。さらに、消費者として社会との結びつきを自覚することによって、自身を取り巻く消費生活に関わる環境やそこでの問題に注目せざるを得なくなるだろう。

1−2　消費社会としての日本

現代の日本社会は、広義には資本主義社会である。狭義にはさまざまに形容できるが、ここでは「消費社会」としての特徴を見出してみたい。また、日本がいつ頃から消費社会と呼べる特徴を備えてきたのかについて、消費社会論での議論から紐解いていこう。

消費社会を英語で表現すると、consumption society、consumptive society、consumer societyなどが挙げられる。消費社会という言葉は、1980年代以降、世界的によく用いられるようになったといわれている。実際には、1950年代にはすでにconsumer societyという言葉は使われていたが、その使われ方はさまざまである。例えば、W.W.ロストウは、主著の一つである『経済成長の諸段階── 一つの非共産主義宣言』（1960年）において、「高度大衆消費時代」(high-mass-consumption age)という表現を用いたが、これは産業の高度化が進行し、人々の生活が豊かになった社会状況を表わしている。また、経済心理学者G.カトーナは、1964年に出版した著作のタイトルに「大衆消費社会（mass consumption society）」という表現を用いている。

日本で「消費社会論」がブームになったのは、1980年代である。フランスの思想家ジャン・ボードリヤールの『消費社会の神話と構造』[2]が大きな注目を集めた一方、専門雑誌などでも消費社会論に関する特集が組まれた[3]。

ボードリヤールの問題意識は、消費社会が登場した経緯というよりも、消費社会内部の構造を知ることにあった。そのような目的において、彼にとって消費社会の射程に入っていたのは年代的には第二次大戦後、地域的には欧米の先進資本主義諸国の都市であった。では、そのような地域において、消費社会はいつ頃成立したのだろうか。

「物を大量に消費できるようになった社会」という意味での消費社会自体の出現は、19世紀後半といってよいだろう。たとえば、消費社会の意味として、consumption communitiesという言葉を使ったダニエル・J・ブーアスティンは、アメリカの消費社会化を19世紀後半とみている。彼によれば、アメリカがいち早く消費社会化した後で、20世紀に入ってから西ヨーロッパ諸国も消費社会の時代に入ったという。そして、明確に消費社会の様子がみられるようになったのは、第二次大戦以降とされる。また、ロストウによれば、19世紀になってはじめて大衆が、

2　1970年出版。日本語訳は1979年出版。

3　『現代思想（特集=〈消費社会〉の解読）』（1982年5月）など。

産業社会の生産する生産物の消費者として本格的に登場したが、具体的には1920年代のアメリカがはじめて消費社会と呼べる段階に到達したと述べた。

　上述の諸説明に共通していることは、消費社会の出現には「大衆」の存在が不可欠であったという点である。大量生産により商品が増大し、それを消費する人びとが増える（つまり消費が大衆レベルまで浸透する）ことが、消費社会を作り上げたというのである。19世紀以前に消費社会の起源を見る論者も少なくないが、いずれも、「大量生産の実現に伴った大量消費市場の出現」をそれぞれの時代に見出している[4]。

　以上のことを踏まえると、日本の社会は、1960年以降、1964年の東京オリンピックを経て、高度経済成長期に入るが、これが大量生産と大量消費が社会全体に広く浸透した「消費社会」へと日本社会を導く原動力となったといえるだろう。そして、バブル期をむかえつつあった1980年代の日本は、欧米社会に遅れを取ってはいたものの、消費社会の特徴が顕著な形で現れることになった。そして、ボードリヤールの消費社会論は日本社会が消費社会の特徴を備えたことによって、リアルな現実を捉えようとするときに参照され、思想史や社会学そして経済学の立場から分析されたのである。

1－3　消費者市民社会とは

　このように20世紀末に、消費社会として確立した（といえる）日本の社会は、1990年代に入ってバブル経済の崩壊を目の当たりにしたものの、消費社会としての特徴が消え去ったわけではなかった。「失われた20年」における経済の冷え込みは言うまでもないものの、実際は、長引くデフレの影響で消費単価が減少したものの、人びとの消費行動が下火になった、すなわち、「消費をしなくなった」とは言えないのである。実際に、ユニクロに代表されるようなファストファッションの流行などは、大量生産・大量消費の社会構造を一層強化したと見ることもできる。経済の落ち込みと、人々の消費行動の減少は、必ずしも連動するとは限らないのである。

　この時期、つまり、20世期末の世界的な消費者に関する議論を見てみると、それまでの時代とは異なる新たな展開が生じてきたことがわかる。1990年代には、北欧を中心としたヨーロッパの活動組織である「コンシューマー・シティズンシップ・ネットワーク」（CCN: Consumer Citizenship Network）の活動の中で、消費者市民（Consumer Citizenship）という概念が生み出され普及していくこととなった。それは、次のように定義される[5]。

　　「消費者市民とは、倫理、社会、経済、環境面を考慮して選択を行う個人である。消費
　　者市民は、家族、国家、地球規模で思いやりと責任を持って、行動を通じて、公正で持続

4　R.H.ウィリアムズは、19世紀後半から第一次世界大戦までのフランスにおける消費革命（デパートの出現、工業技術の発達などが示す）を指摘。N.マッケンドリックらは、18世紀イギリスにおける服装のファッションの流行や陶器の消費ブームなどの消費革命を指摘。J.サークスは、17世紀イギリスでさまざまな大衆向け工業製品の出現により大衆消費市場が成立していたと指摘。G.マックラケンは、16世紀末、エリザベス1世時代のイギリスで消費ブームが起こり自己顕示を求める消費形態が出現したと指摘。

5　岩本・谷村（2013）、p. 11、古谷（2017）、p. 83。

可能な発展の維持に貢献する。」

この新しい概念は、消費者を、企業をはじめとした生産者によって提供される商品を受動する存在というよりむしろ、消費という行動を通じて社会に貢献する存在として位置付けている点に特徴がある。市民（citizen）という言葉は、本来「公共の空間の形成に自律的・自発的に参加する」という意味合いを持つが、この概念と結びつくことによって、消費者は、「市民として自律し、自発的に行動する」＝「消費する」ことが求められたのである。

2012年、日本において消費者教育推進法が成立したが、その第2条第2項では、法律上初めて「消費者市民社会」が定義された。それは、「消費者が、個々の消費者の特性及び消費生活の多様性を相互に尊重しつつ、自らの消費生活に関する行動が現在及び将来の世代にわたって内外の社会経済情勢及び地球環境に影響を及ぼしうるものであることを自覚して、公正かつ持続可能な社会の形成に積極的参画する社会」である[6]。これは、消費者の自律と自立を求めるとともに、まずは、消費者被害に遭わないよう消費者の消費生活に関する実践的な力が育まれ、その上で、消費者が自らの行動の社会的影響を自覚した上で、主体的に消費者市民社会の形成に参画することができるようになるという基本理念を示したものである。さらに、同法においては、この基本理念を踏まえた消費者教育の推進に関する施策の策定や実施に関する国、地方公共団体の責務を定め、消費者団体、事業者・事業者団体の努力義務が規定された。この後、2013年には「消費者教育推進会議」が設置され、消費者教育の総合的、体系的かつ効果的な推進に関する議論や、消費者教育の基本方針に関する議論が行われることとなった。つまり、日本の社会が目指すべき一つのあり方として「消費者市民社会」という像が掲げられ、その担い手である消費者の力を強化し、自立を促すという意味で、消費者教育の推進と拡大という方法が見出されるに至ったのである。

2．日本における消費者行政の変遷と消費者の権利

1962年3月15日、アメリカのケネディ大統領は、「消費者の利益の保護に関する特別教書」のなかで消費者に関する4つの権利を提唱した。すなわち、「安全の権利」、「選択する権利」、「知らされる権利」、「意見表明の権利」の4つである[7]。その後、1975年にフォード大統領によって「消費者教育への権利」が追加され、アメリカにおける消費者の権利はこれら5つで構成されることとなった。

アメリカにおいては、1920年代ごろから消費者に関する行政の取り組みは始まっていた。粗悪品や誇大広告に対する注目は、生産者対消費者の構図を生み出し、商品テストや消費者運動も活発になっていった。では、日本における消費者行政はどのように展開したのだろうか。以下で確認していこう。

---

6 消費者庁（2019）、p. 80。
7 岩本・谷村（2013）、p. 138。

ちなみに、ケネディ大統領が４つの権利を提唱した「３月15日」は、消費者団体の国際組織である国際消費者機構によって「世界消費者権利の日（World Consumer Rights Day)」と制定されている。また、日本では、後述する通り、1968年５月に消費者保護基本法が成立したことを記念して、毎年５月を消費者月間としてさまざまな啓蒙活動を行っている。

2－1　消費者行政の歴史

　前節で確認したように、20世紀末の日本は、高度経済成長がもたらした大量生産・大量消費を実現する「消費社会」の段階をむかえると同時に、「消費者問題が社会的課題として顕在化し、政府において消費者問題に対応するための組織整備の必要性」が認識されるようになった。その後、21世紀に突入し、2009年９月に消費者庁が設置されるまでの流れは**図表1**「消費者庁創設までの歴史と経緯」の通りである。

図表1　消費者庁設置までの歴史と経緯

年月	概況
1965年	・国民生活局（経済企画庁）の設置（消費者行政を担当する政府の部局） ・国民生活審議会（内閣総理大臣の諮問機関）の設置（消費者政策等を審議する） ・地方公共団体に消費生活センターの設置開始 ・各省庁においても消費者行政を担当する組織の設置が進む
1968年５月	消費者保護基本法の制定：日本の消費者政策の基本理念とともに地方公共団体の責務を規定
1969年	地方自治法改正：「消費者保護」が地方の事務として規定→ 各地方公共団体に消費者行政担当部局を設置
1970年	国民生活センターの設立：消費者問題に関する情報提供や苦情相談対応、商品テスト、教育研修を担う
1973年	全都道府県に消費生活センターの設置
2004年	消費者基本法を公布・施行：消費者保護基本法を改正したもの
2005年	消費者政策の計画的な推進を図るため、消費者基本法に基づき、2005年度から2009年度までの５年間を対象とする消費者基本計画（第１期）が定められた（その後も５年ごとに改訂）
2000年代	食品偽装問題、中国産冷凍ギョウザ事件、悪質商法による被害増加などの消費者問題が多数発生し、消費者行政の転換が求められるようになった
2008年１月	内閣総理大臣が消費者行政の司令塔となる新組織の検討を表明
2008年６月	消費者行政推進基本計画が閣議決定
2008年９月	政府が消費者庁関連三法案を国会に提出（消費者庁設置法案、消費者庁設置法の施行に伴う関係法律の整備に関する法律案、消費者安全法案）
2009年５月	消費者庁関連三法案成立（第三者機関「消費者委員会」の設置など修正を経たのち）
2009年９月	消費者庁および消費者委員会の発足

（出所：『令和元年消費者白書』pp. 47-48 より作成）

ここで重要な転換点として読み取れるのは、1968年に制定された消費者保護基本法が改正され、2004年に新たに消費者基本法として制定されたことであろう。これは、「消費者の権利の尊重」、「消費者の自立の支援」を消費者政策の基本理念とし、また、消費者を「保護」の対象から、経済社会における重要な「主体」と位置づけ、さらに、消費者団体を、消費生活の安定及び向上を図るための健全かつ自主的な活動に努める主体として位置付けたものである。**図表2**にもある通り、2000年代以降、さまざまな消費者問題が浮上し、それらがマスコミ等にも大きく取り上げられ、人びとの注目が集まるようになっていった。そのような世論の流れも、2009年の消費者庁設立の一つの波を作っていたとも言えるだろう。

ここでもう一つ注目しておきたいのが、1968年の「消費者保護法」制定の段階から、日本の消費者政策にとって地方公共団体がその責務を負うことが規定されているという点である。さらに、その後、1973年には全都道府県に消費生活センターの設置が実現している。このように消費者行政の最前線としての「地域」という位置づけは、現在まで継続した体制となっている。

図表2　消費者問題の主な具体例（2000年以降）

年月	概　況
2000年6月	雪印乳業食中毒事故
2000年7月	三菱自動車リコール隠し
2002年	食品偽装表示事件の多発
2003年12月	BSE感染牛問題（アメリカからの牛肉等の輸入の停止）
2004年	振り込め詐欺被害の多発。偽造・盗難キャッシュカードによる被害の急増
2005年5月	高齢者を狙った悪質リフォーム工事被害が社会問題化
2005年11月	耐震偽装問題
2006年6月	シンドラー社エレベーター事故
2006年11月	パロマ工業社製のガス瞬間湯沸器の一酸化中毒死亡事故問題が顕在化
2007年11月	ミートホープ事件等の食品偽装表示事件の発覚
2008年1月	中国冷凍ギョウザ問題
2009年11月	劇場型勧誘による被害多発
2011年3月	東日本大震災に便乗した商法による被害続発
2011年4月	「茶のしずく石鹸」（小麦加水分解物含有）によるアレルギー発覚
2011年12月	スマートフォンのトラブル急増
2012年5月	「コンプガチャ」問題（景品表示法違反の見解）
2013年7月	カネボウ化粧品、美白化粧品による白斑トラブル発覚
2014年12月	ファーストフート店等での異物混入報道
2017年3月	格安旅行会社「てるみくらぶ」、破産による問題
2018年1月	振袖の販売・レンタル業者「はれのひ」、突然の営業停止によるトラブル

（出所：『令和元年消費者白書』pp. 315-320 より作成）

2－2　消費者庁の役割と消費者行政の仕組み

　消費者庁についての基本的な考え方は、「消費者行政推進基本計画」（2008年）において、規制緩和等の市場重視の施策が推進される中で、「安全安心な市場」、「良質な市場」の実現こそが新たな公共的目標として位置付けられるべきものとなったとし、「競争の質を高め、消費者、事業者双方にとって長期的な利益をもたらす唯一の道」とされた。これまでの政府の施策は、事業者を中心とした視点に立っていたことから、以後は、「消費者の利益の擁護及び増進」、「消費者の権利の尊重及びその自立の支援」の観点へと積極的にシフトすることを志向したものだったのである。これは、行政の「パラダイム転換」の拠点として消費者庁を位置付けるものであり、消費者・生活者を主役とした社会を実現するという意味も込められている[8]。具体的には、従来の「縦割り的体制」から、消費者行政を消費者庁が取りまとめるという意味で「一元化」し、強力な権限と必要な人員を備えた組織とすることとした。さらに、消費者庁は、「消費者行政における司令塔」的役割を果たすことが求められ、同時に、各地方公共団体との緊密な協力と、消費生活センターの強化充実のための全国ネットワークの早急な構築が目指された。そして、「消費者の利益の擁護及び増進」のために、消費者の声を真摯に受け止める仕組みを作り、消費者の更なる意識改革を促し、「消費者市民社会」の構築に向けた取り組みを進める必要があるとした。このような取り組みは、消費者に安全安心を提供すると同時に、ルールの透明性や行政行為の予見可能性を高めることにより、産業活動を活発化させるものであることも指摘された。これは、消費者の質の向上が産業活動（事業者、生産者）の利益にもつながることを示している。「消費者行政推進基本計画」は、消費者庁の以上のような役割を示した上で、**図表3**に挙げた6つの原則を満たすべきであるとした。

図表3　消費者庁が満たすべき6原則

①	消費者にとって便利で分かりやすい
②	消費者がメリットを十分実感できる
③	迅速な対応
④	専門性の確保
⑤	透明性の確保
⑥	効率性の確保

（出所：『令和元年消費者白書』p. 49より作成）

　消費者庁設置以後、消費者行政の基本的な枠組みは、①消費者庁（消費者行政の舵取り役）、②消費者委員会（消費者行政全般の監視役として内閣府に設置）、③消費者担当大臣（内閣府

8　消費者庁（2019）、p. 49。

特命担当大臣）、④国民生活センター（関係府省庁や全国の地方公共団体の消費生活センターと連携し中核的な実施機関として機能）という４つで構成されている。

3　地方消費者行政〜沖縄県の場合

　前節で確認した通り消費者庁は消費者行政を国レベルで動かしていく舵取りを担う機関である。本節では、地方における消費者行政がどのように展開しているかを明らかにする。なぜならば、「消費者行政は国と地方が車の両輪」と言われるように、国の消費者行政が主に国全体に適用される法律や制度を立案して実施していくのに対し、地方の消費者行政は、より消費者に近いレベルの対応、つまり、相談を受けたり、情報を提供したり、消費者教育の機会を設けるなど、「現場」の消費者問題直接的に対応する重要な役割を担っているからである[9]。

３−１　地方消費者行政の概要

　地方消費者行政の枠組みが形作られ始めたのは、1960年代から1970年代の高度経済成長期に確立した大量生産・大量消費の社会システムに日本社会が変革していった頃である。経済成長の実現の背後には、環境汚染やそれに伴う公害の問題、そして、消費に関する問題も生じることとなった（**図表４**）。

図表４　高度経済成長期の消費者問題の例

年	消費者問題の例
1955年	森永ヒ素ミルク中毒事件
1960年	ニセ牛缶事件
1962年	サリドマイド事件
1967年	ポッカレモン事件
1968年	カネミ油症事件
1973年	第一次オイルショック。各地でトイレットペーパー洗剤など物不足騒ぎ（「狂乱物価」）
1979年	アメリカ、スリーマイル島原発事故（原子力発電の安全性への問い）

（出所：『令和元年消費者白書』pp. 304-308 より作成）

　1968年に制定された消費者保護基本法（３条）では、「地方公共団体の責務」として、「国の施策に準じて施策を講ずるとともに、当該地域の社会的、経済的状況に応じた消費者保護施策を策定・実施する」という規定がなされ、翌1969年に地方自治法が改正された際に、消費者保護が地方公共団体の処理すべき事務として明確に位置づけられた。

　その後、2004年に消費者保護基本法は「消費者基本法」として改正されたが、２条１項において、消費者・事業者間には、情報力や交渉力に格差があることを踏まえ、消費者の権利尊

9　田口（2014）、p. 1。

重と自立支援が消費者政策の基本理念とされた。この理念のもと、地方消費者行政については、4条において、「地方公共団体は、第2条の消費者の権利の尊重及びその自立の支援その他の基本理念にのっとり、国の施策に準じて施策を講ずるとともに、当該地域の社会的・経済的状況に応じた消費者施策を推進する責務を有する」とされた。特に「啓発活動及び教育の推進」（17条）、「苦情処理及び紛争解決の促進」（19条）が、その責務として掲げられた[10]。

　また、2009年9月の消費者庁設置に向けた議論においては、いかに地方の消費者行政を充実・強化するかが重要な論点となり、次の二つの地方支援策が講じられた[11]。

　① 法律を通じた支援

　　「消費者安全法」において、それまで地方公共団体における事実上の行政組織であった消費生活センターを法律上に規定し、地方公共団体の取り組みを支援することとした。これにより各都道府県は、法律上規定された消費生活センターを設置しなければならないこと（必置義務）、市町村は設置に努めなければならないこと（努力義務）を規定し、その設置を促すこととした。

　② 予算を通じた支援

　　国は、2009年度から2011年度までの3年間を消費者行政の「集中育成・強化期間」とし、地方消費者行政活性化基金を創設して集中的な充実・強化を図ることとした。この基金は、消費生活センターの設置・拡充、相談員のレベルアップ等に活用された。これによって、消費生活センターの設置数は2009年4月の501カ所から2013年4月の745カ所へと244カ所増加し、相談員数も2009年4月の2,800人から2013年4月の3,371人と571人増加したことから、一定の成果はあったといえる。

　その後、国は、2014年度の補正予算から基金による支援を単年度の交付金である「地方消費者行政推進交付金」として、2017年度までに累計約540億円を設置し、消費生活センターの設置や消費生活相談員の増加が進められ、地方消費者行政の充実が求められた。

　2014年には、「地方消費者行政強化作戦」が定められた。ポイントとなるのは、「どこに住んでいても質の高い相談・救済を受けられる地域体制」を全国的に整備することを目指した点である。これを2015年3月に改訂したのが**図表5**である。ここで新たに消費者教育の推進、見守りネットワークの構築に関する目標が定められた。

　また、消費者庁では、消費生活センター等の消費生活相談窓口の存在や連絡先を知らない消費者に、近くの消費生活相談窓口を案内することにより、消費生活相談の最初の一歩をお手伝いするものとして、「消費者ホットライン」の運用を2010年から全国で開始した。さらに、消費者による利用を促すため、2015年から局番なしの3桁の電話番号「188（いやや）」の運用を開始し、誰もがアクセスしやすい相談窓口の整備を進めた。2018年7月には、消費者ホッ

---

10 細川（2018）、p.88。

11 田口（2014）、pp. 2-3。

トラインのイメージキャラクター「イヤヤン」を発表し、積極的に周知も行っている[12]。

図表５　地方消費者行政強化作戦（平成 27 年３月）

地方消費者行政強化作戦　　平成27年3月 消費者庁

趣旨

➢ 消費者基本計画（平成27年3月24日閣議決定）を踏まえ、
どこに住んでいても質の高い相談・救済を受けられ、安全・安心が確保される地域体制を全国的に整備
✓ 地方消費者行政のための交付金を通じ、地方における計画的・安定的な取組を支援
✓ 地方の自主性・独自性を確保しつつ、交付金を通じた当面の政策目標を設定

当面の政策目標

●都道府県ごとに以下の目標を達成することを目指し、地方公共団体の取組を支援

＜政策目標1＞相談体制の空白地域の解消
1－1　相談窓口未設置の自治体（市町村）を解消

＜政策目標2＞相談体制の質の向上
2－1　消費生活センターの設立促進
（人口5万人以上の全市町及び人口5万人未満の市町村の50％以上）
【消費生活相談員】
2－2　管内自治体（市区町村）の50％以上に配置
2－3　資格保有率を75％以上に引き上げ
2－4　研修参加率を100％に引き上げ（各年度）

＜政策目標3＞適格消費者団体の空白地域の解消
3－1　適格消費者団体が存在しない3ブロック（東北、北陸、四国）における適格消費者団体の設立支援

＜政策目標4＞消費者教育の推進
4－1　消費者教育推進計画の策定、消費者教育推進地域協議会の設置（全都道府県・政令市）

＜政策目標5＞「見守りネットワーク」の構築
5－1　消費者安全確保地域協議会の設置（人口5万人以上の全市町）

（出所：消費者庁ウェブサイトより）

３－２　沖縄県の消費者行政

（１）データで見る沖縄県の消費者行政

まず、沖縄県の消費者行政に関するデータを確認しておこう[13]。消費者行政の予算について、消費者庁が設置されて間もない2010年度は、151,206千円であり、そのうち自主財源は66％を占めている。この状態から、2018年度の予算は、153,767千円と規模としてはあまり変化がないが、自主財源の割合が、75.5％まで増加している。このことは、沖縄県が基金および交付金が減少する状況において自主財源から消費者行政の促進に努めていることを示しており、消費者行政を推し進める姿勢が見られると言えるだろう。また、2018年度の自主財源の割合の全国平均は、73.6％となっており、沖縄県はこれを若干上回っている数値であることから、他都道府県と比べて沖縄県の消費者行政の取り組みが平均以上のレベルで維持されていることがわかる。

また、前述した「地方消費者行政強化作戦」（**図表５**）に関して、都道府県別の達成状況を

12　消費者庁（2019）、p. 60。
13　消費者庁（2019）、p. 298。

確認してみよう[14]。沖縄県が達成できていない項目は、政策目標2-1、2-4、5-1となっている。政策目標2-1「消費生活センターの設立促進」について、人口5万人以上の市町については100％の設置が目標とされているが、44.4％にとどまっており、これは、全国の平均が94.9％であることからすると低い水準であると言えるだろう。また、人口5万人未満の市町村については50％の設置目標に対し0％となっており、ほとんど取り組めていないことがわかる（ちなみに、全国平均は49.1％である）。いずれの人口規模にかかわらず市町村の窓口開設が比較的低い水準にとどまっている点については、各市町村に個別の事情等を調査し対策を検討する必要があるが、これから改善の余地が残されているということでもあるため、今後の進展が期待できるとも言える。

さらに、政策目標2-4「相談員の研修参加率」については100％が目標とされているが、沖縄県は全国平均が91.8％のなか、74.4％にとどまっている。これについては、他都道府県のなかで北海道も77.4％と比較的低い水準となっており、理由としては、研修会の開催の状況（開催地や開催頻度）に左右されている可能性が考えられる。

最後に、政策目標5「消費者安全確保地域協議会の設置（人口5万人以上の全市町）」については、沖縄県に対象となる市町が9つあるうち「0」となっている。しかしながら、この項目については、兵庫県と徳島県以外は未達成の状況となっており、0という自治体も多数あるため、全国的に見ても今後取り組みが進められることが期待される項目であると考えるべきだろう。

（2）条例と行政組織

沖縄県は、平成17年に「沖縄県消費生活条例」を定めている。ここで、消費者基本計画を策定することを規定しているが、それは**図表6**に示す4つの基本目標で成り立っている。

図表6　「沖縄県消費者基本計画」

基本目標1：消費者の安全・安心の確保	食品や食品以外の商品・サービスについて、指導や関し、情報提供などを行い、安全・安心の確保を図ります。
基本目標2：消費者の自立支援	消費者の選択の機会の確保や消費者教育を推進することにより消費者の自立を支援していきます。
基本目標3：消費者被害の未然防止と救済	迅速かつ効果的な情報提供により消費者被害の未然防止を図るとともに、苦情相談窓口の充実により消費者被害から消費者の救済を図ります。
基本目標4：環境に配慮した消費生活の推進	環境への負荷の少ない消費生活を推進するため、消費者に対する情報提供や実践・啓発活動に努めます。

（出所：沖縄県子ども生活福祉部ウェブサイトより作成）

---

[14]　消費者庁（2019）, p. 300。

沖縄県の消費生活センターは、子ども生活福祉部消費生活センターという位置付けになっており、消費・くらし安全課長が消費生活センター室長を兼任する形になっている。また、本庁の消費生活センターに加え、宮古分室と八重山分室という構えになっており、消費生活相談については、NPO法人消費者センター沖縄の消費生活相談員（委託）と消費生活専門相談員（嘱託）として弁護士2名が対応する形をとっている。主な事業は、消費生活相談事業、消費者教育事業、消費生活情報の提供、商品テスト事業である。5月に設定されている消費者月間には、毎年テーマを定め、消費者問題に関するパネル展や、消費者啓発に関する講座などを行い、取り組みを強化している。

4 消費者政策の課題

消費者庁設置から10年が過ぎたとともに、消費者をめぐる社会経済情勢の変化は尽きることがない。それに伴い新たな消費者問題も生じている。情報社会のさらなる進展や、国際化、高齢社会の問題などは、消費者を取り巻く環境に大きく影響を与える。これらのことから、消費者政策における新たな課題は次のように整理される[15]。

（1）新技術を活用した新たなビジネスモデルへの対応
（2）消費者問題の国際化への対応
（3）人口・世帯構成の変化と消費者トラブルに巻き込まれやすい消費者の増加等への対応
（4）持続可能な開発目標（SDGs）の実現に向けた貢献

（1）について、インターネットによる取引は、現代社会においてはすでに当たり前のものとなりつつあるが、そのメリットとともに既存のビジネスモデルにはない問題が生じていることも事実であろう。ネットショッピングの普及は今後も進むことを考えると、ますますその対応の必要性は高まっていくはずである。（2）に関しては、消費者が直接国境を超えた取引をしやすくなった環境においてのトラブルだけでなく、日本に在留する外国人の増加によって外国人が消費者問題に遭遇する可能性を考慮する必要もあるだろう。現状では、越境消費者センター（CCJ）や「訪日観光客消費者ホットライン」などが設置されているが、これらの役割がより求められる可能性がある。（3）について、日本社会は今後高齢化の度合いがさらに加速することが予想される。また、高齢者に限らず、社会経済の変化に対応し切れずに取り残されていく社会的な弱者や、成年年齢の引き下げに伴って18 〜 19歳の若者が消費トラブルに巻き込まれる危険性が高まっている。（4）については、持続可能な開発目標（SDGs）は、2030年までに「持続可能（サステナブル）」で、「誰一人取り残さない」社会の実現を目指すことを国際目標としている。消費者庁は、この目標の達成のために、消費者基本計画に基づき、さまざまな施策を推進している。

---

15 消費者庁（2019），p.118。

5　おわりに

　これまで見てきた通り、日本の消費者行政は、消費者庁の設置という大きな変革を伴いながら、時代とともに進展してきた。そして、今後も社会経済の変化とともに、消費者を取り巻く環境も変化し、そこでの問題も多様化していくことが予測される。今後の消費者行政は間違いなくその存在意義が大きくなるだろう。

　前述の「地方消費者行政強化作戦」（**図表5**）において、政策目標の一つに「消費者教育の推進」が掲げられていたが、2020年度に「地方消費者行政強化作戦2020」（**図表7**）として新たに目標が定められた。両者を比較すると、消費者教育に関する項目がより具体化され拡充されていることがわかる。とりわけ、若年層へのアプローチに言及している理由は、令和4年度から成年年齢が18歳に引き下げられることによって、18〜19歳の経験の浅い「成人」が消費トラブル（契約トラブル）に巻き込まれる危険性が高まることに対処する意図が見られる。また、行政側のスタンスの変化として、従来消費者を「保護」の対象と捉えていた見方から、消費者が「自立」することを前提とし、それを消費者教育によって支援するという体制になったという側面にも注目しておきたい。これは、消費者が被害に遭わないために、消費者教育により自らの行動が社会に与える影響を自覚することによって、一人一人が消費者市民社会の形成に寄与する存在となることを重視しているといえるだろう。

　図表7においてもう一つ注目しておきたいのは、SDGsへの取り組みのなかの「エシカル消費の推進」である。エシカル消費とは、消費者基本計画において「地域の活性化や雇用なども含む、人や社会・環境に配慮した消費行動」と定義される（倫理的消費ともいう）。リサイクル商品、フェアトレード商品、寄付つきの商品、動物実験を行なっていない商品などを購入することは、エシカル消費である[16]。このエシカル消費の実践は、持続可能な社会の実現にとって不可欠であるだけでなく、環境への配慮や社会に対する関心を持つという意味でも、重要な実践であると考えられる。

　以上のように、消費者行政や消費に関わる問題を知ることにより、「消費者」の行動は、社会の方向性を決める一つの大きな要因になっていることが明らかになった。SDGsが持続可能な消費と生産として「つくる責任　使う責任」を挙げているが、私たち消費者は、商品を選ぶという行動によって社会的責任を果たしていくことが必要なのである。私たちは今、持続可能な社会＝未来を築くため、消費に関する知識を得ること（消費者教育）や、倫理的に正しい選択（エシカル消費）をすることによって、一人一人が自立した消費者となり社会の行末に責任を持たねばならない時代に生きているのである。

16　神山など（2019），p. 65。

図表 7　地方消費者行政強化作戦 2020（令和 2 年 4 月）

地方消費者行政強化作戦2020　令和2年4月 消費者庁

趣旨
- 第4期消費者基本計画（令和2年3月31日閣議決定）を踏まえ、どこに住んでいても質の高い相談・救済を受けられ、消費者の安全・安心が確保される地域体制を全国的に維持・拡充することを目指し策定（対象期間は、令和2～6年度）
- 地方の自主性・自立性が十分発揮されることに留意しつつ、地方消費者行政の充実・強化のための交付金等を通じて、地方における計画的・安定的な取組を支援
- 毎年度、進捗状況の検証・評価を行うなど、PDCAによる進捗管理を徹底

政策目標　都道府県ごとに以下の目標を達成することを目指し、地方公共団体の取組を支援

＜政策目標1＞消費生活相談体制の強化
【消費生活センターの設置促進】
　1－1　設置市区町村の都道府県内人口カバー率90％以上
＜政策目標2＞消費生活相談の質の向上
【消費生活相談員の配置・レベルアップの促進】
　2－1　配置市区町村の都道府県内人口カバー率90％以上
　2－2　相談員資格保有率75％以上
　2－3　相談員の研修参加率100％（各年度）
　2－4　指定消費生活相談員を配置（全都道府県）
＜政策目標3＞消費者教育の推進等
【若年者の消費者教育の推進】
　3－1　消費者教育教材「社会への扉」等を活用した全国での実践的な消費者教育の実施
　3－2　若年者の消費者ホットライン188の認知度30％以上（全国）
　3－3　若年者の消費生活センターの認知度75％以上（全国）
【地域における消費者教育推進体制の確保】
　3－4　消費者教育コーディネーターの配置の推進（全都道府県、政令市）
　3－5　消費者教育推進地域協議会の設置、消費者教育推進計画の策定（都道府県内の政令市及び中核市の対応済みの割合50％以上）

　3－6　講習等（出前講座を含む）の実施市区町村割合75％以上
【SDGsへの取組】
　3－7　エシカル消費の推進（全都道府県、政令市）
　3－8　消費者志向経営の普及・推進（全都道府県）
　3－9　食品ロス削減の取組の推進（全都道府県、政令市）
＜政策目標4＞高齢者等の消費者被害防止のための見守り活動の充実
【消費者安全確保地域協議会の設置】
　4－1　設置市区町村の都道府県内人口カバー率50％以上
【地域の見守り活動の充実】
　4－2　地域の見守り活動に消費生活協力員・協力団体を活用する市区町村の都道府県内人口カバー率50％以上
　4－3　見守り活動を通じた消費者被害の未然防止、拡大防止
＜政策目標5＞特定適格消費者団体、適格消費者団体、消費者団体の活動の充実
＜政策目標6＞法執行体制の充実（全都道府県）
＜政策目標7＞地方における消費者政策推進のための体制強化
【地方版消費者基本計画】
　7－1　地方版消費者基本計画の策定（全都道府県、政令市）
【消費者行政職員】
　7－2　消費者行政職員の研修参加率80％以上（各年度）

（出所：消費者庁ウェブサイトより）

【参考ウェブサイト一覧】

- 消費者庁ウェブサイト：https://www.caa.go.jp
- 独立行政法人　国民生活センターウェブサイト：http://www.kokusen.go.jp
- 沖縄県子ども生活福祉部　消費生活センターウェブサイト：https://www.pref.okinawa.lg.jp/site/kodomo/seikatsu_center/index.html

【参考文献一覧】

古谷由紀子『現代の消費者主権　消費者は消費者市民社会の主役となれるか』芙蓉書房出版、2017年

細川幸一『大学生が知っておきたい消費生活と法律』慶應義塾大学出版会、2018年

岩本諭・谷村賢治　編著『消費者市民社会の構築と消費者教育』晃洋書房、2013年

神山久美・中村年春・細川幸一　編著『新しい消費者教育　これからの消費生活を考える　第2版』慶應義塾大学出版会、2019年

消費者庁『令和元年版消費者白書』2019年

田口義明「地方消費者行政と消費生活センターの役割」『国民生活』（ウェブ版）、No. 23、pp.1- 4、独立行政法人国民生活センター、2014年6月

第12章

買い物弱者という社会課題を解消するための
沖縄の共同売店（コミュニティ協同組合）の経営とその課題
－歴史的文脈を含めた諸外国との比較分析－

村上　了太

買い物弱者という社会課題を解消するための沖縄の共同売店（コミュニティ協同組合）の経営とその課題

―歴史的文脈を含めた諸外国との比較分析―

1．はじめに

　日常の消費生活において、スーパーマーケット（Supermarket：以下、スーパー）やコンビニエンスストア（Convenience Store：以下、コンビニ）は我々にとって、なくてはならない存在である。食料品のみならず、他の商品・サービスの提供も行われるなど、生活を支える1つのインフラ（Infrastructure）を形成している。

　他方、コンビニやスーパーが全国津々浦々に点在するかといえばそうではない。たとえば、沖縄本島北部や島嶼部などではスーパーやコンビニが存在しない地域も少なくない。こうした地域には他のサービスが提供されていることもあるが、ここでは共同売店（Community Owned Shop）によるサービスに着目する。上記の地域や奄美地方に散見される共同売店は、およそ1世紀にわたって地域の生活を支えてきた一種の協同組合（Co-operativeやCO-OPなど）であり、集落の住民による出資、経営そして労働がなされている。本章では、その生成、拡大そして成熟までのプロセスを概観するとともに、諸外国との比較において存続策を考える。

　共同売店という表現自体は沖縄固有と指摘しても過言ではない。そもそも企業には、株主、経営者、消費者、従業員、仕入れ先、販売先、金融機関そして行政機関などから構成される利害関係者（Stakeholder）が存在している。共同売店も同様に、様々な利害関係者との関連で初めてその活動を可能にさせるのである。だが、時代の流れとともに日常生活のスタイルも変化してきている。本土復帰後に限ってみても沖縄関係の予算によって道路インフラが整備され、北部と中南部の移動時間の短縮が図られた。同時に、モータリゼーション（Motorization）、スーパーやコンビニの北部への進出、そしてインターネットやスマートフォン（Smartphone：以下、スマホ）の普及など、共同売店を取り囲む環境が変化してきた。共同売店はそうした経営環境の下で存在を続けながら、他の事例とは異なった機能も担ってきた。たとえば、見守り（共助）や金融（掛け売り）などの機能である。

　本章は、個別具体的な共同売店の事例を取り入れながらも、「経営」という観点からその実態を解明しつつ、諸外国との比較による分析を試み、その相違点を掲出する。そして読者（特に学生）が共同売店に関心を抱いてその仕組みを少しでも理解してもらえれば、と考えている。特に沖縄国際大学経済学部経済学科のアドミッションポリシー（Admission Policy：入学者受入方針）にも「経済を含む地域および国際社会の諸問題に強い関心がある人物」とあるように、共同売店の経営を通しても社会経済の諸問題を考えることができる。さらに、大学を卒業する時点ではディプロマポリシー（Diploma Policy：学位授与方針）のように「『社会経済の自立

と国際社会の発展に寄与すること』の教育研究目標のもと、社会人として諸問題を解決していくために求められる基本的な資質である『知識』、『考察力』、『表現力』を有することを学位授与の方針」とあり、そうしたスキルを身につけた人物に育成されていくことになっている。大学生活において共同売店の事例分析を通して知識、考察力そして課題解決のための想像力と他者に伝える表現力などを修得してもらいたい。

2．課題の設定

　まず経済学では、経済主体（経済活動の担い手）を政府、家計そして企業に分けて考える。企業はその中で唯一の生産主体である。その企業とは、一般には私的動機に基づいて起業され、存続するための営利活動を続けていく性格を有している。私的動機がなくなれば（要するに、採算性に問題が生じてきた場合）、企業は当該の事業から撤退することもあり得る。撤退とは損益分岐点（Break-Even Point）を下回り、つまり経営に赤字を呈し、営利活動に支障をきたしている場合がほとんどである。このような動きに対して、たとえば身近にあるスーパーやコンビニがスクラップアンドビルド（Scrap And Build）されていくのである。地方においては、特に消費人口（購買力）が乏しいため、小売商店は私的動機に魅力が乏しくなるのだが、消費者からすれば不便な生活が待ち受ける。

　本章で分析する共同売店とはどのような経緯で設立され、今日まで存在するのか。共同売店を分析するため、本章ではどのようなツールが用いられるのか。結論を先に言えば、ここでは経営学とツールを用いることにする。本書のタイトルにあるように『沖縄経済論』とは沖縄を「経済学的」に分析するという意味である。とすれば、経済学を構成する様々な手法が執筆者ごとに明示されなければならないところでもある。本章では、それを経営学、とりわけ批判経営学という視点で考察する。要は、様々な道具（経済学や経営学）を使って様々な具材（例えば沖縄）を調理していくということである。

　沖縄を経営学、特に批判経営学という視点からとらえると、どのような理解が可能だろうか。本章で指摘される点は、先述のアドミッションポリシーにある、経済を含む地域および国際社会の諸問題」において、これらの問題とはどのような問題を指すのだろうか。少なくともこれは、誰かから与えられた課題ではない。日常生活を送る場合、経済・社会の問題を意識するには、情報源の確保が大前提となる。様々な情報から、沖縄、日本さらには世界というそれぞれの範囲においての課題発見力[1]の醸成が必要になる。すなわち、課題発見力における「課題」とは、与えられた課題ではなく、「自ら」が見つけ出す課題であることに留意を要する。

　本章で掲げる課題として沖縄の共同売店の経営を考えていくのであるが、その深いところには、地域において、日常の買い物活動が保てる環境を「まともな生活」（Decent Life）として、

1　ここでいう課題発見力とは、経済産業省の「人生100年時代の社会人基礎力」(https://www.meti.go.jp/policy/kisoryoku/index.html:2019年11月16日)にある、3つ能力と12の能力要素の1つである。

それが送れるかどうかという視点が含まれる。このまともな生活を維持する方法は、共同売店や個人商店による商品供給だけではなく、移動販売やインターネット通信販売などの選択肢も得られるようになった。この共同売店の特徴は、日常の買い物活動を支援するだけではなく、コミュニティの情報交換のハブ（Hub）やお互いの見守り機能なども併せ持っていることにある。そうした状況が困難になれば、後述のように、買い物弱者（Food Desert）から買い物難民（転居を余儀なくされる場合）へと問題がさらに深刻化する。なお、難民とは国連難民条約第1条において「人権、宗教、国籍、政治的意見または特定の社会集団に属するなどの理由で、自国にいると迫害を受けるかあるいは迫害を受ける恐れがあるために他国に逃れた」[2]人々を指すため、本章で指摘する難民とは根本的に異なることにも留意が必要である。ただし、「強いて言えば『難民』という表現が多少『強く』、公共交通の廃止など外的な環境変化により困窮状態に追いやられてしまった、というニュアンスが色濃くなるように思われる」[3]という指摘はこの現象を的確に説明している。

　では、買い物弱者はなぜ発生するのか。これは交通弱者から生ずる課題と指摘できる。買い物弱者とは、「（1）近隣の商店が撤退したことによるもの、（2）それまで買い物に利用していた（公共）交通機関の廃止によるもの」[4]と定義されている。高齢による自動車の運転に課題をきたすことにより、また公共交通機関の撤退や減便によって移動に困難を伴う地域が発生する。さらに、商圏人口の減少に伴う小売店舗の閉鎖・撤退は深刻な影響を及ぼす。これらの状況によって、まともな生活が送れなくなるという課題（これを社会課題とも指摘できる）に対して、解消もしくは解決を企図するために、どのような担い手が、どのような役割を果たすべきだろうか。本章で考えてみたい。

3．課題解決（改善）のための主体（担い手）

3−1　ソーシャル・ビジネス

　社会には様々な課題がある。社会の課題をビジネス的手法で解決しようとする取り組みをソーシャル・ビジネス（Social Business）という。なお、関連用語には「社会的企業」という用語もある。ソーシャル・ビジネスもビジネスを冠していることから、経営学が対象とする組織であり、その経営構造、組織、戦略なども分析されることになる。ビジネスを前提としているけれども、その組織は「ソーシャル」なビジネスである。では、このソーシャルの意味するところを理解すれば、おおよその内容を理解することができる。ビジネス以外に用いられるとすれば、携帯電話で利用されるソーシャル・ゲーム（Social Game：ユーザーからは一定の

2　国連難民高等弁務官事務所ウェブサイト（https://www.unhcr.org/jp/treaty_1951：2019年11月13日）。

3　吾郷貴紀「買い物弱者問題の背景」吾郷貴紀編『買い物弱者問題への多面的アプローチ』白桃書房、2019年、2ページ。

4　吾郷貴紀「買い物弱者問題の空間経済モデル分析」吾郷貴紀編著『買い物弱者問題への多面的アプローチ』白桃書房、2019年、136ページ。

もしくはその大部に課金されない、いわば無料相当）、ソーシャル・ネットワーキング・システム（ユーザーが無料で利用できるコミュニケーションツール、いわゆるSocial Networking Service、SNS）、そしてソーシャル・ディスタンス（Social Distance：社会的距離）など、2020年時点でも学生の間で使われる用語の中に定着している。

　本来は利用者負担もしくは受益者負担の原則がビジネスの基本に存在するものの、ソーシャルの場合は、利用者本人の金銭的負担よりもその他からの負担によって成立している。この場合、多くは携帯電話ほかのデバイスに表示される広告料や、検索結果やユーザーの閲覧状況の情報を提供することによって関連する企業の経営が成り立っており、一見したところでは利用者本人の「直接的な」負担ではなく、間接的な負担となって行われているので、これをソーシャルということができる。なお、2020年初頭から流行する新型コロナウィルス（COVID-19）感染の予防のための医療用語であり、他とは範疇が異なる。

　こうした理解においてソーシャル・ビジネスとは何か。つまり、利用者から使用料や会費を徴収しないことを前提とすればソーシャル・ビジネスとは、他の機関から（たとえば行政の予算）の財政支援によって利用無料のような仕組みを指すものかといえば、それは正鵠を射た表現ではない。むしろ利用者からもサービスの対価を受け取りながら、ビジネスとは異なる行動をするということを意味する。ソーシャルという場合、企業が提供するサービスに対して利用者が負担することが大前提であり、他方では企業としてしかるべき活動を展開していることに対して、「通常」の仕組みとは異なるメカニズムを持っていることがソーシャルであるといえる。

3－2　共同売店に関する問題提起

　共同売店は、集落の住民が共同で出資して、共同で組織を経営して、共同で労働する組織である。この組織は、協同組合ともその性格を類似にさせている。その類似性は、既存の研究でも指摘されている。ここでいうロッチデール原則（Rochdale Principle）とは、1844年に英国ロッチデールで採択された原則であり、昨今の協同組合（生活協同組合、農業協同組合や漁業協同組合など）のルーツの１つである。つまり、「ロッチデール生協は、産業革命直後の低賃金とインフレに悩む紡織工28人が１ポンドずつ出資して1844年に設立された。『公開、民主的運営、利用高比例割り戻し、出資金利子制限、教育活動』など『ロッチデール原則』といわれる同生協の方針は、その後、欧米各地に広がった生協運動へ引き継がれていく」[5]ことになった。協同組合のルーツの１つである理由は、ロッチデール原則の成立以前にはすでにスコットランド（Scotland）地方のニューラナーク（New Lanark）工場の運営方針などにも協同組合的な発想が組み込まれていたことから[6]、ロッチデール原則だけが協同組合の源流とはいえないのである。**図表1**からは、ロッチデール原則と奥共同店の類似性を見出すことができる。これ

5　『毎日新聞』1994年12月21日。

6　ロバート・オウエンの思想についてコンパクトにまとめられた研究として、飯田鼎「イギリス労働運動史上のロバート・オウエン」『経済学史学会年報』第9巻、1971年、1-10ページがある。

をどのように解釈するか。1906年の社会情勢を鑑みても、当時の沖縄の中心部は、2020年現在と同じく那覇であったと考えられる（那覇市政は1921年に発足）。これが第1の問題提起である。つまり、政治経済の中心部では様々な情報が集結することになるが、なぜ、沖縄本島北部の集落から共同売店が生成したか、である。

さらに協同組合には「協同」の表記が用いられるが、沖縄の共同売店の場合は、「共同」の表記が多く見られ、「協同店」という表記は稀である。大半が共同店や共同売店であることは、形式的にも、そして内容的にもその性格を異にしているかどうか。これが第2の問題提起である。1900年には産業組合法が成立しており、全国的に拡大する時期でもある。関連する文献にも「共同」という表現が見られるように[7]、一般的な用語として存在していたと考えられる。

図表1　ロッチデール原則と奥共同店運営ルールの比較

	ロッチデール原則	奥共同店店則
出資者	開かれた会員制（加入・脱退の自由）	区民は全員加入、転出転入者は任意
金融	資本の自己調達七と低率利息の負担	基本的には区民・区の出資（一部に借入）
商品提供	順良な商品の提供、両目などの正しさ	
販売	市価販売および信用取引の禁止	掛け売りあり（5人1組）、一定金額または回数の制限
配当	利用分量に従って利益分配	出資配当、後に購買量に応じた配当
株主の権利	一人一票、および男女平等	一人一株、区総会は購買量に応じた配当
役員人事	定期的に選出された役員による運営	区民総会による主任などの選任（2カ年）、定期的交代
配当以外の利益分配	利益の一定率の教育への配分	学費奨学金・貸付 青年文庫などへの寄付 地域行事への使用（こいのぼり祭り）
情報開示	報告と貸借対照表の頻繁な開示	かつては年3期決算、現在2期

出所：林和孝「コミュニティに埋め込まれた協同組合」（財）地域生活研究所『まちと暮らし研究』第15号、2012年、81ページ。

4．産業組合（協同組合）との路線の別離と盛衰

4－1　産業組合設立の歴史的必然性

沖縄の共同売店を通して沖縄経済を考える姿勢をもった本章では、これまでその分析のための背景について探ってきた。本章では、さらにより具体的に共同売店の流れを理解するために、設立の経緯について推論を含めながら、共同売店発生の必然性について述べる。

歴史を紐解くと、沖縄に共同売店が産声を上げたのは1906年である。まずは、先行研究を

7　平田東助『産業組合法要義』元眞社、1900年、2ページ。

基に作成した**図表2**を見てみよう。主に19世紀初頭から協同組合や労働組合運動が盛んになったことが理解できる。特に、英国やフランスの仕組みは、社会主義思想を受けながら、世界に伝播したことが理解できる。ただし、カール・マルクス（Karl Marx）らによって提唱された科学的社会主義とは違い、協同組合運動は空想的社会主義と呼ばれた時代もあった。両者の違いを科学的社会主義の観点からは、「第一に、社会主義社会は、一部の天才的な理論家が、頭のなかで考えだし、いわば自由にその構造を設計・デザインすればよいものとされていた. 社会の客観的な経済的発展法則というようなことは全く考えられていなかったのである。第二に、この社会主義を実現する方法として、もっぱら社会の有力者すなわち、ブルジョアジーをたよりにし、かれらを説得し、かれらのあいだからスポンサーを見つけだし、資金を出してもらおうと考えた。社会には階級間の利害の対立があること、社会主義は階級闘争をつうじてしか実現されないことがまだ理解されていなかったのである」[8]と指摘される。こうして空想的社会主義が語られてきたのである。

　かつては英国人のロバート・オウエン（Robert Owen）がスコットランドで営んだニューラナークや、先述のロッチデール原則を採択したロッチデール先駆者公正組合（The Rochdale Equitable Pioneers Society）など、19世紀にはすでに英国社会に協同組合が産声を上げていたのである。その理由は、企業の暴走（資本主義の有する無政府性）に加えて、自由放任策（Laissez Faire、レッセフェール：仏語）をとる英国政府という関係において、組合を発足させる必然性が生まれたのである。換言すれば、資本主義市場経済の特徴は、無政府性にある。要するに私的利潤極大化のためには、手段を選ばないことに特徴がある。具体的にその手段とは、児童労働、長時間労働、低賃金労働などを初めとした劣悪な労働環境を作り上げている状態といえる。これらの諸点は、昨今の企業社会においては法令遵守が図られているが、政府によるなにがしかの規制が存在しない場合（無政府状態で）、資本家による労働者への搾取が横行した。こうした中で、初期の協同組合が改善へと動いたのである。

　現代では、労働者の権利が法令によって定められている。企業は各種の法令を遵守することになるのだが、そうした法令を遵守できない、特に企業と労働者の関係で生じる「情報の非対称性」が搾取の根源でもあるし、結果的に社会からは「ブラック企業」と糾弾されることもある。協同組合が世界各地で産声を上げた頃にはブラック企業という表現はなかったと思われるが、企業が有する性質としては至って普遍的なものであったと思われる。しかし、搾取の横行によって生じたであろう貧困や過労死などの問題を重く見た人々が協同組合運動を惹起させ、今日に至っている。

8　林直道『経済学入門』青木書店、1981年、230ページ。

図表 2 協同組合の先覚

氏名	生没年	概説
ロバート・オウエンRobert Owen	1771-1858	協同組合および労働組合運動の父。1825-1828年共産郷 New Harmonyを創設。1831-1833年にわたり5回のCooperative Congressを開催した。
シャール・フーリエCharles Fourier	1772-1837	サン・シモンとともに空想的社会主義者と呼ばれる。協同組合的理想郷Phalanstèreを提唱した。
ウィリアム・キングWilliam King	1786-1865	キリスト教社会主義の先駆者、1827年に英国ブライトンに消費組合の嚆矢である共同店(ユニオンショップ)を創設した。"The Co-operator"の著者でもある。
フィリップ・ビュッシェ Philippe Buchez	1796-1865	生産組合思想の父、1831年、パリ指物師の生産組合を創設。
ビクトル・エイメ・フーベル Victor Aimé Huber	1800-1869	ベルリン大学教授。英仏の協同組合運動を早くからドイツに紹介し、特にロッチデール組合については、1852年に『イングランドにおける協同組合的労働者団体について』という著書を公刊。
チャールズ・ホワース Charles Howarth	1814-1868	英国ロッチデール組合設立者の1人、同組合規約の立案者である。
シュルツ・デーリッチ Sculte-Delitzsch	1808-1883	ドイツ市民信用組合および消費組合運動の父であり、またドイツ協同組合立法の父である。
フリードリッヒ・ライファイゼン Friedrich Raiffeisen	1818-1888	ドイツ農村信用組合運動の父。農業協同組合運動の先覚である。
デウ・ボアブ Eduard de Boyve	1840-1922	フランスにおけるロッチデール式組合運動の普及者。国際的協同組合連盟(1895年ロンドンにて設立)創設者の1人。
シャール・ジッドCharles Gide	1847-1931	近世の経済学者にて消費組合理論の開拓者。その名著『消費組合論』は全世界に翻訳されている。
平田東助 Tosuke Hirata	1849-1925	日本の信用組合運動の先覚者。
ホレイス・プランケット Horace Plunkett	1854-1932	自由アイルランド独立運動の志士。アイルランドのみならず、国際的農業協同組合運動の父である。
薛仙舟 Hsien Chon Hsuch	1878-1927	中華民国における近代的協同組合運動の先駆者。

注1：人名については他の資料を参考にしてカタカナ表記に変更している。注2：筆者が原典を一部編集している。
出所：三浦虎六「協同組合運動系譜」『鹿児島大学農学部学術報告』第2巻、1953年、204-205ページ。

図表 3 協同組合の歴史性と原理

段階	基本理念	類型
(1) 小商品生産の支配的社会の協同組合	共済的相互扶助による商品経済への適応	同業組合、共同体的生産組合、無尽組合
(2) 産業資本段階の協同組合	中間利潤の排除	ロッチデール方式の消費組合、信用組合、販売組合、生産組合、酪農組合、住宅組合
(3) 独占段階の協同組合	商品経済の矛盾の激化と自衛体制の強化	Iサンデカー(フランス)、ファーマース／ユニオン(アメリカ)、生産の協同組合化 II統一連合形態の協同組合
(4) 初期社会主義段階の協同組合	土地所有の社会化	Iモスコー方式の協同組合:トーズ、アルテリ、コンムーナ、コルホーズ、ソホーズ II東欧方式の協同組合:土地協同耕作組合(チェコ、ルーマニア)、共同生産組合(ブルガリア、チェコ、ポーランド)、集団農場(ポーランド、チェコ、ルーマニア) III北京方式の協同組合:初級合作社、高級合作社、人民公社

注：筆者が原典を一部編集している。
出所：伊東勇夫『現代日本協同組合論(第2版)』御茶の水書房、1962年、91ページ。

4−2　沖縄における共同売店の設立

　ここでは、共同売店の設立背景やその沖縄的特徴、そして産業組合との別離の過程を先行研究の洗い出しから見つめ直した論文を見ていこう。

　まず概要を探ると、「土地整理事業による旧慣諸制度解体以降に、沖縄本島北部の村落に次々と設立された『共同店』という村落の経済組織は（中略）、村落の 共同体的・経済的結合の弱さがその特徴とされる沖縄の共同体の新たな変化であり、これも自主的な山林管理制度の構築と密接な関連をもつものであった」[9]とした上で、「奥をはじめ共同店を設立した多くの村で、共同店の『産業組合化』、あるいは『農協化』はことごとく失敗し、結局、共同体的基盤の上に成り立つ共同店という形態に戻っている」[10]と指摘されている。ここに、1906年と産業組合の流れを汲みながら初期形態が形成されたのである。さらに、「沖縄県庁・国頭村当局の産業組合化による営業税免除という誘導により、奥共同店は『無限責任奥販売購買信用組合』という名称のもとに産業組合として改組された。しかしながら、奥販売購買信用組合は、1916（大正5）年、改組後1年半にして負債3000円を抱え解散する」[11]に至ったことにも留意が必要である。共同店も一時期は閉鎖されたとはいえ、産業組合という上からの、あるいは外圧と集落との相克がここに描き出されるのである。

　念のため、その後の沖縄の産業組合の動向も記しておこう。結論から先にいえば、「沖縄産業組合が不振であった理由を、日本的な『家』制度の未形成による貯蓄動員の弱さと農民（組合員）の機会主義的行動を十分に抑制できない村落社会のあり様（日本的な『村『の未形成）」[12]がその理由として掲げられている。ここで指摘されるべきは、産業組合と共同売店との分岐点がどこにあったかということである。すなわち、そこには、村落共同体とも説明できる共同売店と、行政単位で普及を企図した産業組合との関係性は少なからず存在したのである。

　こうした諸点を踏まえて、先の奥共同店店則とロッチデール原則との共通点を理解するには、産業組合思想の1つのルーツであるロッチデール原則をも間接的に取り入れた奥共同店は、沖縄で最も早く設立された。これまでの研究のように、内部要因における「寄留商人の攻勢」への対抗策として産業組合思想の「いいとこ取り」をして、特に1人1票として特定個人の影響力を排除したこと、そして剰余金の奨学金への活用などが選択されたと指摘できる。外部からの圧力に対して別の外部の力を借りながら内部の団結となって共同売店が生まれるにいたったのである。**写真1**がその嚆矢である奥共同店である。奥共同店が偶発的に発生したというよりは、奥集落の抱える要因と外力のベクトルが重なるところに、設立の必要性と必然性が生じたのである。

9　上地一郎「共同性の創発　─土地整理事業以後の沖縄の村落共同体─」『高岡法学』第32号、2014年、4ページ。

10　同上論文、18ページ。

11　同上論文、16ページ。

12　坂根嘉弘「沖縄県における産業組合の特徴」『廣島大學經濟論叢』（広島大学）、第36巻第2号、2012年、107ページ。

4－3　産業組合思想の展開と導入背景

　先出の**図表2**に示された平田東助の思想は「資本主義の発達によって生じる社会問題の根源を、小生産者の衰退や貧富の格差拡大に求め、その対策のひとつとして、信用組合の創設の必要性を訴えている」[13]とまとめられるように、その経緯はいわゆる格差社会から生じた課題の解決にあった。産業組合は、ロバート・オウエンやロッチデール原則に源流があるように、日本の産業組合思想も課題解決のための、特に資本主義市場経済の有する無政府性への対抗策として導入されたといえる。

　協同組合とは、**図表3**のように様々な段階で生成してきた。では、沖縄の共同売店を基軸として、ニューラナークやロッチデール公正先駆者組合との設立背景を探り、その相違点を取り上げる。伊東勇夫『現代日本協同組合論（第2版）』御茶の水書房、1962年、91ページにある歴史的発展段階に基づく協同組合の必然性（客観的事物の発展の法則）を見る限り、沖縄の共同売店は第一段階の共済的相互扶助による商品経済への適応を基本理念とした「小商品生産の支配的社会の協同組合」と位置づけることができ、ロッチデール公正先駆者組合が生ずるに至った（2）の段階ではないことも特徴的である。

　ロッチデールが正式名称に「公正」（Equitable）を付している理由は、企業の暴走と政府の無策の狭間に立たされた初期社会主義思想を有している方々が一堂に会して、「なんとかせねば」と公正な取引をするための消費者組合を作ってきた背景がある。では、沖縄ではどうだったのだろうか。奥共同店以前の個人商店との関係は、企業の暴走や当時の沖縄県の無策による課題を呈したと断言はできない。理由は資料の制約にある。他方で産業組合運動の影響を少なからず受けていることから、市町村単位から集落単位へ、すなわちここに沖縄的な特徴がある、ハイブリッドな組織として共同売店ができあがったといえる。

写真1　奥共同店

出所：筆者撮影（2013年2月16日）。

13　並松信久「平田東助と社会政策の展開」『京都産業大学論集―社会科学系列―』第32号、2015年、55ページ。

4－4　現代における共同売店の経営環境

　共同売店を取り巻く環境は、経営学の用語でいうところのブルーオーシャン（Blue Ocean）を前提としている。すなわち、1）交通が不便であること、2）他に競合店舗が存在しないこと、3）他の商品販売手段が未発達なこと、などが指摘される。コミュニティ内部で資金が循環しつつ、人口の増加とともに購買力も増大するというように、極論すれば封鎖状態こそに強みが発揮されるのである。これを象徴する出来事は自然災害にも見いだされる。たとえば、国頭地方での災害として「暴風のため農産物の大半を害し…常食用薯藷の如き悉皆吹き枯らされたる…同地は交通極めて不便にして容易に食糧を輸送すること能わず」[14]と報じられたことがある。台風の襲来が避けて通れない沖縄の地での農作物の耕作は自ずとリスクを伴う（もちろん沖縄以外の地域でも農産物は自然災害のリスクがあるが、気象庁のウェブサイトを見ると最大風速や最大瞬間風速は沖縄が上位に記録されることもある）。そして交通手段や交通インフラが未発達な地域でもあることから、外部からの食料品の援助が厳しい環境でもある。こうした災害への備えのためには、共同売店を「備蓄倉庫」の役割も併せ持たせる必要があったと思われる。

　だが、このような経営環境が次第に変化し、レッドオーシャン（Red Ocean）と化し、共同売店そのものに変化はないにも関わらず（昔ながらの、という表現がふさわしい）、様々な競争環境に直面することになったのである。

5．比較対象としてのCommunity Owned Shopとその特質

5－1　CO-OPの源流

　沖縄・奄美の共同売店という呼称は他に例を見ないように見受けられるが、その本質は協同組合である。協同組合とは、消費者、農業従事者や漁業従事者といった関連性で組織されている。また、日本を含めた諸外国に点在する組織である。ただ、それが市町村や都道府県ではなく、「字」単位で構成されていることに特徴がある。特に沖縄本島北部は，その地形上、三方を100～200mほどの山地に囲まれてその中心部分に河川がある地域に、集落が立地しているのである。この点においてコミュニティ協同組合という表現が最適な説明となる。

　1906年に産業組合の一潮流として沖縄に根付いてきたものの、そのルーツをたどるとすれば、改めて英国にも目を向けられなければならない。つまり、沖縄において自然発生的に共同売店が産声を上げたのではなく、地域の課題と外部の知恵との融合の産物でもあることが指摘されなければならない。地域と外部の知恵の融合の産物である理由は、航空機も存在しない時代において、鹿児島や奄美を経由しながら、海路によると沖縄本島には国頭村奥に最も早くたどり着いたことになる。これに伴い、当地には本土の情報が最も早くたどり着いたことによる。もちろん、明治期の沖縄には、1896年に鹿児島・奄美を結ぶ海底ケーブルが敷設されていたも

14　『朝日新聞』1902年3月28日（一部筆者が編集）。

のの[15]、人伝い（口伝や口コミなど）による情報提供も少なからず影響していたものと思われる。

5−2　英国の現状

　沖縄や英国にある共同売店は、冒頭で示したように、Community Owned Shopと訳すことができ、コミュニティによって所有・運営される小売商店である。小集落（Parish）という集落単位で共同所有されていることは、沖縄と類似性を有している。だが、細部はいくつもの差違を見ることができる。この比較の視点で沖縄の共同売店の特徴を浮き彫りにする。最も大きな差違は、英国では1）**図表4**のように、店舗の開業が続いていること、2）コミュニティ・ビジネス（Community Business）として、共同売店モデルは、パブ（Public House）や書店などにも応用されていること、さらに3）コミュニティ・ビジネスを支援する機関が存在すること、などを指摘しておきたい。とりわけ、2008年9月のいわゆるリーマン・ショック（The Financial Crisis）で世界がデフレーション（Deflation）に見舞われる時期に店舗数を増大させていることが特徴である。

　沖縄の場合は、店舗数の実態がつかみにくい。これは、開店時間やその他の要因にも依るし、なおかつ法人格を有する店舗が英国より少ないため、実態把握が困難を極める。その一方、英国の場合は**図表5**のように363店舗のうち大半がなにがしかの法人格を有しており、「責任」の所在とその有限性が明確になっている。コミュニティ利益組合（Co-operative, Community Benefit Community）という経営形態が69％を占めている。その他は、保証有限責任会社（Company Limited By Guarantee）やコミュニティ利益会社（Community Interest Company）の順となっている。ただし、イングランド（England）地方北部ニューカッスル（New Castle）近郊のクエーキングハウス共同売店（Quaking House Community Shop）は、2012年に10年ぶりに店舗の運営が再開されたと報道されたが[16]、2018年8月現在では閉鎖していた（**写真2**）。

　次に**図表6**では、それぞれの経営形態の諸特徴をまとめた。多くの場合、1）有限責任制、2）コミュニティの発展、などに共通項があるように

写真2　閉店した Quaking House Community Shop

出所：筆者撮影（2018年8月30日）。

15　『東京朝日新聞』1896年8月16日。なお、「鹿児島県下大島より沖縄間へ沈架中なりし海底電線は去る13日を以て沈架済みとなりし」と報じられている。

16　"The Journal", 28 May 2012（電子版）.

思われる。また、**図表7**のように、営利の処分方法については、ビジネスへの再投資、蓄積（内部留保）、寄付などに使用されている。

図表4　年別開店数とのべ店舗数

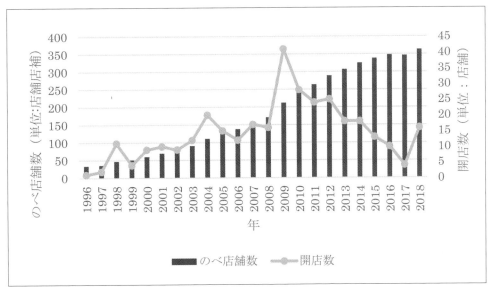

出所：Plunkett Foundation, "Community Shops: A better form of business 2019", p.5."

図表5　2018年時点の経営形態別構成比

	店舗数	構成比
コミュニティ利益組合	250	68.9%
保証有限会社	50	13.8%
コミュニティ利益会社	31	8.5%
協同組合	6	1.7%
その他	26	7.2%
合計	363	100.0%

注：四捨五入の関係上、合計が100%にはならない。
出所：Plunkett Foundation, "Community Shops: A better form of business 2019", p.9.

図表6　経営形態ごとの諸特徴

経営形態	主な特徴	その他
Community Benefit Society（コミュニティ利益組合）	1）コミュニティの利益のために設立されなければならない。 2）配当の禁止。	2014年度まではIndustrial and Providence Society。
Company Limited By Guarantee（保証有限責任会社）	1）有限責任会社。 2）多くの場合、利益はメンバー（社員）に配分されない。 3）株主がいない。 4）会社が倒産しても利益は社会的・公的目的に使用される。	
Community Interest Company（コミュニティ利益会社）	1）アセットロック（資産の散逸の禁止）。 2）CIC監察局の審査（CREG:the Regulator of Community Interest Companies））がある。	
Cooperative（協同組合）	1人1票の原則。	
Others（その他）	その他。	法人格がない場合もある。

出所：内閣府『英国の青少年育成施策の推進体制等に関する調査報告書』2009年、153-155ページ。

図表7　営利の処分状況

処分	店舗数	構成比
非営利	28	18.18%
ビジネスへの再投資	54	35.06%
蓄積	42	27.27%
チャリティやコミュニティに寄付	30	19.48%
合計	154	100.00%

注：四捨五入の関係上、合計が100%にはならない。
出所：Plunkett Foundation, "Community Shops: A better form of business 2019", p.12.

5－3　スーパーやコンビニによる「見守り」

　では、スーパーやコンビニはどのような対策を講じているのだろうか。コンビニ大手3社を初め、生活協同組合による移動販売も行われている。その概要を**図表8**でまとめている。中でもコンビニ業界においては、セブンイレブンの「セブンあんしんお届け便」[17]、ローソンの「ローソン移動販売サービス」[18]、ファミリーマートの「ファミマ号・ミニファミマ号」[19]などの名称が用いられている。

　移動販売とは「買い物弱者に対する福祉、社会貢献と見なされることが多かった。しかし、人口減少による国内消費市場の先細りが懸念されるなか、見過ごされてきた市場への関心は間違いなく高まっている。事業の維持に持続可能な収益モデルの確立が不可欠な移動スーパー。その仕組みを構築できた企業だけが市場を拓くことができる」[20]とある。社会貢献の直訳とは言いがたいが、企業の社会的責任（Corporate Social Responsibility：以下、CSR）における社会性の重視よりも、経済性を重視した異による継続性が示唆されている。つまり、ソーシャル・ビジネスにおいても、経済性の観点を外すことができず、見方を変えれば、CSRよりも社会的企業の経済的責任に重きが置かれなければ、まともな生活を送ることができないのである。

　加えて、とくし丸を初め、移動販売による課題解決は、共同売店の果たしてきた役割も代替してきたようにもとらえることができる。運転手（販売員）と消費者が単に商品の売買の関係のみならず、安否確認、防犯そして情報伝達などの役割を果たしてきている。ただし、共同売店との違いは、共同売店に比べて営業時間が短いことである。移動販売もその存続のためには経済性を重視しなければならないことから、ルート沿いの顧客との取引で収益を確保する。原則として、同じ地域に週2回の頻度で巡回し、運転手とのコミュニケーションによって見守りも行われている。

17　セブン＆アイHLDGS『csr report 2014』(https://www.7andi.com/library/dbps_data/_template_/_res/csr/pdf/2013_08.pdf:2020年5月3日)。

18　ローソン「マチとともに」(https://www.lawson.co.jp/company/activity/social/community/delivery/:2020年5月3日)。

19　ファミリーマート「news release」(https://www.family.co.jp/company/news_releases/2011/20110929_02.html:2020年5月3日)。

20　『日経MJ』2017年9月25日。

図表8　買い物弱者対策の多様なアプローチ

アプローチ	形態	概要
①流通からのアプローチ	共同購入	紙媒体他で注文して販売
	移動販売	販売用商品を積載して販売（とくし丸、コンビニ各社）
	ネットスーパー	インターネットの注文で商品を配送
	御用聞き	小売店の従業員が得意先を訪問して受注
	買い物代行	必要な商品を代理購入
②交通からのアプローチ	買い物バス	小売店舗までバスを運行
③来店者の自宅への配達	購入商品の配達	
	タクシーの利用	
	宅配業者による受託	
④小売業者からの「歩み寄り」	小規模＝小商圏店舗の出店	
	中山間地域への出店	マイクロスーパー他
⑤消費者からの「歩み寄り」	共同店	集落出資
	共食	

注：筆者が一部、文言を追加した。
出所：高橋愛典、竹田育広、大内秀二郎「移動販売事業を捉える二つの視点―ビジネスモデル構築と買い物弱
　　者対策―」『商経学叢』（近畿大学）第 58 巻第 3 号、2012 年、440- ページ。

写真3　とくし丸

出所：徳島県徳島市にて筆者撮影（2019 年 4 月 27 日）。

写真4　セブンイレブンによる移動販売
「セブンあんしんお届け便」

出所：徳島県美馬市にて筆者撮影（2018 年 4 月 7 日）。

6．おわりに

　本章では沖縄に産声を上げて 1 世紀を超える共同売店の設立の経緯やその特質を考察してき
た。沖縄・奄美の共同売店は、その本質を自主独立の理念に求められる。もちろん、設立には
外力の援助があったと考えられるが、経営については様々な追い風が吹いていたことも事実で
ある。英国と比較したときに共同売店は、厳密には地域協同組合、集落単位による生活協同組
合あるいは集落版生活協同組合という理解もできる。最盛期においては、さらなる機能を有し
ていたことから、集落版複合事業組合とか集落版互助組織とも指摘できる。

設立経緯もさることながら、本土復帰後に本格的なレッドオーシャン化の時代を迎える。すなわち、購買力を支える人口減、モータリゼーション、道路インフラの整備、コンビニやスーパーの進出、そしてインターネットやスマホの普及などといったレッドオーシャン化とその他の諸要因は共同売店の経営を悪化させる結果となった。

　次に、英国の諸制度を参考にして沖縄の共同売店の持続可能性を考えてみる。持続可能性には経営の視点を取り入れ、1）有償労働の見直しや2）営業時間の短縮も不可避となる。コミュニティの人口減少が伴うのであれば、自ずとコミュニティ外部にある購買力にも頼らざるを得ない。こうした損益分岐点の理解のみならず、その他の様々な対策が練られることになる。こうした必要な対策さえ実施が不可能な場合、ポスト共同売店としての代替サービスが模索される。まともな生活を支えるサービスを社会性と位置づけるならば、店舗の持続可能性に関する経済性も合わせて検討されなければならず、両者は車の両輪のように機能され続けなければならないのである。

　本書全体に関わることであるが、本学が定める3つのポリシーのうち、ディプロマポリシー（学位授与方針）の1に「自らが生きる社会をより深く理解するために、多様な観点と専門的知識を備えた人物」とある。筆者は、本章で考察を加えた沖縄の共同売店に対しても深く理解し、その設立経緯や経営課題などについて多様な観点と専門的知識を持って考えられるような人物になってもらいたいと願っている。そして、経済学科の教科書の一角を占める本章において、経済や社会にかかる問題に関心を抱き、学生時代そして卒業後にもなにがしかの解決策や解消に向かわせる方策を考えられるような人物になってもらいたい。共同売店は他力を受け入れながらも、その運営方針には確固たる自主性や自治を堅持していることが特徴的である。さらには、共同売店が「地」（または知）の拠点（Center Of Community）とも位置づけられ、その設立背景や存在意義を経営学的に考える限り、沖縄経済の縮図と位置づけられる。そして共同売店の存続1つから敷衍させて、国連の定める「持続可能な開発目標（Sustainable Development Goals、いわゆるSDGs）」についても触れてもらいたい。

　最後に、本書を教科書として通読している学生に対して、「大学では常に問題意識を持って日頃の講義・演習に臨んでもらいたい」とエールを送る。そして、日々変化している社会に対して、自らの成長を重ね合わせて、「大学生活は有用であった」といえる人物になってもらいたい。

　　＊ なお、本章で取り上げた著作については本学図書館や全国の図書館のウェブサイトに設けられているOPAC（オンライン蔵書目録、Online Access Public Cataloq）の利用によって、また論文についてはJ-stageやCiNii（Citation Information by NII）などにリンクしたリポジトリシステム（論文公表システム）を使って閲覧が可能である。時間外学習として、より深く学ぶことも推奨する。

執筆者紹介（執筆順。＊は監修者）

比嘉　正茂*（ひが・まさしげ）／第1章・第5章担当

　　沖縄国際大学経済学部経済学科教授　博士（経済学、明治大学）

　　専門分野：公共経済学、地域発展論

　　山梨県大月市立大月短期大学准教授、沖縄国際大学経済学部経済学科准教授を経て現職。

宮城　和宏*（みやぎ・かずひろ）／第2章・第7章担当

　　沖縄国際大学経済学部経済学科教授　博士（学術、名古屋大学）

　　専門分野：沖縄経済研究、産業組織論

　　北九州市立大学経済学部教授・同大学大学院経済学研究科長、ハワイEast-West Center客員研究員、沖縄国際大学経済学部長・同大学法人理事・同大学大学院地域産業研究科長を経て現職。沖縄経済学会会長。

小濱　武（こはま　たける）／第3章担当

　　沖縄国際大学経済学部経済学科講師　博士（農学、東京大学）

　　専門分野：沖縄経済史、日本経済史、農業経済学

　　神奈川大学経済学部経済学科非常勤講師、明治学院大学経済学部経営学科非常勤講師、東京都港区政策創造研究所研究員を経て現職。

平敷　卓（へしき・たく）／第4章担当

　　沖縄国際大学経済学部経済学科講師　修士（経済学、横浜国立大学）

　　専門分野：地域経済、地方財政論

　　㈱循環社会研究所研究員、㈱放送大学東京渋谷学習センター非常勤講師を経て現職。

名嘉座　元一（なかざ・はじめ）／第6章担当

　　沖縄国際大学経済学部経済学科教授　修士（経済学、大阪市立大学）

　　専門分野：労働経済学

　　（株）沖縄総合研究所、（株）沖縄計画研究所、沖縄国際大学経済学部経済学科准教授、同大学沖縄経済環境研究所所長を経て現職。

鹿毛　理恵（かげ・りえ）／第8章担当

沖縄国際大学経済学部経済学科准教授　博士（学術、佐賀大学）

専門分野：アジア経済論、国際労働移動論、国際経済学、スリランカ研究

佐賀大学経済学部非常勤講師、佐賀女子短期大学特別研究員、東京福祉大学国際交流センター／留学生教育センター特任講師を経て現職。

崎浜　靖（さきはま・やすし）／第9章担当

沖縄国際大学経済学部経済学科教授　修士（文学、立正大学）

専門分野：人文地理学

沖縄県立高等学校教諭、沖縄国際大学南島文化研究所専任所員、同大学経済学部経済学科准教授を経て現職。沖縄国際大学南島文化研究所所長。

浦本　寛史*（うらもと　ひろし）／第10章担当

沖縄国際大学経済学部経済学科教授　修士（芸術学、ニューヨーク大学）

専門分野：芸術学、情報教育、メディア教育（視聴覚教育）

国際協力機構（JICA）情報教育専門家（タイ王国教育省）、沖縄国際大学経済学部経済学科専任講師・准教授、同大学経済学科長を経て現職。

生垣　琴絵（いけがき・ことえ）／第11章担当

沖縄国際大学経済学部経済学科准教授　博士（経済学、北海道大学）

専門分野：経済思想史

藤女子大学、北海学園大学、北海道文教大学の非常勤講師、小樽商科大学教育開発センター学術研究員、沖縄国際大学経済学部経済学科講師を経て現職。

村上了太（むらかみ・りょうた）／第12章担当

沖縄国際大学経済学部経済学科教授　博士（経営学、大阪市立大学）

専門分野：企業論、企業形態論、キャリア教育

沖縄国際大学商経学部商学科専任講師・助教授、学部改組により同大学経済学科准教授、ならびに学科長、学生部長、評議員などを経て現職。

沖縄経済入門 第2版　　沖縄国際大学経済学科編

発　行　2020年9月30日　初版
監　修　宮城和宏・浦本寛史・比嘉正茂
発行所　沖縄国際大学経済学科
　　　　〒901-2701　沖縄県宜野湾市宜野湾二丁目6番1号
　　　　TEL. 098-892-1111（代）
印刷所　株式会社 東洋企画印刷
発売元　編集工房 東洋企画
　　　　〒901-0306　沖縄県糸満市西崎町4-21-5
　　　　TEL. 098-995-4444

ISBN978-4-909647-16-0　C1033　￥1500E
乱丁・落丁はお取替えします。
本書は、沖縄国際大学研究成果刊行奨励費助成による出版物である。

 この印刷物は個人情報保護マネジメントシステム
（プライバシーマーク）を認証された事業者が印刷しています。